2020年度教育部人文社会科学重点研究基地重大项目
"俄罗斯汉学研究现状与中国现当代文学在俄罗斯的译介传播研究"
（批准号：20JJD740001）


国家社会科学基金重大项目
"中俄媒体交流、战略传播与全球治理中制度性话语权的构建研究"
（批准号：16ZDA217）

教育部人文社会科学重点研究基地
黑龙江大学俄罗斯语言文学与文化研究中心　学术丛书
中俄全面战略协作省部共建协同创新中心

区域国别学·俄罗斯研究系列

马蔚云　姜振军／主编

# 俄罗斯大众传媒研究

A Study of
Mass Media in Russia

李淑华　著

社会科学文献出版社
SOCIAL SCIENCES ACADEMIC PRESS (CHINA)

# 前　言

　　大众传媒是人类活动的重要方面，主要是指信息传播过程中的媒介。大众传媒同时存在于政治、经济、思想、文化等各个方面。在现代社会，大众传媒在塑造公众价值观念、强化公众意识、反映和引导社会舆论方面起着越来越重要的作用。如果没有大众传媒，人类的生活将无法想象。

　　关于传媒的产生，学界有多种看法。其一认为，大众传媒产生于15世纪，以德国发明家约翰·古腾堡发明的金属活字印刷术为标志。约翰·古腾堡的发明不仅引发了一次媒体革命，而且在一定程度上推动了西方科学的发展。其二认为，真正的国家出现后，大众传媒就已经产生了，最早的媒体出现在古罗马和中国。总而言之，大众传媒很久以前就已经开始进入人们的生活。从普遍意义上来看，大众传媒是传播学术语，一般指大众传播媒介，亦称"传播媒介""媒体"，就是传播各种信息的媒体，是广播、电视、报纸、杂志、网络、电影等的合称。

　　俄罗斯有关大众传媒概念的界定可见于《俄罗斯联邦大众传媒法》，其中第2条对相关基本概念进行了详细阐释。大众传媒是指用于大众传播的印刷、音像材料及其他消息，包括定期印刷出版物、视听、电影档案资料及其他形式的定期传播的大众新闻。СМИ（средства массовой информации）、медиа、пресса、печать、журналистика、СМК（средства массовой коммуникации）等俄文术语均与大众传媒有关。这些术语在很多场合被混合使用或通用，一方面源于认知与理解，另一方面源于上述术语产生时传媒所涵盖的媒体类型。在俄语中含义较为接近，有时甚至重合的两个词是

СМИ 与 медиа。СМИ 来源于法语 moyens d´information de masse，是一种视觉、语言、声音信息系统，涵盖了大量读者与观众，并定期传播各种信息；包括报纸、杂志等印刷媒体和广播、电视、互联网等电子媒体。медиа 一词源于拉丁语 medius，音译为媒介，是当代俄罗斯使用较为普遍的"大众传媒"术语；пресса 虽然也可以翻译为媒体，但通常情况下是指印刷媒体，如报纸与杂志；печать 在含义上与 пресса 接近，通常指付诸印刷的报刊，同时该词还特指印刷或印刷业；журналистика 的第一层含义为新闻业，第二层含义为新闻学，第三层含义为定期出版物，第四层含义为传媒。

多数俄罗斯学者认为，俄罗斯大众传媒是苏联大众传媒的继承者，因此，俄罗斯学者在对本国大众传媒进行研究时多从 1917 年 10 月开始，但也有持不同观点的学者。如俄罗斯学者 Б. И. 叶辛与 И. В. 库兹涅佐夫在《祖国传媒 300 年》（«Триста лет отечественной журналистики»）中，将 1702 年视为俄罗斯大众传媒的开端，同时，将俄罗斯大众传媒分成四个阶段进行论述：第一阶段为 1702 年 12 月至 1917 年 2 月，第二阶段为 1917 年 2～10 月，第三阶段为 1917 年 10 月至 1991 年 12 月，第四阶段为 1991 年 12 月至今。① Р. П. 奥夫谢皮扬在《最新祖国传媒史》（«История новейшей отечественной журналистики»）中将俄罗斯大众传媒分为八个阶段：第一阶段为 1917 年 2～10 月，第二阶段为 1917 年 10 月至 1927 年，第三阶段为 20 世纪 20 年代末至 30 年代，第四阶段为 1939～1945 年，第五阶段为 1946～1956 年，第六阶段为 20 世纪 50 年代后期至 80 年代中期，第七阶段为 20 世纪 80 年代后期至 90 年代初，第八阶段为 20 世纪 90 年代初至今。② 此外，还有学者将俄罗斯大众传媒分为七个阶段进行研究，即第一阶段为 1917～1920 年，第二阶段为 1920 年中期到 1930 年末，第三阶段为 1941～1945 年，第四阶段为 1946～1956 年，第五阶段为 20 世纪 50 年代中期到 80

---

① 《祖国传媒 300 年》成书时间为 2002 年，因此该书所研究的俄罗斯大众传媒的截止时间也就是 2002 年。Есин Б. И., Кузнецов И. В. Триста лет отечественной журналистики (1702 - 2002). Издательство Московского университета. 2002. Оглавление.
② 《最新祖国传媒史》成书时间为 1996 年，因此该书所研究的俄罗斯大众传媒的截止时间为 20 世纪 90 年代中期。Овсепян П. Р. История новейшей отечественной журналистики (Февраль 1917 - начало 90 - х годов). Издательство Московского университета. 1996. с. 206 - 207.

年代中期，第六阶段为20世纪80年代下半期到90年代初，第七阶段为20世纪90年代初至今。笔者所研究的是20世纪90年代初至2020年初的俄罗斯大众传媒，尤其是以近10年为主。

近10年，国内出版的有关俄罗斯大众传媒专著或者译著的研究视角主要集中在以下几个方面：第一，以某一媒体为例，探讨俄罗斯大众传媒的格局、现状、市场、特点、融合发展与趋势；第二，探讨俄罗斯媒体的结构和经济特征，以及媒体与政治、法律、受众的关系。

本书通过近10~15年大数据分析，探求俄罗斯大众传媒的发展状况，全书共分四章。第一章的关注重点是俄罗斯印刷媒体。俄罗斯印刷媒体包括书籍、通报、报纸、杂志、平版印刷品、备忘录、小册子等出版物。笔者主要选择报纸和杂志作为研究对象，研究内容包括依照受众区域和受众定位划分的报纸类型、21世纪以来俄罗斯报纸的受众与发行情况，以及俄罗斯报纸的集团化发展特点；俄罗斯杂志的类型、俄罗斯杂志市场的主要特点、俄罗斯杂志的受众与发行情况，以及俄罗斯杂志的集团化发展模式与特点。通过分析得出，俄罗斯印刷媒体市场日益被为数不多的媒体集团掌控，这些媒体集团非常重视传统印刷媒体的发展，但由于多种原因俄罗斯报刊等印刷媒体的受众数量与发行量越来越少，数字化转型成为其发展的必然趋势。

第二章的关注重点是俄罗斯传统电子媒体的建设与发展。俄罗斯电子媒体主要包括广播、电视、通讯社、新媒体等。俄罗斯广播电视与报刊等印刷媒体不同，虽然也受到来自新媒体的影响，但相对要小，广播电视的受众数量在俄罗斯各种媒体类型中仍位居前列。笔者将研究对象定为以下两个方面：其一为根据所有制形式和受众定位划分的广播类型、俄罗斯广播受众情况，以及俄罗斯广播业的集团化发展模式与特点；其二为依照转播方式和观众覆盖的地域划分的电视类型、俄罗斯电视的受众情况，以及俄罗斯电视业的集团化发展模式与特点。由于资料来源以及笔者个人的原因，并未将通讯社列入本章的研究范围。同时，鉴于新媒体的重要性，笔者将其单独列在第三章进行研究。

根据联合国教科文组织认定的新媒体概念，新媒体即网络媒体。在第三章，笔者关注的重点是网络媒体的建设与发展，包括俄罗斯网络媒体的发展历程、俄罗斯域名注册与使用情况、俄罗斯著名搜索引擎、俄罗斯网络媒体用户状况等。同时鉴于社交媒体的重要性，笔者将作为网络媒体重要组成部分的社交媒体的发展现状与特点单独列为一节进行分析与阐释。当代俄罗斯网络媒体起步于20世纪90年代初，到90年代末，俄罗斯网络媒体已经从一个高度专业化的计算机网络发展成为一个强大的信息空间，在一定程度上覆盖了国家政治、社会、生活等各个方面。21世纪以来，俄罗斯政府不断采取措施提升网络媒体的发展水平，净化网络空间，现在俄罗斯网络媒体已经进入快速发展阶段。

第四章的主要内容包括俄罗斯大众传媒的法律管理体系与注册管理体系。世界各国为了对大众传媒进行有效的监督与调控，采取了众多方法和手段，其中法律法规已成为规范大众传媒活动的前提与基础，成为各国大众传媒运营和管理中不可或缺的重要组成部分。到目前为止，俄罗斯已经围绕《俄罗斯联邦大众传媒法》形成了一套较为完整的媒体监督与调控的法律体系。同时，俄罗斯在大众传媒管理体系方面重点突出注册制，以便对大众传媒进行总体调控。虽然俄罗斯政府还通过一些其他方式，如通过打击传媒寡头等手段掌握大众传媒控制权，对大众传媒采取经济或行政监控，通过反恐后的管控措施使舆论导向越来越有利于政府，对俄境外媒体进行严格管理，对印刷媒体出版用新闻纸实行国家管控等，但这些并非笔者的研究重点。在对俄罗斯大众传媒进行综合评价部分，笔者还重点关注了俄罗斯大众传媒公信力，新媒体时代俄罗斯传统媒体面临的挑战，包括报刊在内的传统印刷媒体发行量下降的原因，俄罗斯传统媒体向新媒体转型与数字化发展等。通过分析得出，数字化具有巨大的社会意义与现实意义，在俄罗斯，传统媒体向数字化转型不仅是时代的要求，同时也是媒体自身发展的必然选择。

中国视俄罗斯为构建人类命运共同体最重要的战略协作伙伴。中俄关系当前处于历史最好时期，未来发展前景广阔。媒体对于中俄两国合作领域的拓宽、合作新思路的启迪、新项目的开展等起了重要作用。媒体是增进中俄两国人民相互了解最直观、最有效的平台，在加强国家间交流、沟通、理解上，有着无与伦比的优势。从学术上破解俄罗斯大众传媒发展的"密码"，了解俄罗斯媒体信息、研究其传播规律可以更好地了解俄罗斯社会信息传播特点与途径，从一个侧面帮助我们了解俄罗斯政治文化与社会文化，进一步夯实深化中俄媒体合作的基础，助力中俄人文交流合作，筑牢新时代中俄全面战略协作伙伴关系的社会基础。这是笔者写作的初衷。

# 目 录

**第一章　俄罗斯印刷媒体的建设与发展** ·················· 1
　　第一节　俄罗斯报纸的建设与发展 ·················· 1
　　第二节　俄罗斯杂志的建设与发展 ·················· 33

**第二章　俄罗斯传统电子媒体的建设与发展** ·················· 64
　　第一节　俄罗斯广播业的建设与发展 ·················· 65
　　第二节　俄罗斯电视业的建设与发展 ·················· 96

**第三章　俄罗斯新媒体的建设与发展** ·················· 119
　　第一节　俄罗斯网络媒体的发展历程 ·················· 120
　　第二节　俄罗斯网络媒体的建设 ·················· 125
　　第三节　俄罗斯网络媒体用户状况 ·················· 138
　　第四节　俄罗斯社交媒体发展现状与特点 ·················· 145

**第四章　俄罗斯大众传媒的综合评价** ·················· 157
　　第一节　俄罗斯大众传媒的法律基础与注册管理体系 ·················· 157
　　第二节　俄罗斯大众传媒公信力评价 ·················· 165
　　第三节　新媒体时代俄罗斯传统媒体面临的挑战 ·················· 168

第四节　俄罗斯传统媒体向新媒体转型与数字化发展……………… 186

结　语 ………………………………………………………………… 201

参考文献 ……………………………………………………………… 205

后　记 ………………………………………………………………… 220

# 第一章
# 俄罗斯印刷媒体的建设与发展

印刷媒体也称平面媒体,是指通过印刷、复印或数字技术等方式向社会公众传播信息的中介物,这类媒体可以通过自动化程序制作多个副本,包括书籍、通报、报纸、杂志、平版印刷品、备忘录、小册子和其他类型的印刷品。印刷媒体也指专门从事媒体印刷和发行的行业。印刷媒体是最古老、最基本的媒介之一,对信息和知识的传播作用重大,即使在电子媒体出现后,印刷媒体也没有失去现实意义。在本书中,笔者所谈及的印刷媒体主要指报纸和杂志。报纸是最常见的印刷媒体,其优势在于既能快速、经济又能实实在在地传递新闻和广告;杂志则能够对具体事件进行深入分析。

## 第一节 俄罗斯报纸的建设与发展

俄罗斯报纸始创于 20 世纪 90 年代初。1990 年 5 月 16 日至 6 月 22 日,俄罗斯联邦第一次代表大会召开,根据俄罗斯联邦最高苏维埃主席叶利钦同年 7 月 14 日签署的命令,设立了包括俄罗斯联邦出版与大众传媒部、俄罗斯联邦文化部、俄罗斯联邦教育部等在内的 30 个部。① 8 月 21 日,俄罗斯联邦总统叶利钦签署命令,新的全俄性定期出版物开始创办;11 月 3 日俄罗斯联邦最高苏维埃机关报——《俄罗斯报》(«Российская

---

① О республиканских министерствах и государственных комитетах РСФСР ( фактически утратил силу) //Советская Россия. 19 июля 1990 г.

газета») 试刊，11 月 11 日正式出版。① 根据俄罗斯联邦有关部门与苏联共产党中央委员会达成的协议，《俄罗斯报》可以在《莫斯科真理报》（«Московская правда»）出版集团出版，并使用该报的印刷设备与办公场所。《莫斯科真理报》"主权"的出让解决了《俄罗斯报》面临的缺少资金、专业人才、纸张、印刷设备等的困境。②

## 一 俄罗斯报纸的类型

1991 年 11 月初，俄罗斯联邦出版与大众传媒部登记了 1269 家报纸、杂志和通讯社；与之相比较，有 2200 多家媒体曾获得在苏联从事出版活动的经营许可。③ 此外，还有一些媒体是在各级权力执行机关登记注册的，因此 1991 年俄罗斯联邦存在的包括报纸在内的大众传媒数量远远高于上述数字，实际上仅报纸的种类就达 4863 种。④ 20 世纪 90 年代，除个别年份外，俄罗斯报纸的种类总体上呈现增加的趋势，1995 年为 5101 种，1996 年为 4881 种，1997 年为 5500 种，1998 年为 5436 种，1999 年为 5535 种。⑤ 通过 1999 年与 1991 年俄罗斯报纸种类对比来看，前者比后者增加 672 种，增幅近 13.82%。

1991 年 12 月 27 日俄联邦出台《俄罗斯联邦大众传媒法》，俄罗斯大众传媒进入新的发展阶段。各种类型的新报层出不穷，主要包括国际社会类、政治与社会经济类、国家集团类、侨民类、行政区类、宗教类、家庭类、休闲类、知识分子类、政党类、协会类、科幻类、商业类、妇女类、青年类、儿童类、农业与农村类、广告与信息类等。其中政治类题材报纸表现尤为突出，具代表性的主要有《独立报》《消息报》《新时代》《今日报》《莫斯科

---

① Вышла в свет "Российская газета" – Издание Верховного Совета РСФСР. Россия обретает голос//Аргументы и Факты. 15 ноября 1990 г.
② 1990 年包括《俄罗斯报》在内的各种全俄性报刊创建之初都面临过类似的困难。См.: Вышла в свет "Российская газета" – Издание Верховного Совета РСФСР. Россия обретает голос//Аргументы и Факты. 15 ноября 1990 г.
③ Овсепян П. Р. История новейшей отечественной журналистики（Февраль 1917 – начало 90 – х годов）. Издательство Московского университета. 1996. с. 192.
④ См.: Печать Российской Федерации в 1991 году. Стат. сборник. Москва. 1992. с. 5.
⑤ 参见贾乐蓉《俄罗斯报业市场分析》，《新闻与传播研究》2004 年第 3 期，第 57 页。

新闻》《新日报》《共同报》《生意人报》等。①

俄罗斯报纸类型根据受众区域分为全国性报纸、联邦主体报纸（共和国报、州报、边疆区报）、地方报纸（市报、区报）、企业报纸（针对特定企业工作人员出版发行的报纸）；根据题材分为商业类报纸、政治（政党）类报纸、行业类报纸、广告信息类报纸、娱乐类报纸、综合类报纸；② 根据出版周期分为日报（早报、晚报）、周报；根据开本尺寸分为A4版、柏林版式、③ A3版、A2版；根据装帧分为彩色报纸、黑白报纸、带有彩色插图的黑白报纸。笔者仅对以下几类颇具代表性的报纸进行说明。

（一）依照受众区域划分的报纸类型

1. 全国性报纸

俄罗斯全国性报纸一般又称中央级报纸，这类报纸对于保持主权国家统一的信息空间具有重大的意义，在俄罗斯联邦全境内组织大规模信息交换的过程中扮演着重要的角色。④ 俄罗斯全国性报纸众多，较为著名的全国性报纸几乎均在俄罗斯首都莫斯科出版，并由俄罗斯政府主要机关主办，这类报纸以俄罗斯所有联邦主体为服务对象，在全国范围内发行，以建立广泛的社会联系。

---

① См.: Овсепян П. Р. История новейшей отечественной журналистики （Февраль 1917 – начало 90 – х годов）. Издательство Московского университета. 1996. c. 193.
② 严功军对转型期的俄罗斯报纸的分类更为详细，有综合性社会政治类报、工业报、农业报、军事报、法律报、文化报、旅游报、汽车报、商业报、医疗健康报、生态报、体育报、能源报、娱乐报、宗教报、民族报、青年报、妇女报、儿童报、电脑报、企业报、俄侨报等。详见严功军《变迁与反思：转型期俄罗斯大众传媒研究》，博士学位论文，四川大学，2004，第32页。
③ 柏林版式的俄文名称为Берлинер，英文为Berliner，中文称柏林版，系欧洲大陆流行的3种主要报纸版式之一。各版式主要由报纸尺寸作为区分，由尺寸的不同进而再决定内容的编排。采用这种版式的报纸通常的尺寸为470mm×315mm。在第一次世界大战之前，这种尺寸的报纸就已经由专门设计的报纸滚筒轮转印刷机印刷。尽管德国柏林出版的《柏林日报》（Berliner Zeitung）经常简称为Berliner，但它并不使用柏林版式，如此简称只是因为它诞生、出版于柏林。目前世界上采用柏林版式的报纸有：法国《世界报》（Le Monde）、《回声报》（Les échos），德国《每日新闻》（Die Tageszeitung），意大利《共和报》（La Repubblica），比利时《早报》（De Morgen），以及克罗地亚《晚报》（Večernji List），英国《卫报》（The Guardian）、美国《信使报》（Journal and Courier）等。
④ 参见〔俄〕亚·尼·扎苏尔斯基主编《俄罗斯大众传媒》，张俊翔、贾乐蓉译，南京大学出版社，2015，第199页；Система средств массовой информации России. Учебное пособие для вузов. Под ред. Я. Н. Засурского. Москва. Аспект Пресс, 2001.

据莫斯科国立公共历史图书馆2019年公布的数据，俄罗斯主要全国性报纸有《论据与事实》《每周评论》《公报》《莫斯科晚报》《汽笛报》《莫斯科州每日新闻》《明日报》《消息报》《图书评论》《生意人报》《共青团真理报》《红星报》《文化报》《文学报》《文学俄罗斯》《俄罗斯报》等。这些报纸无论从发行量还是拥有的读者数量来看，均在俄罗斯国内位居前列。2019～2020年，依照大众传媒引用指数，排名前5位的是《消息报》《生意人报》《俄罗斯报》《公报》《共青团真理报》。依照社交媒体超链接次数，2019年排名前5位的是《俄罗斯报》《共青团真理报》《莫斯科共青团员报》《新报》《消息报》；2020年排名前5位的是《共青团真理报》《俄罗斯报》《新报》《莫斯科共青团员报》《论据与事实》，其中2019年跻身前5位的《消息报》在2020年的排名中仅位列第7（见表1-1）。在这份排行榜中，应该重点说明的是《独立报》，该报2019年能够成功进入大众传媒引用指数排行榜前10位，贡献最大的一篇文章是2020年2月11日刊登的俄罗斯前总统助理弗拉季斯拉夫·苏尔科夫的署名文章《普京的长久国家》（«Долгое государство Путина»）。① 2020年，《独立报》第10的位置为《俄罗斯商业咨询报》所取代（其大众传媒引用指数为353.06），主要原因是俄罗斯当地时间2020年4月8日20：23，《俄罗斯商业咨询报》最先以《俄罗斯将与"大石油生产国"商讨减产14%》为题报道了俄罗斯将缩减石油产量的消息，随后《俄罗斯报》、塔斯社、《共青团真理报》等多家俄罗斯主流媒体在4月9日纷纷转引了这一消息。

表1-1 2019～2020年俄罗斯排名前10位的报纸

| 排名 | 报纸 | 大众传媒引用指数 | | 报纸 | 社交媒体超链接次数 | |
|---|---|---|---|---|---|---|
| | | 2019年 | 2020年 | | 2019年 | 2020年 |
| 1 | 《消息报》 | 35870.28 | 33832.38 | 《俄罗斯报》 | 4487773 | 3769127↓1 |
| 2 | 《生意人报》 | 30755.28 | 25333.24 | 《共青团真理报》 | 3971678 | 5191108↑1 |
| 3 | 《俄罗斯报》 | 15844.23 | 13167.58 | 《莫斯科共青团员报》 | 3951685 | 3296486↓1 |
| 4 | 《公报》 | 14279.07 | 10474.11 | 《新报》 | 3670906 | 3565246↑1 |

---

① Сурков В. Долгое государство Путина//Независимая газета. 11 февраля 2019 г.

续表

| 排名 | 报纸 | 大众传媒引用指数 2019 年 | 大众传媒引用指数 2020 年 | 报纸 | 社交媒体超链接次数 2019 年 | 社交媒体超链接次数 2020 年 |
| --- | --- | --- | --- | --- | --- | --- |
| 5 | 《共青团真理报》 | 6920.90 | 8518.81 | 《消息报》 | 3082826 | 2107757↓2 |
| 6 | 《莫斯科共青团员》 | 5945.99 | 5894.54 | 《生意人报》 | 2709168 | 2423423 |
| 7 | 《新报》 | 4187.51 | 3489.41 | 《论据与事实》 | 2642267 | 3235165↑2 |
| 8 | 《议会报》 | 2864.21 | 4320.64 | 《公报》 | 2397800 | 1119876 |
| 9 | 《论据与事实》 | 1798.85 | 2217.58 | 《明日报》 | 513511 | 437484↓1 |
| 10 | 《独立报》 | 470.08 | — | 《议会报》 | 474930 | 468486↑1 |

注：—表示资料不详；↑与↓后面加数字表示某报纸当年排名与上年相比上升或下降程度。

资料来源：Федеральные СМИ：2019 год，https：//www.mlg.ru/ratings/media/federal/7130/；Федеральные СМИ：2019 год，https：//www.mlg.ru/ratings/media/federal/8058/。

此外，根据俄罗斯列瓦达分析中心的调查报告，在受众获取国内外重要信息的途径中，《论据与事实》在俄罗斯报纸中处于领先地位，其占比达 10%，《共青团真理报》（8%）和《俄罗斯报》分列第 2 位与第 3 位。① 商业类报纸的占比均未超过 2%。

《俄罗斯报》系俄罗斯联邦政府官方报纸，办公地点在莫斯科市真理大街。1990 年 11 月 3 日试刊，11 月 11 日正式出版。② 《俄罗斯报》创刊号印数为 20 万份，售价为 10 戈比。1990~1993 年，瓦·洛古诺夫担任该报主编。③ 自俄罗斯独立以来，《俄罗斯报》成为一份社会政治类报纸，主要负责发布俄罗斯联邦宪法、法律，俄罗斯总统法令，俄罗斯各部委规章制度，俄罗斯联邦议会规制，俄罗斯联邦宪法法院裁决等。如果没有特殊规定，上述俄罗斯各种国家文件与法律法规在《俄罗斯报》上刊登后即为生效，换言之，《俄罗斯报》是俄罗斯唯一有权刊载国家法令、政府文件、法律法规的媒体。除官方职能以外，《俄罗斯报》还是一份及时发布俄罗斯及世界各地新闻、时事、各方观点以及评论等全方位内容的日报。除日报外，《俄罗斯报》编辑部还出版《俄罗斯报：周报》《俄罗斯报：商业周刊》《俄白联

---

① Какая газета в России самая читаемая？//Аргументы и Факты. 7 августа 2019 г. № 32.
② Вышла в свет "Российская газета" – Издание Верховного Совета РСФСР. Россия обретает голос//Аргументы и Факты. 15 ноября 1990 г.
③ "Российской газете" 25 лет//Российская газета. 11 ноября 2015 г.

盟周刊》《祖国》杂志①等。《俄罗斯报》在全俄和独联体其他国家设立了33个分支机构,在全俄44个城市刊印发行。《俄罗斯报》在全球15个国家和地区设立了记者站。2007年,《俄罗斯报》在全球启动"焦点新闻外的俄罗斯"(Russia Beyond the Headlines)国际合作项目,截至2015年11月,与《俄罗斯报》合作的全球有影响力的报纸达27种,《俄罗斯报》同时用22种语言在27个国家和地区发行。② 其全球性合作伙伴分布在美国、法国、德国、意大利、比利时、西班牙、保加利亚、塞尔维亚、北马其顿、希腊、中国、中国香港、韩国、日本、印度、澳大利亚、阿根廷、巴西、乌拉圭、阿拉伯联合酋长国等国家和地区。《俄罗斯报》在中国部分省区出版发行中文版《透视俄罗斯》,并建有中文版网站,主要对俄罗斯政治、经济、外交、文化、教育、科学等领域的信息与资讯进行实时和深度报道,并对俄中关系以及国际大事进行深入解读和评论。

《论据与事实》创刊于1978年1月,该报创刊第一年为每月发行一期,之后则为两周发行一期,③ 1980年改为周报,由全苏知识协会(общество "Знание")负责出版发行。自1980年开始,该报的主编为斯塔尔科夫。在其带领下,《论据与事实》成为一份报道及时、信息丰富的周报,吸引了大量的读者。④《论据与事实》刊登的内容包括统计数据、情报信息、时事政治等,其在俄罗斯国内的读者群主要是青年学生和知识分子,此外一些普通市民对这份报纸也很感兴趣。1990年,《论据与事实》在国内外拥有1亿读者,并作为全球发行量最大的周报(3343.11万份)载入《吉尼斯世界纪录大全》,该报总编也因此被外国职业协会(профессиональное сообщество)授予"年度最佳总编"。⑤ 1995年,《论据与事实》开始在德国法兰克福出

---

① 截至目前,《祖国》杂志已经创刊140多年。
② "Российской газете" 25 лет//Российская газета. 11 ноября 2015 г.
③ Беспалова А. Г. История отечественной журналистики XX – начала XXI века. Ростов – на – Дону:Издательство Южного федерального университета. 2014. с. 257.
④ Беспалова А. Г. История отечественной журналистики XX – начала XXI века. Ростов – на – Дону:Издательство Южного федерального университета. 2014. с. 257.
⑤ Беспалова А. Г. История отечественной журналистики XX – начала XXI века. Ростов – на – Дону:Издательство Южного федерального университета. 2014. с. 277.

版发行（每周三），四分之一世纪以来，该报的读者已经遍布欧洲 25 个国家和地区。① 目前，《论据与事实》是俄罗斯发行量最大的周报。根据俄联邦新闻出版与大众传媒署② 2018 年初与 2019 年初的统计数据，2017～2018 年该报单期的读者数量均超过 450 万人，其中 2017 年为 456.16 万人，2018 年为 453.17 万人。另据俄罗斯媒体市场调研公司（Mediascope）③ 提供的数据，《论据与事实》单期读者人数超过 700 万，占全俄 16 岁以上人口数量的 12.4%。④《论据与事实》拥有广泛的编辑网络，全俄共计 66 个，另有 16 个在海外，其订阅与零售用户分布在全球 60 多个国家和地区。该报于 1997 年开通网站（www.aif.ru），目前该报网站每月访问量已经超过 900 多万用户，是俄罗斯十大互联网媒体之一。《论据与事实》的报道内容涉及社会各阶层读者关心的热点，特别注重报道与普通百姓切身利益相关的信息。其主要内容包括突发事件、政权、热点、社会、经济、文化、国际、体育、休闲与旅游、家庭、园艺、网络世界、读者原创等。⑤《论据与事实》对媒体、广告商、读者的吸引度在俄罗斯位居前列。根据俄罗斯媒体市场调研公司（Mediascope）的统计数据，2020 年第一季度，《论据与事实》在俄罗斯广播与电视引用排行榜中居报纸类第 4 位，居周报类第 1 位。⑥

《消息报》创刊于 1917 年 3 月 13 日，1991 年 8 月《消息报》成为独立媒体。1992 年，该报由从属于苏联最高苏维埃的机关报改为集体所有。1992 年 11 月 3 日，随着俄罗斯私有化进程的推进，《消息报》进行了股份

---

① Исполнилось 25 лет с момента выхода «АиФ» на рынок европейскойпрессы//Аргументы и Факты. 6 апреля 2020 г; Когда в Европе вышел первый номер «АиФ»? //Аргументы и Факты. 8 апреля 2020 г.
② 据俄新社 2020 年 11 月 20 日报道，俄总统普京签署命令撤销俄新闻出版与大众传媒署、俄联邦通讯署，这两个机构的职能将移交俄罗斯数字发展、通信和大众传媒部。
③ 俄罗斯媒体市场调研公司（Mediascope）前身为盖洛普媒体咨询公司·俄罗斯（TNS Gallup Media），2016 年更名为俄罗斯媒体市场调研公司。
④ История газеты "Аргументы и Факты"，https://ria.ru/20140311/999046720.html.
⑤ 参见严功军《变迁与反思：转型期俄罗斯大众传媒研究》，博士学位论文，四川大学，2004，第 36 页。
⑥ Как выросла упоминаемость «АиФ»? //Аргументы и Факты. 8 апреля 2020 г.

制改造，成立了《消息报》开放型股份公司，①该公司继承了报社原来的部分财产，负责数十家报刊的出版发行。2011年6月6日，《消息报》出版集团归入新闻视点（ООО"АЙНЬЮС"）②有限责任公司旗下，并成为国家传媒集团控股公司（холдинг"Национальная Медиа Группа"）的一部分。在转型期，《消息报》持开放自由的立场，拥护民主改革，其受众多为受过高等教育、社会地位高、对政治活动感兴趣并积极参与政治进程的人。③《消息报》既出版纸质版，又出版电子刊、周五刊，每期报纸一般12~48个版面，该报的莫斯科版每周五发行副刊《星期》，通常为40版。《消息报》的报道主题为俄罗斯和全球要闻、分析和评论、商业和经济、文化和体育新闻等。《消息报》电子版的内容主要包括一周世界要闻、专家对国内外重大事件的评论、俄罗斯军事新闻、军队与国防创新、最新经济要闻、俄罗斯政府财政扶持领域的重要新闻、重要的政治事件等。《消息报》的广告副刊主要刊登通信、电脑和办公自动化设备、银行服务、保险、房地产、旅游、家用电器、汽车、审计和咨询、信息技术、媒体市场、外国商业伙伴等各类广告。④自转型以来，《消息报》的发行量一直呈下降态势，1999年其单期发行量为40万份，2012年不足20万份。有专家在分析这一原因时指出，自从《消息报》与其控股公司"卢克奥伊尔"就办报方针进行争斗后，虽然形式上没有什么变化，但报道方针和内容有了明显改变，如更加注重政治新闻的报道，并在报道中采取极端立场，其图文结构和新闻报道的标准与以前也有所不同，记者个人的观点、栏目代替了与读者共同分析、探讨热点问题的栏目等，这些变化严重影响了《消息报》的声誉。⑤

《共青团真理报》1925年创刊于莫斯科，1991年《共青团真理报》股

---

① 1992年，俄罗斯最大的石油公司——卢克奥伊尔公司买下《消息报》的41%股份，成为该报最大的股东。参见郑超然、程曼丽、王泰玄《外国新闻传播史》，中国人民大学出版社，2000，第266页。
② АЙНЬЮС的英文翻译为eyenews，该有限责任公司成立于2001年。
③ 参见严功军《变迁与反思：转型期俄罗斯大众传媒研究》，博士学位论文，四川大学，2004，第31页。
④ Основные этапы развития газеты "Известия"，https://ria.ru/20120313/592628788.html.
⑤ 参见严功军《变迁与反思：转型期俄罗斯大众传媒研究》，博士学位论文，四川大学，2004，第31页。

份公司成立。① 1992年11月起,该报成为封闭型股份公司,不久后又成立《共青团真理报》出版集团。2005年,《共青团真理报》编辑部宣布出版"钻石丛书"——24本世界名著,其中包括莎士比亚、布宁、杰克·伦敦、布尔加科夫、雨果、屠格涅夫等的作品。② 现在,《共青团真理报》已经成为俄罗斯著名的全国性报纸,2020年,该报在最受读者欢迎日报排行榜中居第2位,在社交媒体超链接次数排行榜中居首位(2019年居第2位),在大众传媒引用指数排行榜中居第5位。《共青团真理报》积极与日本、德国、美国等世界发达国家传媒公司进行合作,并得到较高的评价。该报在俄罗斯和独联体国家的65座城市印刷,每个地方印刷企业员工数量为50～100人,该报是俄罗斯为数不多的在后苏联空间以及国外设立记者网络的中央级报纸之一。③ 2009年6月《共青团真理报》(精华版)在中国出版,主要订阅者为中国的高校、图书馆和俄罗斯公司在中国的代表处。另外,《共青团真理报》(精华版)在欧洲、亚洲、北美洲和非洲的45个国家和地区出售。④ 2009年2月16日,《共青团真理报》广播电台开播,经过10年的发展,到2019年,该广播电台已经成为联邦级广播电台,在全俄400个居民点设立了61个广播发射机和广播站。10年间,有数百名艺术家、政治家、一流明星、公众人物、专家做客该广播电台工作室,其中包括俄罗斯总统弗拉基米尔·普京。根据俄罗斯媒体市场调研公司的调查资料,2018年《共青团真理报》广播电台成为俄罗斯听众数量增长最快的广播电台。⑤

《每周评论》创刊于2006年5月11日,是一份全俄性独立周报,在俄罗斯大众传媒领域占据重要地位。根据盖洛普媒体咨询公司·俄罗斯2009年发布的报告,该周报拥有的读者数量在全俄社会和政治出版物中排名第

---

① Сунгоркин В. Н. "Комсомольская правда": история и нынешний день газеты, https://ria.ru/20100524/236957896.html.
② "Комсомольская правда": история и нынешний день газеты, https://ria.ru/20100524/236957896.html.
③ 参见〔俄〕亚·尼·扎苏尔斯基主编《俄罗斯大众传媒》,张俊翔、贾乐蓉译,南京大学出版社,2015,第202页。
④ 参见胡巍葳《全媒体时代俄罗斯报业发展之路》,《西伯利亚研究》2011年第4期。
⑤ Радио «Комсомольская правда» исполняется 10 лет//Комсомольская правда. 15 февраля 2019 г.

4，近75万人。近几年，随着《每周评论》在独联体其他国家的出版发行以及同步推出网络版，其单期拥有的读者数量达110万人。

《图书评论》（«Книжное обозрение»）于1966年5月5日创刊，是俄罗斯著名的全国性的书评报。《图书评论》为四开报纸，每期24版，其刊登的主要栏目包括重要文章导读、图书世界、图书出版活动、俄罗斯出版界与国外的协作关系、各种文学和图书颁奖活动、图书人、俄罗斯出版界专家理念、读者信息反馈、图书评述、图书问世、读者与报纸等。[①]

俄罗斯全国性报纸的主要特点在于：其一，主管主办单位多为俄罗斯国家机关，在人才、资金、物力等方面具有很大的优势；其二，报纸出版质量高，能够较为客观地反映国家的社会、政治、生活、立法等方面的问题；其三，全国性报纸致力于提升俄罗斯在国际舞台上的地位，发挥俄罗斯在国际舞台上的积极作用；其四，它们是俄罗斯国际传播战略实施的主要媒介，亦是俄罗斯加强与国外媒体合作的主体。

2. 地方性报纸

俄罗斯联邦由85个联邦主体组成，包括22个共和国、9个边疆区、46个州、3个联邦直辖市、1个自治州和4个自治区。在俄罗斯地方性报纸中，联邦主体报纸级别最高，俄罗斯联邦主体报纸主要是指共和国、州、边疆区一级的报纸。如今它们是与全国性报纸平起平坐的新闻信息机构。由于各地区的经济状况、居民人数、文化传统和地方政府的重视程度不同，地方报纸发展非常不均衡，有的整个地区只有几份报纸，如萨哈林地区只有《自由萨哈林报》《地区公报》《苏维埃萨哈林》《青年近卫军》《萨哈林渔民报》等，有的却显示出雄厚的传媒实力，例如北奥塞梯共和国、鞑靼斯坦共和国、车臣共和国等，它们甚至有自己独立的传媒立法。[②] 俄罗斯地区独立出版商协会（Ассоциация независимых региональных издателей，АНРИ）主席、阿尔泰传媒出版集团创始人尤里·普尔吉金认为，俄罗斯地方报纸市场的主要发

---

① 参见高珉、果立军《图书王国的向导——俄罗斯两大书评报》，《俄语学习》2002年第5期。
② 参见李玮《俄罗斯报业概览》，《中国报业》2009年第9期。

展趋势与传统媒体加速适应新的受众和广告主需求有关。①

具有社会政治性质的地方性报纸是俄罗斯信息空间的基础,这类报纸在发行量、影响力以及对居民重要性方面均占主导地位。全俄社会舆论研究中心(Всероссийский центр изучения общественного мнения)和信息政策发展基金会(Фонд развития информационной политики)的研究证实,在特定区域内,俄罗斯地方性报纸受读者欢迎程度远远高于全俄性报纸。②

在俄罗斯地方报纸中值得一提的是民族类报纸,同苏联时期相比,俄罗斯民族语言类报刊(由于俄民族语言报刊的特殊性,因此将民族语言类报纸与杂志放到一起进行说明)种类出现断崖式下降。1990年,苏联出版的民族类报刊种类近3500种,1996年降至350种,2016年为不到180种。近年,俄罗斯民族语言类报刊发展状况较为平稳,根据不完全统计,2020年共计181种,③ 与2016年基本持平。

根据俄罗斯联邦民族事务署2016年公布的信息,俄罗斯联邦有270多种语言和方言,民族语言出版物也异常丰富,其中俄语出版物和信息资源最多,其他民族语言出版物或信息资源也数以百计,其中用65种民族语言出版179种报刊。

表1-2是1996年与2020年初俄罗斯民族语言类报刊出版情况对比,从中可以看出,除少数语言外,俄罗斯民族语言类报刊(不包含俄语)种类均呈下降态势。2020年初,俄罗斯出版报刊数量排在前几位的民族语言包括鞑靼语(27种)、巴什基尔语(16种)、楚瓦什语(14种),用其他民族语言出版的报刊种类均不足10种,个别只有1种。值得一提的是,用恩加纳桑语出版的《泰梅尔》报(«Таймыр»)面向的读者为人数不足1000人的西伯利亚恩加纳桑人。但总体来看,俄罗斯转型以来,用民族语言出版

---

① Федеральное агентство по печати и массовым коммуникациям. Российский рынок периодической печати: Состояние, тенденции и перспективы развития. Москва: 2020. с. 38 - 39.

② Федеральное агентство по печати и массовым коммуникациям. Российский рынок периодической печати 2007 год: Состояние, тенденции и перспективы развития. Москва: 2007, с. 20.

③ 此数据系笔者依照表1-2计算得出。

的报刊种类与转型前相比大大逊色。1990年苏联仅出版杂志所用的民族语言就达44种，其中居首位的是乌克兰语，共出版杂志97种，以下依次为拉脱维亚语（32种）、阿塞拜疆语（29种）、乌兹别克语（26种）、白俄罗斯语（23种）。其间比较著名的民族语言类杂志有乌克兰加盟共和国作协用俄语出版的《彩虹》和《顿巴斯》，用乌克兰语出版的《祖国》（«Вітчизна»）、《十月》（«Жовтень»）、《基辅》等；白俄罗斯加盟共和国用白俄罗斯语出版的《火焰》（«Полымя»），用俄语出版的《涅曼》；乌兹别克加盟共和国用俄语和乌兹别克语出版的《东方之星》（«Звезда Востока»）；哈萨克加盟共和国用俄语出版的《自由》（«Простор»）；摩尔多瓦加盟共和国用摩尔多瓦语出版的《德涅斯特河》（«Нистру»）；塔吉克加盟共和国用俄语和塔吉克语出版的《帕米尔》（«Памир»）。

表1-2 1996年与2020年初俄罗斯民族语言类报刊统计

单位：种，万份

| 语言 | 1996年 | | 1996年 | | 2020年 |
| --- | --- | --- | --- | --- | --- |
| | 报纸 | 年发行量 | 杂志 | 年发行量 | 报纸与杂志 |
| 阿巴津语（Абазинский） | 1 | 42.2 | 0 | 0 | 1 |
| 阿古尔语（Агульский） | 0 | 0 | 0 | 0 | 1 |
| 阿尔瓦语（Аварский） | 11 | 449.7 | 1 | 0.6 | 5 |
| 阿迪格语（Адыгейский） | 2 | 170.6 | 2 | 0.5 | 1 |
| 阿尔泰语（Алтайский） | 2 | 97.4 | 2 | 0.5 | 1 |
| 阿塞拜疆语（Азербайджанский） | — | — | — | — | 1 |
| 英语（Английский） | — | — | — | — | 2 |
| 亚美尼亚语（Армянский） | — | — | — | — | 1 |
| 巴尔卡尔语（балкарский） | 1 | 90 | 2 | 0.2 | 3 |
| 巴什基尔语（Башкирский） | 30 | 2705.9 | 9 | 154.1 | 16 |
| 布里亚特语（Бурятский） | 7 | 130.5 | 0 | 0 | 2 |
| 维普森语（Вепсский） | 1 | — | 2 | — | 1 |
| 山地马里语（Горномарийский） | — | — | — | — | 3 |
| 达尔金语（Даргинский） | 1 | 27.5 | 1 | 0.2 | 9 |
| 多尔干语（Долганский） | — | — | — | — | 2 |
| 意第绪语（идиш） | — | — | — | — | 1 |
| 印古什语（Ингушский） | 0 | 0 | 1 | 0.3 | 2 |
| 伊特里门语（Ительменский） | 0 | 0 | 0 | 0 | — |
| 卡巴尔达语（Кабардинский） | 3 | 304.7 | 1 | 0.5 | 3 |
| 哈萨克语（Казахский） | — | — | — | — | 1 |

续表

| 语言 | 1996 年 | | 1996 年 | | 2020 年 |
|---|---|---|---|---|---|
| | 报纸 | 年发行量 | 杂志 | 年发行量 | 报纸与杂志 |
| 卡尔梅克语（Калмыцкий） | 1 | 122.5 | 2 | 4.8 | 1 |
| 卡腊查耶夫语（Карачаевский） | 1 | 126 | 0 | 0 | 1 |
| 卡累利阿语（Карельский） | 3 | — | 2 | — | 2 |
| 克季语（Кетский） | 0 | 0 | 0 | 0 | — |
| 科米语（Коми） | 4 | 138.1 | 3 | 10.7 | 5 |
| 科米-贝尔米语（Коми-пермяцкий） | 0 | 0 | 0 | 0 | 2 |
| 朝鲜语（Корейский） | — | — | — | — | 1 |
| 科里亚克语（Корякский） | 0 | 0 | 0 | 0 | — |
| 库梅克语（Кумыкский） | 4 | 85.5 | 1 | 0.2 | 4 |
| 吉尔吉斯语（Киргизский） | — | — | — | — | 1 |
| 拉克语（Лакский） | 4 | 33 | 1 | 0.2 | 5 |
| 列兹根语（Лезгинский） | 2 | 43.8 | 1 | 0.2 | 5 |
| 曼西语（Мансийский） | 1 | 2 | 0 | 0 | 1 |
| 山地马里语（Марийский）① | 13 | 517 | 4 | 15 | 8 |
| 莫克沙语（Мокшанский） | 1 | 100.5 | 2 | 7.2 | 1 |
| 那乃语（Нанайский） | 0 | 0 | 0 | 0 | — |
| 恩加纳桑语（Нганасанский） | 0 | 0 | 0 | 0 | 1 |
| 德语（Немецкий） | — | — | — | — | 1 |
| 涅涅茨语（Ненецкий） | 1 | 3 | 0 | 0 | 1 |
| 尼夫赫语（Нивхский） | 0 | 0 | 0 | 0 | 1 |
| 诺盖语（Ногайский） | 2 | 44.9 | 0 | 0 | 4 |
| 奥塞梯语（Осетинский） | 3 | 473 | 3 | 0.7 | 6 |
| 俄语 | 4604 | 764404 | 2620 | 38117.4 | 41038 |
| 鲁图尔语（Рутульский） | 0 | 0 | 0 | 0 | — |
| 萨阿米语（Саамский） | 0 | 0 | 0 | 0 | — |
| 塞尔库普语（Селькупский） | 0 | 0 | 0 | 0 | — |
| 塔巴萨兰语（Табасаранский） | 0 | 0 | 1 | 0.2 | 2 |
| 鞑靼语（Татарский） | 91 | 6509 | 17 | 261 | 27 |
| 塔蒂语（Татский）② | 0 | 0 | 0 | 0 | 1 |
| 图瓦语（Тувинский） | 7 | 244.3 | 2 | 1 | 6 |
| 土耳其语（Турецкий） | — | — | — | — | 1 |

---

① 马里语又分山地马里语和草原马里语。1996 年，俄罗斯用山地马里语出版发行的报刊有 2 种，用草原马里语出版的报刊有 15 种。根据俄罗斯维尔德洛夫斯克民族图书馆网站 2020 年 4 月显示的结果，山地马里语与草原马里语（即马里语）出版物共计 8 种。

② 塔蒂语是塔蒂人、山地犹太人和亚美尼亚人所讲方言的统称，属于伊朗语西南语支，主要分布在阿塞拜疆和俄罗斯南达吉斯坦。

续表

| 语言 | 1996 年 报纸 | 1996 年 年发行量 | 1996 年 杂志 | 1996 年 年发行量 | 2020 年 报纸与杂志 |
|---|---|---|---|---|---|
| 乌德穆尔特语（Удмуртский） | 9 | 323.5 | 4 | 7.6 | 3 |
| 芬兰语（Финский） | 1 | — | 2 | — | 2 |
| 哈卡斯语（Хакасский） | 0 | 0 | 0 | 0 | 1 |
| 汉蒂语（Хантыйский） | 1 | 3 | 0 | 0 | 2 |
| 查胡尔语（Цахурский） | 0 | 0 | 0 | 0 | 2 |
| 切尔克斯语（Черкесский） | 0 | 0 | 0 | 0 | 1 |
| 车臣语（Чеченский） | 2 | 11.8 | 1 | 2 | 1 |
| 楚瓦什语（Чувашский） | 30 | 2084.1 | 6 | 45.2 | 14 |
| 楚科奇语（Чукотский） | 0 | 0 | 0 | 0 | 2 |
| 埃文基语（Эвенкийский） | 0 | 0 | 0 | 0 | 1 |
| 埃文语（Эвенский） | 0 | 0 | 0 | 0 | 1 |
| 爱斯基摩语（Эскимосский） | 0 | 0 | 0 | 0 | — |
| 厄尔茨亚语（Эрзянский） | 2 | 31.8 | 2 | 5.4 | 4 |
| 尤卡吉尔语（Юкагирский） | 0 | 0 | 0 | 0 | 1 |
| 雅库特语（Якутский） | 26 | 2212.9 | 3 | 5 | 1 |

注：—表示资料不详。

资料来源：Средства массовой информации России，https：//dic.academic.ru/dic.nsf/ruwiki/1615448；Периодические издания по языкам народов России，http：//www.somb.ru/informatsionnye-resursy-4/natsionalnaya-periodika/1529-periodicheskie-izdaniya-po-yazykam-narodov-rossii.html。

为了阻止俄罗斯民族语言类报刊种类的下降趋势，俄总统普京指示制定一揽子措施支持和发展俄罗斯各民族语言媒体。具体包括：第一，扶持将用俄罗斯各民族语言创作的小说等作品翻译成俄文出版和发行；第二，支持用本民族语言出版小说或教育教学读物等；第三，俄联邦中央政府与地方政府协同监测俄罗斯各民族语言的现状和发展趋势；第四，确保俄联邦各民族公民以母语接受教育和学习母语的权利；第五，组织各高校民族语言和文学教师进行系统进修；第六，对民族语言研究进行政策与资金方面的支持；等等。①

俄罗斯地方报纸主要的特点在于以下几点。其一，在全国性报纸订阅量

---

① Кира Латухина. Путин поручил поддержать СМИ на языках народов России// Российская газета. 7 июля 2015 г.

下降的同时，地方性报纸订阅量不降反升，读者的兴趣明显从中央向地方转移。① 总之，地方报纸更能满足当地民众的兴趣与需求，在巩固当地社区建设、发展基础设施、提高城市和地区经济和社会文化潜力方面扮演着非常重要的沟通角色，有助于解决当地公民面临的特定问题。② 地方报纸是国家统一信息空间中最庞大也是最重要的部分，有时也是地方唯一了解城市和地区生活的信息来源。俄罗斯大多数地方报纸完全或部分地由各联邦主体政府或市级政府掌控，长期以来，地方报纸几乎被视为唯一的"地方权力的喉舌"，是地方所有政治活动的重要参与者。虽然数字化、网络化的传媒等对地方报纸的地位造成了一定程度的冲击，但它在当地的作用和影响仍维持着较高水平，尤其是在俄罗斯一些网络普及率不高、地方广播电视发展不足的边远小城镇和农村地区，报纸甚至是该地区唯一的官方注册媒体。③ 其二，地方性报纸在俄罗斯报纸市场中占有很大的比例，扎苏尔斯基在《俄罗斯大众传媒》中指出，在俄罗斯报业市场中，全俄报纸的占比为14.7%，地区（边疆区、共和国）报纸占57.8%，市报和市辖区报占11.3%，区间报占11.4%。④ 除全俄性报纸外，其他均属于地方性报纸。其三，苏联时期垂直一体化的报业体制瓦解后，地方报纸摆脱与中央报纸的从属关系，向多元化发展，取得与全国性报纸同等的地位。其四，除了某些独立意识强烈的共和国传媒，大多数地方报纸内容以生活娱乐为主，远离政治是非中心。⑤ 其五，地方报纸独立性越来越小，主要原因在于经济困难导致多数地方报纸出让大部分报纸版面以刊登广告；各家报纸之间为争夺读者而进行的显性与隐性竞争，导致报纸的价格一降再降，以满足读者对低价格信息的需求；为了求得更好的生存，许多俄罗斯地方报纸不得不向大型报业出版集团靠拢或者

---

① Иванов В. К. Особенности региональной прессы современной России// Молодой ученый. 2012. № 10.
② Свитич Л. Г., Смирнова О. В., Ширава А. А., Шкондин М. В. Газеты средних и малых городов России в 2010 - х гг. Вестн. Московского университета. 2014. № 10. с. 7.
③ См.: Федеральное агентство по печати и массовым коммуникациям. Российская периодическая печать: Состояние, тенденции и перспективы развития. Москва: 2014. с. 43.
④ 参见〔俄〕亚·尼·扎苏尔斯基主编《俄罗斯大众传媒》，张俊翔、贾乐蓉译，南京大学出版社，2015，第214页。
⑤ 李玮：《俄罗斯报业概览》，《中国报业》2009年第9期。

依附地方政府。① 其六，地方报纸不经常涉及国际问题，基本上远离民族复兴问题和俄罗斯各个民族之间的合作问题。它们尽量不挑起民族间的紧张情绪，有意避开容易引起民族间相互敌意和指责的问题。②

（二）依据受众定位划分的报纸类型

1. 政党或社会组织出版的报纸

转型前后，俄罗斯非正式组织达6万多个，全国性政党有约20个，共和国一级的政党达500多个。③ 其中主要政党和社会组织包括：俄罗斯联邦共产党（КПРФ）、俄罗斯联邦共和党（Республиканская партия Российской Федерации）、民主党（Демократическая партия）、俄罗斯民主党（Демократическая партия России）、俄罗斯基督教民主联盟（Христианско - демократический Союз России）、俄罗斯基督教民主运动（Российское христианско - демократическое движение）、俄罗斯基督教民主党（Российская христианско - демократическая партия）、立宪民主党联盟（Союз конституционных демократов）、民主联盟（Демократический союз）、苏联自由民主党（Либерально - демократическая партия Советского Союза）、民族爱国运动（Национал - патриотическое движение）等。苏联解体前后，由于各种政党大量涌现，也由于社会处于剧烈的变化之中，人们对政治问题高度关注，政党报刊一度经历了繁荣期。④ 20世纪90年代上半叶，一些比较活跃的政党或社会组织纷纷出版代表自己观点的报纸，其中包括社会政治类、文学艺术与音乐类、宗教与哲学类、生态类、讽刺类等。⑤ 此间，俄罗斯民主党派、政治组织、各类运动在

---

① См.: Иванов В. К. Особенности региональной прессы современной России// Молодой ученый. 2012. No. 10.
② 参见〔俄〕亚·尼·扎苏尔斯基主编《俄罗斯大众传媒》，张俊翔、贾乐蓉译，南京大学出版社，2015，第217页。
③ 郑超然、程曼丽、王泰玄：《外国新闻传播史》，中国人民大学出版社，2000，第254页。
④ 贾乐蓉：《当代俄罗斯大众传媒研究》，中国广播电视出版社，2008，第130页。
⑤ Овсепян Р. История новейшей отечественной журналистики（Февраль 1917 - начало 90 - х годов）. Издательство Московского университета. 1996. с. 175.

莫斯科出版的报刊达数十个，在全国其他地方出版报刊达数百个。① 1992 年，全俄有 150 多个政党或运动出版各种政治方向的报刊。这类报纸的最大特点是由政党或者社会组织出资出版发行，以政治类题材为主，初期对国家的信息市场以及经济发展关注不大。这类报纸主要包括俄罗斯联邦共产党的《真理报》、俄罗斯联邦共和党的《社会民主党人》（«Социал‐демократ»）和《新生活》（«Новая жизнь»）、民主党的《民主党党刊》（«Издание Демократической партии»）、俄罗斯自由民主党的《俄罗斯自由民主党党刊》（«Издание СвДПР»）、俄罗斯民主党的《民主报》（«Демократическая газета»）和《民主俄罗斯》（«Демократическая Россия»）、俄罗斯基督教民主联盟的《每周时事》（«Хроника недели»）和《基督教民主联盟公报》（«Вестник христианской демократии»）、俄罗斯基督教民主运动的《选择》（«Выбор»）、俄罗斯基督教民主党的《基督教政治》（«Христианская политика»）和《基督教民主党公报》（«Вестник христианской демократии»）、立宪民主党联盟的《立宪民主党人》（«Конституционный демократ»）和《公民尊严》（«Гражданское достоинство»）、民主联盟的《自由言论》（«Свободное слово»）、苏联自由民主党的《自由主义者》（«Либерал»）和《言语》（«Речь»）、民族爱国运动的《俄罗斯通报》（«Русский Вестник»）、君主派的《君主主义者》（«Монархист»）和《帝国公民》（«Гражданин Империи»）等。从上述报纸的名称即可看出，其内容涉及共产主义、宗教、自由主义、民族主义等。其中一些报纸出版发行的时间并不长，主要原因在于部分政党或社会组织在民主化口号下对社会经济严重误判，从而导致读者对其主办的报纸丧失兴趣，失去群众基础。1993 年俄罗斯国家杜马选举前，各政党或社会组织出版的报纸比较活跃，但 21 世纪以来，俄罗斯政党报或社会组织主办的报纸在俄罗斯各类报纸中所占的地位几乎降至最低。以 2001 年为例，虽然此类报纸的种类达 124 种，在各类报纸中居第三位，但单期发行量仅有 1600 份，年发行量仅比工会类报纸，文化、启蒙、文字、艺术类报纸高（见表 1-3）。

---

① Беспалова А. Г. История отечественной журналистики XX – начала XXI века. Ростов‐на‐Дону：Издательство Южного федерального университета. 2014. с. 314.

表1-3 2001年俄罗斯不同类型报纸种类、单期发行量、年发行量及期数统计

| 报纸类型 | 种类（种） | 单期发行量（万份） | 年发行量（万份） | 年发行期数（期） |
| --- | --- | --- | --- | --- |
| 政治社会类* | 886 | 1435.6 | 15.76 | 97394 |
| 教育类 | 198 | 118.3 | 0.521 | 3115 |
| 政党、运动 | 124 | 0.16 | 0.469 | 2622 |
| 广告类 | 73 | 178.1 | 0.756 | 2573 |
| 文化、启蒙、文学、艺术 | 66 | 90.3 | 0.243 | 1410 |
| 工会类 | 39 | 0.02 | 0.093 | 1098 |

注：*实际上是指综合类报纸。

资料来源：Шкондин. М. В. Система средств массовой информации как фактор общественного диалога. Москва. 2002. с. 108；贾乐蓉著《当代俄罗斯大众传媒研究》，中国广播电视出版社，2008，第130页。

在俄罗斯政党和社会组织出版的报纸中能够持续稳定出版的是由俄罗斯自由民主党和俄罗斯共产党出版的报纸。虽然一些党派出版的报纸规模不大，但读者群比较稳定，[1] 他们主要是利用报纸改进工作方式，在报纸上公开本党派的观点，加强与支持者沟通等。转型以来，俄罗斯自由民主党创办的报纸表现最突出，其出版的主要报纸除《俄罗斯自由民主党党刊》外，还包括《日里诺夫斯基真理报》（«Правда Жириновского»）、《日里诺夫斯基之鹰》（«Сокол Жириновского»）、《自由法制报》（«Либерально-правовая газета»）等。在俄罗斯，发行量最大的是俄罗斯联邦共产党掌控的报纸，转型初期俄罗斯共产党出版的报纸主要有《人民真理报》（«Народная правда»）、《闪电报》（«Молния»）、《俄罗斯真理报》（«Правда России»）等。至今一直持续出版的报纸有《真理报》（«Правда»）和《苏维埃俄罗斯》（«Советская Россия»）等。[2] 从目前（2020年）的情况来看，《真理报》依然是俄罗斯联邦共产党的主要宣传媒体。1991年8月21日，俄罗斯联邦总统叶利钦签署命令指出，一些具有垄断性质的媒体诽谤合法政权代表，误导人民，是"8·19"事件的实际同谋。叶利钦下令暂时禁止在

---

[1] Беспалова А. Г. История отечественной журналистики XX – начала XXI века. Ростов-на-Дону：Издательство Южного федерального университета. 2014. с. 314.
[2] Есин Б. И.，Кузнецов И. В. Триста лет отечественной журналистики（1702－2002）. Издательство Московского университета. 2002. с. 198.

"8·19"事件中充当紧急状态委员会喉舌的《真理报》《苏维埃俄罗斯》等报纸的出版发行。这一事件后,《真理报》①不再是苏联共产党的机关报,转变为社会政治类报纸,由劳动组织负责出版发行。1992年8月,希腊富商扬尼克斯控股《真理报》,出版了副刊《真理报-5》随星期五的报纸发行。后来,由于编辑人员内部的矛盾激化,《真理报》分裂,出现了由维克多·李尼克和伊林两人分别主编的《真理报》。1994年,扬尼克斯又将《真理报-5》作为独立报纸登记注册。当时,俄罗斯以《真理报》命名的报纸有3家。1997年,3家报纸为名分打起了官司。最后法庭认定伊林主编的报纸为正宗的《真理报》。根据这一判决,李尼克主编的《真理报》改名为《言论报》,《真理报-5》则因希腊商人撤资而停止出版。②1997年,伊林主编的《真理报》与俄罗斯联邦共产党达成协议,成为俄罗斯联邦共产党的机关报,其头版报头显要位置上写有"全世界无产者联合起来""俄罗斯联邦共产党中央委员会机关报"等字样。

21世纪以来,俄罗斯出版的政党报纸,如俄罗斯联邦共产党的报纸,大多版式简陋,版数较少,印刷质量也较粗陋,报纸的内容无法和商业报纸竞争,主要限于政党成员内部流通。③20世纪90年代初,在俄罗斯莫斯科、圣彼得堡、新西伯利亚、叶卡捷琳堡、鄂木斯克以及其他一些大城市出现了上千种政党或者社会组织创办的报纸,而在一些小城市或者乡村,政党或者社会组织的报纸受限于读者数量、经济和物质条件等因素,没能得到广泛的传播。④

---

① 1991年8月22日,俄罗斯总统叶利钦下令解散《真理报》后,该报编辑部一些成员在几个星期后就注册开办了一份新的同名报纸,但不久就迫于政府压力关闭。1999年,在《真理报》原编辑瓦·戈尔谢宁和维·林尼克带领下,创建了俄罗斯第一家网上俄文报纸"真理报在线"。如今在俄罗斯发行的《真理报》与"真理报在线"没有任何联系。《真理报》分析事件持左翼立场,而"真理报在线"则持民族主义立场。关于《真理报》的相关情况,参见百度百科: https://baike.baidu.com/item/真理报/3950197?fr=aladdin。
② 严功军:《变迁与反思:转型期俄罗斯大众传媒研究》,博士学位论文,四川大学,2004,第34页。
③ 参见贾乐蓉《当代俄罗斯大众传媒研究》,中国广播电视出版社,2008,第25页。
④ Овсепян Р. П. История новейшей отечественной журналистики (Февраль 1917 - начало 90-х годов). Издательство Московского университета. 1996. с. 192-193.

2. 商业类报纸

20世纪90年代，在向市场经济转型的过程中，俄罗斯出现大量的商业协会、联盟和股份制公司，它们纷纷出版商业类报纸，① 其目的在于与其他市场参与者在信息领域形成互动，树立自己的品牌形象，宣传自己的商品和服务，以便使本企业能取得商业上的成功。② 商业类报纸在传播俄罗斯市场经济思想和原则方面发挥了重要作用，成为法律、商业和其他领域的信息指导。比较著名的商业类报纸有《金融报》《金融俄罗斯》《工商报》《经济与生活》《生意人报》《生意人日报》等。

俄罗斯商业类报纸依照功能可分为信息分析类、业务咨询类、广告信息类、广告类，依照覆盖范围分为综合类、专业类、专业性极强类、职业类、定向类。③ 对于俄罗斯报业来说，广告信息类报纸和纯粹的广告类报纸是新型报纸，其在俄罗斯的发展始于20世纪90年代，在俄罗斯商业类报纸中发行量最大，影响最广。主要内容包括各种类型的广告、实用信息、④ 娱乐信息和私人告示等。一般来说，这类报纸的发行量比传统报纸高几倍。广告类报纸的突出特点是免费发行，其发行渠道主要为邮筒、街道、超市、展览及人群密集的地方，此种发行方式在一定程度上决定了广告类报纸读者的复杂性与多样性，这也是广告类报纸能够成为商品与服务推广源的主要原因。

俄罗斯最具代表性的商业类报纸为《公报》、《生意人报》与《俄罗斯商业咨询报》（Газета «РБК»）。2019年5~10月，后二者每期受众数量比2018年同期分别增长28.07万人和36.79万人。⑤《生意人报》创刊于1990

---

① 关于商业类报纸，在俄罗斯有不同的看法：其一，认为商业类报纸是俄罗斯市场经济改革过程中出现的大量商人需要的产物；其二，认为商业类报纸在俄罗斯有着悠久的历史，从前的那些经济、金融、行业类报纸均应属于这一范畴。
② Еременко А. В. Деловая пресса в России: История, типология, Ростов-на-Дону: моделирование изданий. 2006. c. 15
③ См.: Еременко А. В. Деловая пресса в России: История, типология, Ростов-на-Дону: моделирование изданий. 2006. c. 19.
④ 一般来说，广告信息类报纸刊登的信息包括电视节目表、地方消息、天气情况、地方政权机构活动、对流行歌星或影星的采访等，而纯粹的广告报纸则只提供广告，不提供信息。参见贾乐蓉《俄罗斯报业市场分析》，《新闻与传播研究》2004年第3期。
⑤ Федеральное агентство по печати и массовым коммуникациям. Российская периодическая печать: Состояние, тенденции и перспективы развития. Москва: 2020. c. 33.

年,是俄罗斯历史最悠久的商业类报纸。它的内容由最新的世界和俄罗斯商业、金融信息,社会、文化、体育等方面的重大事件报道,准确的预测和深入的分析组成。在各联邦主体中,莫斯科的商业类报纸最多(见表1-4),比较著名的包括以刊登莫斯科小企业问题与营商环境为主,主要分发给莫斯科的商业中心和国家机关的《小企业》(«Малый бизнес»);刊登的主要内容包括俄罗斯经济领域与公司状况分析、国际商业新闻的《俄罗斯商业咨询报》;主要内容包括每日新闻、经济与政治、社会、城市纪事、分析与预测、莫斯科政府从实际角度出发设置的项目等,主要发行范围包括莫斯科市政厅与市杜马,大型国内外公司总部,贵宾商务中心,谢列梅捷沃、多莫杰多沃、伏努科沃机场,咖啡馆和餐馆等的《晚间莫斯科》早晨版(«Вечерняя Москва», утренний выпуск);刊登的主要内容包含有关全球和俄罗斯商业高品质与及时有效的信息,金融和商业新闻,政治与权力机关调整,社会、文化和体育要闻,精准预测与深度分析等的《生意人报》(«Коммерсантъ»)。

表1-4 莫斯科主要商业类报刊

单位:万份

| 报刊名称 | 发行量 | 页码 | 规格 | 出版周期 |
| --- | --- | --- | --- | --- |
| 《专家》 | 9.2 | 76页 | A4 | 周刊 |
| 《商业-杂志》 | 6 | 80页 | A4 | 年10刊 |
| 《生意人报》* | 4.1 | 16版 | D2 | 周5刊 |
| 《小企业》* | 7 | 16版 | A3 | 年11刊 |
| 《经济与生活》* | 21 | 24版 | A3 | 周刊 |
| 《俄罗斯商业咨询报》* | 8 | 12版 | A3 | 周5刊 |
| 《卓越经营》 | 2.5 | 104页 | A5+ | 月刊 |
| 《专业》 | 9.2 | 68页 | A4 | 周刊 |
| 《俄罗斯商业咨询》 | 14.5 | 164页 | A4 | 年7刊 |
| 《公报》* | 5.36 | 12版 | A3 | 周5刊 |
| 《晚间莫斯科》早晨版* | 9 | 8版 | A2 | 周5刊 |
| 《商业-杂志·俄罗斯》 | 20 | 60页 | A4 | 年11刊 |
| 《汽笛报》* | 12.5 | 8版 | D2 | 周5刊 |

续表

| 报刊名称 | 发行量 | 页码 | 规格 | 出版周期 |
|---|---|---|---|---|
| 《标准》 | 1 | 72 页 | A4 | 年 10 刊 |
| 《生意人报·俄罗斯》* | 6.5 | 16 版 | D2 | 周 4 刊 |
| 《生意人报-货币》 | 7.5 | 48 页 | A3 | 年 10 刊 |
| 《消息报》* | 8 | 8 版 | D2 | 周 5 刊 |

注：带 * 号的为报纸。

资料来源：笔者依照俄罗斯"在线广告"（Реклама Онлайн）公司网站 2021 年 11 月 3 日发布的资料整理，https：//www.reklama-online.ru/rating/smi/index/gorod/10/per/2/tema/9。

## 二 俄罗斯报纸的受众与发行

### （一）俄罗斯报纸的受众

报纸读者即报纸受众，是指阅读或被认为阅读某种报纸的人。近年来，很多地区的读者群逐渐老龄化和萎缩，这意味着俄罗斯报纸读者的平均年龄在增加，主要原因是更喜欢电子出版物的年轻人抛弃纸质报纸的速度快于老年人，现在通过报纸获取消息的基本为年龄偏大的俄罗斯人。俄罗斯联邦新闻出版与大众传媒署对 50 个联邦主体 135 个居民点 18 岁以上居民的调查的结果显示，《论据与事实》最受读者欢迎，占受访者人数的 10%，以下依次为《共青团真理报》（8%）、《俄罗斯报》（5%）、《消息报》（4%）、《莫斯科共青团员报》（4%）、《生意人报》（2%）、《公报》（1%）。[1] 截至 2019 年末，俄罗斯报纸的读者人数与 20 世纪 90 年代末相比减少了 50%以上。[2] 从受众年龄结构来看，老年人更喜欢读报纸，青年人更热衷上网。

21 世纪初，最受读者欢迎的日报包括《共青团真理报》《公报》《莫斯科共青团员报》《生意人报》《俄罗斯报》等。进入 21 世纪 20 年代，上述日报在俄罗斯依然占有十分重要的地位，但由于日报市场竞争日趋激烈，俄罗斯日报的排名不断发生变化。近 5 年，依照读者数量，《地铁报》《俄罗

---

[1] Федеральное агентство по печати и массовым коммуникациям. Российская периодическая печать：Состояние, тенденции и перспективы развития. Москва：2020. с. 26.

[2] Федеральное агентство по печати и массовым коммуникациям. Российская периодическая печать：Состояние, тенденции и перспективы развития. Москва：2020. с. 26.

斯报》《莫斯科共青团员报》在日报市场一直居前3位，排第4～9位的日报名单虽然没有变化，但其排位自2016年起却不断变动，其中排名呈不断上升态势的是《消息报》，2015年其排名第9位，自2017年升至第4位后，基本保持在第4～5位（见表1-5）。一般来说，25～54岁受过中等以上教育的已婚人士比较喜欢阅读日报；从职业角度来看，中等收入的专业人员、工人和退休人员是日报的主要受众，这类人员的家庭一般由3～4人组成，每位成员的月收入可达1.5万卢布，其中食品消费占家庭预算的一半。

表1-5 2015～2019年俄罗斯主要日报单期读者数量排行

单位：万人

|  | 2015年 | | 2016年 | | 2017年 | | 2018年 | | 2019年 | |
| --- | --- | --- | --- | --- | --- | --- | --- | --- | --- | --- |
|  | 读者数 | 排名 | 读者数 | 排名 | 读者数 | 排名 | 读者数 | 排名 | 读者数 | 排名 |
| 《地铁报》 | 189.94 | 1 | 179.13 | 1 | 155.120 | 1 | 149.78 | 1 | 134.55 | 1 |
| 《俄罗斯报》 | 89.67 | 2 | 80.95 | 2 | 68.72 | 2 | 73.78 | 2 | 74.68 | 2 |
| 《莫斯科共青团员报》 | 73.86 | 3 | 65.26 | 3 | 52.64 | 3 | 69.07 | 3 | 61.68 | 3 |
| 《体育快车报》 | 37.00 | 4 | 35.16 | 4 | 31.88 | 5↓1 | 44.66 | 4↑1 | 34.74 | 6↓2 |
| 《苏维埃体育报》 | 25.98 | 5 | 27.98 | 6↓1 | 22.34 | 6 | — | — | — | — |
| 《商业咨询报》 | 24.46 | 6 | 29.37 | 5↑1 | 18.05 | 8↓3 | 23.01 | 6↑2 | 36.79 | 5↑1 |
| 《生意人报》 | 22.85 | 7 | 21.98 | 8↓1 | 20.73 | 7↑1 | 19.27 | 7 | 28.07 | 7 |
| 《公报》 | 16.83 | 8 | 14.76 | 9↓1 | 13.24 | 9 | 18.68 | 8↑1 | 19.23 | 8 |
| 《消息报》 | — | 9 | 22.58 | 7↑2 | 33.03 | 4↑3 | 43.65 | 5↓1 | 52.67 | 4↑1 |

注：—处代表数据不详；↑与↓后面加数字表示某报纸当年排名与上年相比上升或下降程度。

资料来源：表中数据及排名系笔者依照 Федеральное агентство по печати и массовым коммуникациям. Российская периодическая печать: Состояние, тенденции и перспективы развития. Москва: 2016-2020 整理得出。

21世纪初，最受读者欢迎的周报或月报包括《论据与事实》（«Аргументы и факты»）、《省报》（«Провинция»）、《对话者报》（«Собеседник»）、《逻各斯-媒体报》（«Логос-Медиа»）、《新闻世界报》（«Мир новостей»）等。上述报纸的内容包括国内外重大事件、读者调查、亲子阅读、兴趣爱好、电视导读、广告等。

近5年，依照单期读者数量，排名居前9位的周报和月报是《论据与事实》、《共青团真理报·周报》、《电视节目》（«Телепрограмма»）、《777》、

《我家》（«Моя семья»）、《预言》（«Оракул»）、《1000个秘密》（«1000 секретов»）、《莫斯科共青团员报·地方专版》（«МК – Регион»）、《莫斯科共青团员报·电视周报》（«МК + ТВ»）（见表1-6）。其中单期读者数量排名一直没有变化的是居首位的《论据与事实》和居第四位的《777》，《共青团真理报·周报》的排名除2016年位列第三外，其他年份均居第二位，《电视节目》的排名除2016年位列第二外，其他年份均居第三位。

表1-6  2015～2019年俄罗斯主要周报和月报单期读者数量排行

单位：万人

|  | 2015年 | | 2016年 | | 2017年 | | 2018年 | | 2019年 | |
|---|---|---|---|---|---|---|---|---|---|---|
|  | 读者数 | 排名 | 读者数 | 排名 | 读者数 | 排名 | 读者数 | 排名 | 读者数 | 排名 |
| 《论据与事实》 | 596.29 | 1 | 516.07 | 1 | 456.16 | 1 | 453.17 | 1 | 452.37 | 1 |
| 《共青团真理报·周报》 | 472.07 | 2 | 404.74 | 3↓1 | 330.12 | 2↑1 | 289.23 | 2 | 298.49 | 2 |
| 《电视节目》 | 403.72 | 3 | 411.01 | 2↑1 | 296.92 | 3↓1 | 260.57 | 3 | 206.48 | 3 |
| 《777》 | 306.15 | 4 | 289.21 | 4 | 262.23 | 4 | 212.62 | 4 | 202.86 | 4 |
| 《我家》 | 156.75 | 5 | 123.46 | 7↓2 | 123.92 | 5↑2 | 122.02 | 5 | 127.88 | 5 |
| 《预言》 | 151.74 | 6 | 142.90 | 5↑1 | 117.97 | 6↓1 | 96.25 | 7↓1 | 101.79 | 7 |
| 《1000个秘密》 | 132.56 | 7 | 111.11 | 9↓2 | 100.40 | 8↑1 | 102.90 | 6↑2 | 116.24 | 6 |
| 《莫斯科共青团员报·地方专版》 | 118.54 | 8 | 125.30 | 6↑2 | 100.78 | 7↓1 | 92.98 | 8↓1 | 95.34 | 8 |
| 《莫斯科共青团员报·电视周报》 | 116.04 | 9 | 112.25 | 8↑1 | 94.82 | 9↓1 | 92.91 | 9 | 92.69 | 9 |

注：↑与↓后面加数字表示某报纸当年排名与上年相比上升或下降程度。

资料来源：表中数据及排名系笔者依照Федеральное агентство по печати и массовым коммуникациям. Российская периодическая печать: Состояние, тенденции и перспективы развития. Москва: 2016 – 2020整理得出。

从表1-5和表1-6可以看出，有3家日报和全部周报（月报）的单期读者数量在2015～2019都呈减少态势。2019年与2015年相比，排名前3的日报单期读者数量下降幅度较大，其中《地铁报》下降29.16%，《俄罗斯报》下降16.72%，《莫斯科共青团员报》下降16.49%；排第4～9位的日报单期读者数量则多呈增长态势，其中《体育快车报》增长42.35%，《商业咨询报》增长42.03%，《生意人报》增长22.84%，《公报》增长

14.26%，这几种报纸在很大程度上夺走了排前 3 位的日报的潜在读者。2019 年与 2015 年相比，周报和月报中，单期读者数量下降幅度最大的是《电视节目》，其降幅为 48.86%，依照下降幅度以下依次为《共青团真理报·周报》下降 36.77%，《777》下降 33.74%，《预言》下降 32.92%，《论据与事实》下降 24.14%，《莫斯科共青团员报·电视周报》下降 20.12%，《莫斯科共青团员报·地方专版》下降 19.57%，《我家》下降 18.42%，《1000 个秘密》下降 12.31%。①

有研究者认为，在俄罗斯全国性报纸读者数量下降的同时，一些地方性报纸的读者数量却持续增加，这是因为报纸仍是许多地方人们获取信息的最主要来源，并且地方报纸经常会刊登一些网络或其他类型媒体无法获得的地方性资料。②但是，随着网络在全俄的覆盖以及报纸的老一辈读者的流失，地方性报纸也难以避免读者群体逐渐萎缩的命运。

（二）俄罗斯报纸的发行

转型以来，俄罗斯报纸的发行量大幅下降。2018 年，《俄罗斯报》《消息报》《生意人报》《公报》《独立报》《共青团真理报》6 家全俄性报纸的年发行总量为 121.1 万份；而在转型前的 1990 年，仅《消息报》的发行总量就达 1100 万份，《共青团真理报》发行量为 1830 万份。③ 2010～2014 年，俄罗斯报纸年发行总量变动不大，除 2011 年（约 82.6 亿份）外，其他年份基本在 93.3 亿~95.5 亿份间徘徊（见表 1-7）。2015 年以来，俄报纸年发行总量大幅下降，从 2014 年的 94.219535 亿份减至 76.582584 亿份，降幅达 18.72%。此后，这种下降的态势一直没有停止，到 2019 年，全年总发行量约为 54.57 亿份，比 2014 年减少近 43%。到 2020 年，这种下降态势并没有停止，2020 年上半年，俄报纸年发行总量为 18.572098 亿份，该数据与 2019 年上半年的 26.436729 亿份相比，下降 29.75%。据俄联邦新闻出版与

---

① 此部分出现的所有百分数均为笔者依表 1-5 和表 1-6 计算得出，保留小数点后两位数。
② См.：Прощание с прессой：бумажные газеты и журналы доживают последние годы？// Новые известия. 6 июня 2019 г.
③ Прощание с прессой：бумажные газеты и журналы доживают последние годы？// Новые известия. 6 июня 2019 г.

大众传媒署的统计数据，2019 年，莫斯科市（23.02 亿份）、圣彼得堡市（3.916 亿份）和萨马拉州（1.269 亿份）出版的报纸的年发行量分列俄罗斯各联邦主体的前三位，出版报纸份数最少的是楚科奇自治区（30.4 万份）、印古什共和国（43.3 万份）和涅涅茨自治区（55.37 万份）。

表 1-7 2010~2020 年俄罗斯报纸年发行量

单位：亿份

| 年份 | 2010~2020 年全年 | 2010~2020 年上半年 |
| --- | --- | --- |
| 2010 | 95.256331 | — |
| 2011 | 82.592809 | 40.550671 |
| 2012 | 93.304443 | 47.770448 |
| 2013 | 95.444065 | 41.962424 |
| 2014 | 94.219535 | 45.349626 |
| 2015 | 76.582584 | 35.142676 |
| 2016 | 68.446201 | 32.564584 |
| 2017 | 67.227080 | 34.199507 |
| 2018 | 60.692851 | 31.426737 |
| 2019 | 54.570351 | 26.436729 |
| 2020 | — | 18.572098 |

注：—代表数据不详。

资料来源：Общий годовой тираж издания газет (поступивших за отчётный период) по субъектам РФ, https://www.fedstat.ru/indicator/35350#。

### 三 俄罗斯报业集团化发展模式

苏联解体后，苏联时期的一些报纸出版机构被俄罗斯联邦继承，但随着俄罗斯社会、政治、经济体制转型，俄罗斯报业也进行了大规模重组。转型初期，俄罗斯报业即呈现集团化发展趋势。当时比较著名的报业出版集团包括《经济日报》出版集团、《莫斯科共青团员报》出版集团、《论据与事实》出版集团、《生意人报》出版集团等。[①]

从俄罗斯报业出版集团排行榜可以看出俄罗斯报刊市场的一些特质。

---

[①] 参见吴克礼主编《当代俄罗斯社会与文化》，上海外语教育出版社，2001，第 187~188 页。

## (一)报业市场形成全国垄断

俄罗斯报业的集中垄断主要是针对市场而言的,无论从产品(报纸)还是地域来看,俄罗斯几个报业出版集团几乎垄断了全俄的报业市场。

根据俄罗斯传媒机构 2004 年的统计数据,俄罗斯实力雄厚且排名前 10 的报业出版集团(Издательский дом)均采用联合经营方式,如普罗托－莫斯科出版集团(Пронто－Москва)拥有 100 个子报,俄罗斯专业媒体管理出版集团(ПрофМедиа)拥有 89 个子报,《莫斯科共青团员报》报业出版集团拥有 78 个子报,《论据与事实》出版集团拥有 71 个子报,《生活》信息投资集团拥有 60 个子报,网络媒体集团出版集团(ИнтерМедиаГруп)拥有 57 个子报,俄罗斯省立出版集团(Провинция)拥有 45 个子报,俄罗斯标准－管理控股集团(НОРМА－Холдинг)拥有 40 个子报,俄罗斯为您服务出版集团(РДВ－Медиа)拥有 36 个子报,独立媒体出版集团(Independent Media)拥有 19 个子报。这些报业出版集团大多数以一两份母报为主要利润来源,其他报纸则主要以免费形式公开发行。免费的子报可以提升母报的知名度及与读者的亲和度,免费报纸成为老报社扩大影响的公开武器,同样这也造成新兴报纸在发展中的无形困难。[①] 此外,《生意人报》出版集团(ИД «Коммерсантъ»)、《经济生活报》出版集团(ИД «Экономическая газета»)、《独立报》编辑部封闭型股份公司(ЗАО Редакция «Независимой газеты»)、《晚间莫斯科》出版集团(Концерн «Вечерняя Москва»)、《新闻世界》出版集团(ИД «Мир новостей»)、《俄罗斯报》信息出版康采恩封闭型股份公司集团(ЗАО Информационно－издательский концерн «Российская газета»)也跻身全俄报业出版集团排行榜前 20。这些出版集团主营报纸,同时从事主题副刊、地区副刊、简报、广告、综合信息等业务。上述报业出版集团最多每年出版的报纸近 110 种,俄罗斯报纸的广告业务几乎为这些报业出版集团所瓜分。

2012 年以来,俄罗斯报业市场集团化模式仍然持续,但占主导地位的报业出版集团发生了一定的变化(见表 1－8)。居前 5 位的报业出版集团由

---

[①] 参见吴非、胡逢瑛《俄罗斯传媒体制创新》,南方日报出版社,2006,第 63 页。

2004年的莫斯科准备出版集团、俄罗斯专业媒体管理出版集团、《莫斯科共青团员报》报业出版集团、《论据与事实》出版集团、《生活》信息投资集团变为2019年的《共青团真理报》报业出版集团、《论据与事实》出版集团、鲍尔传媒集团（Bauer Media）、新闻快递传媒集团（Пресс - Курьер）、《莫斯科共青团员报》报业出版集团。

表1-8 2012~2019年俄罗斯排名前10报业集团（依照读者数量排名）

| | 2012年 | 2013年 | 2014年 | 2015年 | 2016年 | 2017年 | 2018年 | 2019年 |
|---|---|---|---|---|---|---|---|---|
| 1 | 《共青团真理报》报业出版集团 | 《共青团真理报》报业出版集团 | 《共青团真理报》报业出版集团 | 《共青团真理报》报业出版集团 | 《共青团真理报》报业出版集团 | 《共青团真理报》报业出版集团 | 《论据与事实》出版集团↑1 | 《共青团真理报》报业出版集团↑1 |
| 2 | 鲍尔传媒集团 | 《论据与事实》出版集团↑1 | 《论据与事实》出版集团 | 《论据与事实》出版集团 | 《论据与事实》出版集团 | 《论据与事实》出版集团 | 《共青团真理报》报业出版集团↓1 | 《论据与事实》出版集团↓1 |
| 3 | 《论据与事实》出版集团 | 鲍尔传媒集团↓1 | 鲍尔传媒集团 | 鲍尔传媒集团 | 鲍尔传媒集团 | 鲍尔传媒集团 | 鲍尔传媒集团 | 鲍尔传媒集团 |
| 4 | 《莫斯科共青团员报》报业出版集团 | 《莫斯科共青团员报》报业出版集团 | 《莫斯科共青团员报》报业出版集团 | 《莫斯科共青团员报》报业出版集团 | 《莫斯科共青团员报》报业出版集团 | 《莫斯科共青团员报》报业出版集团 | 《莫斯科共青团员报》报业出版集团 | 新闻快递传媒集团↑2 |
| 5 | 特快-莫斯科出版集团 | 《地铁报》报业出版集团↑1 | 《地铁报》报业出版集团 | 《地铁报》报业出版集团 | 《地铁报》报业出版集团 | 《地铁报》报业出版集团 | 《地铁报》报业出版集团 | 《莫斯科共青团员报》报业出版集团↓1 |
| 6 | 《地铁报》报业出版集团 | **新闻快递传媒集团** | 新闻快递传媒集团 | 新闻快递传媒集团 | 新闻快递传媒集团 | 新闻快递传媒集团 | 新闻快递传媒集团 | 《地铁报》报业出版集团↓1 |
| 7 | 新媒体控股公司 | 特快-莫斯科出版集团↓2 | 《传媒世界》报业出版集团↑1 | 《传媒世界》报业出版集团 | 《传媒世界》报业出版集团 | 《传媒世界》报业出版集团 | 《传媒世界》报业出版集团 | 《传媒世界》报业出版集团 |
| 8 | 《传媒世界》报业出版集团 | 《传媒世界》报业出版集团 | **俄罗斯报》报业出版集团** | 《汽车评论》报业出版集团 | 《汽车评论》报业出版集团 | 《汽车评论》报业出版集团 | 《俄罗斯报》报业出版集团↑1 | 《俄罗斯商业咨询报》报业出版集团 |

续表

| | 2012 年 | 2013 年 | 2014 年 | 2015 年 | 2016 年 | 2017 年 | 2018 年 | 2019 年 |
|---|---|---|---|---|---|---|---|---|
| 9 | 《俄罗斯报》报业出版集团 | 《汽车评论》报业出版集团↑1 | 《喇叭》报业出版集团 | 《俄罗斯报》报业出版集团↓1 | 《俄罗斯报》报业出版集团 | 《俄罗斯报》报业出版集团 | 《汽车评论》报业出版集团↓1 | 《生意人报》出版集团 |
| 10 | 《汽车评论》报业出版集团 | 《车辆驾驶》出版集团 | 《车辆驾驶》出版集团 | 《喇叭》报业出版集团↓1 | 《体育快车报》集团 | 《消息报》出版集团 | 《体育快车报》集团 | 商业新闻媒体集团 |

注：↑与↓后面加数字代表相应报业出版集团在排行榜中位置的升降；文字加粗代表某报业出版集团在上年度未进入排行榜前10，相应年度则进入排行榜前10；各年度的数据均为当年5～10月的统计数据。

2012～2019年俄罗斯报纸与杂志出版集团中所指的读者是人口在10万及以上城市中年龄在16岁以上的平均受众人数。表1-8中所涉及的出版集团均是俄罗斯媒体市场调查公司（Mediascope）对俄罗斯部分大型出版集团进行调查分析后得出的排名，并非俄罗斯全部出版集团均参与了该公司的统计调查。Mediascope的前身为盖洛普媒体咨询公司·俄罗斯（也译作特恩斯公司，Taylor Nelson Sofres，简称TNS，也译为"索福瑞集团"），由全俄社会舆论研究中心－媒体（VCIOM-Media）持有其80%的股份，2017年后更名为Mediascope。

资料来源：笔者依照 Федеральное агентство по печати и массовым коммуникациям. Российская периодическая печать：Состояние，тенденции и перспективы развития. Москва：（2013－2020 гг.）整理。

目前在俄罗斯全境都已经形成了报业市场的总体垄断，2012～2019年一直在俄报业排行榜前10的出版集团有《共青团真理报》报业出版集团、《论据与事实》出版集团、鲍尔传媒集团、《莫斯科共青团员报》报业出版集团、《地铁报》报业出版集团、《传媒世界》报业出版集团；6次上榜的有《俄罗斯报》报业出版集团、《汽车评论》报业出版集团、新闻快递传媒集团。这一方面显示了上述传媒集团主管或主办报纸的受欢迎程度，另一方面也进一步验证了俄罗斯报业市场的集中程度。而《车辆驾驶》出版集团（«За рулем»）、①《喇叭》报业出版集团（«Клаксон»）、《体育快车报》集团（«Спорт－Экспресс»）、《消息报》出版集团、《俄罗斯商业咨询报》报业出版集团（РБК Медиа）、《生意人报》出版集团、商业新闻媒体集团（Бизнес Ньюс Медиа），2012～2019年进入排行榜前10的次数为1～2次，

---

① 国内有关《За рулем》的翻译有多个版本，其中包括《座驾》《方向盘》等，本文采用《车辆驾驶》。

不足以冲击居前几位的出版集团的垄断地位。

在上述报业出版集团中表现最突出的是《共青团真理报》报业出版集团和《莫斯科共青团员报》报业出版集团。《共青团真理报》报业出版集团旗下的报纸在俄罗斯的受欢迎程度排名第一，也是外国媒体中被引用次数最多的5家印刷媒体之一。该出版集团在俄罗斯所有联邦主体都出版发行报刊，其旗下的著名品牌包括《共青团真理报》日报、《共青团真理报》周刊、《共青团真理报国际版》等印刷品。《莫斯科共青团员报》报业出版集团在全俄64个联邦主体（2012年）出版发行53种报纸和多种杂志，其中主要包括《莫斯科共青团员报》、《莫斯科共青团员报－街心花园》周报（«МК－Бульвар»）、《莫斯科共青团员报·电视周报》、《俄罗斯狩猎报》（«Российская охотничья газета»）等报纸，以及《大气层》（«Атмосфера»）、《21世纪狩猎与钓鱼》（«Охота и рыбалка XXI век»）、《美丽的大气层》（«Атмосфера красоты»）等杂志。①

（二）俄罗斯报业集团竞争激烈

俄罗斯报业集团竞争激烈，其中《论据与事实》出版集团与《共青团真理报》报业出版集团之间的竞争最激烈，两者在内容、广告刊登、受众方面均存在竞争关系。前者出版的《论据与事实》是全俄发行量最大的周报，后者出版的《共青团真理报》是全俄发行量最大的日报；2013～2019年，独立媒体《论据与事实》出版集团的排名均十分靠前，2018年更是取代《共青团真理报》报业出版集团升至首位，虽然在2019年《论据与事实》出版集团的排名又退至次席，但其强劲的实力足可与《共青团真理报》报业出版集团竞争；此外，根据大众传媒引用指数和社交媒体超链接次数，《共青团真理报》的排名均高于《论据与事实》（见表1－1）。

（三）俄罗斯报业出版集团迅速向新媒体转型

由于数字化与新媒体的发展，俄罗斯部分传媒集团从报业逐渐转向网络

---

① Федеральное агентство по печати и массовым коммуникациям. Российский рынок периодической печати: Состояние, тенденции и перспективы развития. Москва: 2013. с. 14.

等新媒体。2013年前一直居俄罗斯报业集团排行榜前10（2004年居第一位）的普罗托－莫斯科出版集团自2014年起逐渐淡出俄罗斯纸媒市场，开始主打以广告和信息为主的网络媒体，"手递手"即其旗下著名品牌；成立于2001年且在2012年居报业集团排行榜第7位的新媒体控股公司，在2013年后专注于新媒体开发，在俄罗斯报业市场地位越发不明显。

（四）汽车类报业集团地位凸显

汽车类报业出版集团在俄罗斯报业市场中占有重要地位，对俄罗斯人来说汽车不是生活必需品，但却是生活中重要的组成部分。自2012年以来，每年均有1~2家汽车类报业出版集团进入报业集团排行榜前10。其中比较著名的是始建于1990年的《汽车评论》报业出版集团（«Авторевю»），其以出版汽车类杂志为主。该集团出版的最著名的杂志为《汽车评论》，这是俄罗斯（苏联）著名的汽车类出版物，旬刊，单期容量为52~160版，截至2017年12月，发行量达11万份。《汽车评论》报业出版集团2012~2019年有6次进入俄罗斯排名前10报业集团排行榜。此外，《车辆驾驶》出版集团、《喇叭》报业出版集团在这8年间也至少有两次上榜。

（五）本国报业出版集团地位超然

国际传媒集团在俄罗斯报业市场地位不明显，除德国控股的鲍尔传媒集团外，多年来进入报业集团排行榜前10的均为俄罗斯本国报业出版集团，俄罗斯报业出版集团牢牢掌控着本国的报业市场。2019年，《生意人报》出版集团、《俄罗斯商业咨询报》报业出版集团、商业新闻媒体集团3家报业出版集团进入报业集团排行榜前10。其中《生意人报》出版集团名列第9，该出版集团在俄报业集团中是比较有特色的，以出版商类刊物为主要方向，并且创造了俄罗斯报刊史上的多个第一：创办俄罗斯历史上第一家报业出版集团（1988年），创办俄罗斯第一份私营商业类周报《生意人报》（1989年），创办俄罗斯第一份商业类日报《生意人报》（1992年），创办俄罗斯第一份分析性周刊《生意人周刊》（1992年），创办俄罗斯第一本家庭阅读类插图杂志《宅神》（«Домовой»）（1993年），创办俄罗斯第一份大众化经济杂志《生意人报·货币》周刊（1993年），创办俄罗斯第一本面向外国品牌车主的汽车杂志《自动驾驶》（«Автопилот»）

(1994年)等。自2006年起,《生意人报》出版集团旗下的《生意人报》在发行量方面零售占36%,订阅占27%,飞机、火车、机场购物中心占31%,酒店和餐饮业占6%;从地区分布来看,其60%的发行量分布在莫斯科市和莫斯科州,10%分布在圣彼得堡市,俄罗斯其他地区占30%。①

多年来,《生意人报》出版集团经营状况良好,除2009年受全球经济危机影响收入大幅下降外,其他年份集团收入都呈增长态势。从净利润角度来看,2005年以来,该出版集团多数年份净利润都在1亿卢布以上,在全球经济危机的影响下,2009年集团亏损0.57268亿卢布,但很快在2010年就扭亏为盈,净利润达1.16185亿卢布(见表1-9)。2018年《生意人报》出版集团净利润创历史新高,达8.073亿卢布。2019年《生意人报》出版集团旗下出版的各类报刊价格如下:《生意人报》可携带文档格式版(PDF)订阅价格为每月804卢布,每季度2224卢布,半年4320卢布,全年7980卢布;如果同时订阅《生意人报》和《星火》杂志,则全年的订阅费为9360卢布;《生意人报》出版集团出版的《权力》杂志、《货币》杂志、《星火》杂志和《公司机密》(«Секрет Фирмы»)杂志等副刊部分资料可以通过免费方式获得。②

表1-9 2005~2018年《生意人报》出版集团收入情况

单位:亿卢布,%

| 年份 | 收入 | 同比增减 | 净利润 | 同比增减 |
| --- | --- | --- | --- | --- |
| 2005 | 14.76751 | — | 3.90008 | — |
| 2006 | 15.79594 | 6.96 | 1.34926 | -65.40 |
| 2007 | 22.72205 | 43.85 | 2.44387 | 81.13 |
| 2008 | 25.07129 | 10.34 | 2.47237 | 1.17 |

---

① Федеральное агентство по печати и массовым коммуникациям. Российский рынок периодической печати: Состояние, тенденции и перспективы развития. Москва: 2020. с. 33.

② См.: Федеральное агентство по печати и массовым коммуникациям. Российский рынок периодической печати: Состояние, тенденции и перспективы развития. Москва: 2020. с. 33.

续表

| 年份 | 收入 | 同比增减 | 净利润 | 同比增减 |
|---|---|---|---|---|
| 2009 | 17.81494 | -28.94 | -0.57268 | -123.16 |
| 2010 | 20.32499 | 14.09 | 1.16185 | 302.88 |
| 2011 | 24.87694 | 22.40 | 1.04259 | -10.26 |
| 2012 | 27.00111 | 8.54 | 1.8544 | 77.86 |
| 2013 | 27.58035 | 2.15 | 0.80418 | -56.63 |
| 2015 | 28.00000 | 1.52 | 0.51700 | -35.71 |
| 2016 | 32.00000 | 14.29* | — | — |
| 2018 | 34.00000 | 6.25* | 8.073 | — |

注：*由于2014年与2017年数据缺失，因此2015年的增减百分比系与2013年对比得出，2018年的增减百分比系与2016年对比得出；—代表数据不详。

资料来源：图中数据为笔者依照俄罗斯"国家·商业·出版集团"投资网站的数据整理并计算得出。

## 第二节 俄罗斯杂志的建设与发展

杂志业是印刷媒体当中一个正在迅速发展的领域。这一媒介不及报纸反应迅速，但是，对现实问题和事件现状的及时回应使得大多数杂志被纳入大众传媒的行列。①

### 一 俄罗斯杂志的类型与特点

（一）俄罗斯杂志的类型

俄罗斯杂志的分类方法有多种：发行范围、出版周期、发行量和发行方式、开本和容量、读者对象、杂志性质、学科等。

从发行范围来看，俄罗斯多数杂志均为全国性期刊，只有少数杂志在地方出版发行。根据俄罗斯媒体提供的数据，2005年，俄罗斯全国性杂志所占份额为92%，发行量占98%；地方性杂志所占份额为8%，发行量占2%。

---

① 参见〔俄〕亚·尼·扎苏尔斯基主编《俄罗斯大众传媒》，张俊翔、贾乐蓉译，南京大学出版社，2015，第229页。

从出版周期来看，俄罗斯出版的杂志大多是周刊或月刊，但也有周两刊、旬刊、半月刊、双月刊、季刊等。如《喇叭》（«Клаксон»）、《公司》（«Компания»）为半月刊，《农妇》（«Крестьянка»）为月刊、《大篷车故事集锦》（«Коллекция Каравана историй»）为双月刊。

总体来说，俄罗斯杂志的发行量比报纸要小。使用铜版纸印刷的杂志属于发行量较小的一类杂志，主要原因是这类杂志零售价格较高；而价格较低的周刊的发行量要高得多，如，《天线》《电视周刊》《纸吹龙》《我美丽的别墅》《女婿》《丽莎－纵横字谜》《丽莎》《明星奥秘》等。其中，《天线》（«Антенна»/«Телесемь»）是俄罗斯最权威、适用范围最广的电视节目类杂志，主要栏目包括本周电视节目、明星新闻、猜字游戏、家政小贴士、菜谱等；《电视周刊》（«Теленеделя»）是俄罗斯著名的电视节目类周刊，每周在莫斯科、萨马拉、克拉斯诺亚尔斯克、苏尔古特、叶卡捷琳堡、彼尔姆、新西伯利亚等城市出版发行，发行量约为 130 万份；《纸吹龙》（«Тещин язык»）是一本以刊登游戏、娱乐等内容为主的杂志，Тещин язык 的原意为一种纸制玩具，状似长舌头，吹气时向前伸直，过后缩回；《我美丽的别墅》（«Моя прекрасная дача»）是一本专门刊登果农、菜农、园艺师等读者来信的月刊，主要内容包括乡间别墅、住宅与草坪的景观设计、民俗等；《女婿》（«Зятек»）是一本娱乐性杂志，主要刊登趣味竞赛、漫画、笑话、填字游戏、拼图等，该杂志的特点是覆盖面广，拥有固定的读者群，广告投放量大；《丽莎－纵横字谜》（«Лиза Кроссворды»）主要刊登填字游戏、数独、拼图等内容，在俄罗斯读者中颇受欢迎；《丽莎》（«Лиза»）是一本著名的女性周刊；《明星奥秘》（«Тайны звезд»）是一本关于俄罗斯与乌克兰著名明星的杂志。从上述杂志刊登的主要内容来看，多是电视节目、游戏、娱乐、明星、漫画等，其非常受读者欢迎。

俄罗斯杂志的发行方式大致分为终端零售、邮局订阅、直邮、免费派发、复合发行方式等。

俄罗斯杂志的开本通常与标准纸张的尺寸密切相关，依照国际通用标准，纸张的尺寸分为 A1（594mm×841mm），A2（594mm×420mm）为 A1 的 1/2，A3（420mm×297mm）为 A1 的 1/4，A4（297mm×210mm）为 A1 的 1/8，A5

（210mm×148mm）为 A1 的 1/16，A6（144mm×105mm）为 A1 的 1/32。俄罗斯杂志的开本基本为 A4 纸，也有杂志采取非标准开本，但这类并不多见。俄罗斯杂志的容量与报纸一样，一般为 4 的倍数，基本容量常从 16 版开始。

俄罗斯杂志依照读者与主题可以分为以下类别：第一，社会政治类，主要刊登政治事件的信息、分析性文章，可针对特定群体（如年轻人），但通常都是针对全体成年人；第二，科普类，主要刊登科学世界中有趣的事实和信息、理论基础和实验说明等；第三，科学类，这一类从名称上看与第二种类似，但该类杂志主要刊登科学工作者的研究成果；第四，通俗类，主要刊登体育赛事、明星生活、集邮以及艺术信息；第五，生产实践类，主要针对特定行业工作者，传播技术和开发信息；第六，文学类，主要包括文学作品、中篇小说、短篇小说等；第七，文摘类。此外，一些杂志还带有附件或者副刊，其中包括的内容有视频、音频、磁带、文本信息、图片信息、海报、贴纸、模型等。依照发行量来看，居俄罗斯杂志市场第一位的是填字游戏类杂志，第二位的是电视周刊和电影杂志，第三位的是女性杂志；第四位的是商业和经济类杂志。

值得一提的是，俄罗斯市场经济以及社会的发展打破了转型前一种或几种期刊垄断市场的局面。如苏联时期，《健康》曾是医疗领域唯一的一本杂志，而转型后，该领域出现了《家庭医生》（«Семейный доктор»）、《家庭药箱》（«Домашняя аптека»）等。《车辆驾驶》创刊于 1925 年，是汽车和汽车制造类杂志，每月出版一次。1989 年之前，它是苏联唯一一本以汽车为主题的期刊，读者范围广泛。到 20 世纪 80 年代末，这本杂志的销量达到 450 万册。20 世纪 90 年代以前，《车辆驾驶》在汽车类杂志中根本找不到竞争者，而转型以来，在俄罗斯杂志市场上出现了《汽车世界》（«Автомир»）、《全景汽车》（«Автопанорама»）、《汽车》（«Автомобиль»）等杂志。[①] 但总体来看，《车辆驾驶》在俄罗斯汽车杂志市场的地位还是非常稳固的，该杂志隶属《车辆驾驶》出版集团。

---

① См.: Беспалова А. Г. История отечественной журналистики XX – начала XXI века. Ростов – на – Дону: Издательство Южного федерального университета. 2014. с. 319.

(二)俄罗斯杂志市场的主要特点

第一,杂志市场垄断集中。

2009~2018年,在俄罗斯周刊排行榜中,居前4位的始终是《天线》《七天》《电视周刊》《纸吹龙》,各家杂志名次的变化亦是在它们之间调整,仅在2019年《我美丽的别墅》成功取代《电视周刊》跻身周刊排名前4;在月刊排行榜中,居前5位的多数情况下是《车辆驾驶》《大都会》《环球》《历史记忆》《烹饪发烧友》(«Люблю готовить»),其中《烹饪发烧友》第5的位置在2016年和2018年为《填字游戏》(«Сканворды Тёщин язык плюс Зятёк»)所取代,2019年为《俄罗斯国家地理》所取代(详见表1-10及表1-11)。《烹饪发烧友》是一本关于美食的杂志,其特点在于,刊登的所有菜谱都是读者寄到编辑部的,能在该杂志上刊登的菜谱都经过了竞争和严格筛选。而《填字游戏》不仅有特异的名称,而且拥有色彩斑斓的封面,是俄罗斯发行量最大的娱乐类杂志,该杂志致力于为读者提供最翔实、最复杂、最有趣填字游戏,同时还刊登语言和逻辑游戏。

第二,读者普遍青睐兴趣类杂志。电视、休闲娱乐、游戏、女性、时尚、汽车、广告、体育、明星、健康、音乐、家庭、田园类等内容在俄罗斯周刊(见表1-10)和月刊(见表1-11)中都比较受欢迎。《电视乐园》(«ТВ-Парк»)是1994~2013年俄罗斯尤其是莫斯科最受欢迎的电视类周刊。

休闲娱乐类杂志主要包括以猜字、引人入胜的故事、数独、笑话等为主要内容的益智类娱乐杂志《猜猜看》(«Разгадай!»);以刊登俄罗斯城市要闻与休闲娱乐为主的《海报》(«Афиша»);以刊登数独游戏为主的《"巨人"数独合集》(«Сборник Судоку "Гигант"»);以刊登电脑游戏为主的《游戏机爱好者》(«Игромания»);专门以家庭烹饪为主题,主要针对喜欢烹饪、烘焙的读者的《祝您用餐愉快》(«Приятного аппетита»);每期都会刊登200多个填字游戏和数独游戏,以及有关甜点、烹饪等方面内容的兴趣类月刊《丽莎·奶奶的果汁》(«Лиза. Бабушкин компот»)。

第一章 俄罗斯印刷媒体的建设与发展 | 37

表1－10 2009~2019年俄罗斯排名前20的周刊（周1~2刊，依照读者数量排名）

| | 2009年 | 2010年 | 2011年 | 2012年 | 2013年 | 2014年 | 2015年 | 2016年 | 2017年 | 2018年 | 2019年 |
|---|---|---|---|---|---|---|---|---|---|---|---|
| 1 | 《天线》 | 《天线》 | 《天线》 | 《天线》 | 《天线》 | 《天线》 | 《天线》 | 《天线》 | 《天线》 | 《天线》 | 《天线》 |
| 2 | 《电视周刊》 | 《电视周刊》 | 《电视周刊》 | 《电视周刊》 | 《七天》↑1 | 《七天》 | 《七天》 | 《七天》 | 《七天》 | 《纸吹龙》↑1 | 《纸吹龙》 |
| 3 | 《七天》 | 《七天》 | 《七天》 | 《七天》 | 《电视周刊》↓1 | 《电视周刊》 | 《电视周刊》 | 《电视周刊》 | 《纸吹龙》↑1 | 《七天》↓1 | 《七天》 |
| 4 | 《纸吹龙》 | 《纸吹龙》 | 《纸吹龙》 | 《纸吹龙》 | 《纸吹龙》 | 《纸吹龙》 | 《纸吹龙》 | 《纸吹龙》 | 《电视周刊》↓1 | 《电视周刊》 | 《我美丽的别墅》↑4 |
| 5 | 《丽莎》 | 《丽莎》 | 《丽莎》 | 《丽莎》 | 《丽莎-纵横字谜》↑1 | 《丽莎》↑1 | 《丽莎》 | 《女婿》↓2 | 《女婿》 | 《女婿》 | 《女婿》 |
| 6 | 《丽莎-纵横字谜》 | 《女婿》↑1 | 《丽莎-纵横字谜》 | 《丽莎-纵横字谜》 | 《丽莎》↓1 | 《我美丽的别墅》 | 《女婿》↑2 | 《丽莎-纵横字谜》↑2 | 《丽莎-纵横字谜》 | 《丽莎-纵横字谜》 | 《丽莎-纵横字谜》 |
| 7 | 《女婿》 | 《休闲娱乐》↑1 | 《女婿》↓1 | 《女婿》 | 《女婿》 | 《女婿》 | 《我美丽的别墅》 | 《丽莎》↓2 | 《丽莎》 | 《丽莎》 | 《丽莎》 |
| 8 | 《休闲娱乐》 | 《电视乐园》↑1 | 《休闲娱乐》↓1 | 《休闲娱乐》 | 《休闲娱乐》 | 《明星奥秘》 | 《别墅的建议》 | 《丽莎-纵横字谜》↓1 | 《我美丽的别墅》 | 《我美丽的别墅》 | 《明星奥秘》↑3 |
| 9 | 《电视乐园》 | 《汽车与价格》↑1 | 《汽车世界》↑1 | 《明星奥秘》↑2 | 《明星奥秘》 | 《明星奥秘》 | 《汽车世界》 | 《明星奥秘》↑3 | 《明星奥秘》 | 《苏联体育·足球》↑2 | 《苏联体育·足球》 |
| 10 | 《汽车与价格》 | 《新车与二手车交易》 | 《电视乐园》↓2 | 《园艺家与菜农》 | 《汽车世界》↑1 | 《汽车世界》 | 《汽车世界》 | 《汽车世界》 | 《退休者》 | 《汽车世界》↑2 | 《人民医生》↑4 |
| 11 | 《汽车世界》 | 《汽车世界》 | 《明星奥秘》↑1 | 《汽车世界》↑1 | 《园艺家与菜农》↓1 | 《休闲娱乐》↑2 | 《休闲娱乐》 | 《休闲娱乐》 | 《苏联体育·足球》↑3 | 《明星奥秘》↓2 | 《园艺家与菜农》↑4 |
| 12 | 《海报》 | 《明星奥秘》↑3 | 《汽车与价格》↓3 | 《电视乐园》↓2 | 《汽车与价格》↑1 | 《海报》 | 《明星奥秘》↓3 | 《人民医生》↑1 | 《汽车世界》↓2 | 《足球·曲棍球》↑4 | 《妇女故事》↑5 |

续表

| | 2009 年 | 2010 年 | 2011 年 | 2012 年 | 2013 年 | 2014 年 | 2015 年 | 2016 年 | 2017 年 | 2018 年 | 2019 年 |
|---|---|---|---|---|---|---|---|---|---|---|---|
| 13 | 《足球》 | 《足球》 | 《海报》 | 《汽车与价格》↓1 | 《总会计》↑6 | 《总会计》 | 《人民医生》↑4 | 《总会计》↑2 | 《休闲娱乐》 | 《退休者》↓3 | 《星火》↑3 |
| 14 | 《总会计》 | 《一切为了女人》↑3 | 《足球》↓1 | 《足球》 | 《海报》↑3 | 《苏联体育·足球》 | 《苏联体育·足球》 | 《苏联体育·足球》 | 《人民医生》↓2 | 《人民医生》 | 《猜猜看》↑4 |
| 15 | 《一切为了女人》 | 《猜猜看》↑1 | 《一切为了女人》↓1 | 《一切为了女人》 | 《人民医生》 | 《园艺师与莱衣》↓4 | 《总会计》↓2 | 《妇女故事》 | 《总会计》↓2 | 《园艺师与莱衣》 | 《星光音乐》↑5 |
| 16 | 《猜猜看》 | 《达莎》 | 《总会计》 | 《星光音乐》↓2 | 《一切为了女人》↓1 | 《一切为了女人》 | 《足球》↑2 | 《一切为了女人》↑1 | 《足球·曲棍球》 | 《星火》↑3 | 《一切为了女人》↑3 |
| 17 | 《一切为了女人》 | 《周末快乐》 | 《猜猜看》↓2 | 《海报》↓4 | 《星光音乐》↓1 | 《人民医生》↓2 | 《一切为了女人》↓1 | 《足球》↓1 | 《妇女故事》↓2 | 《妇女故事》 | 《明星与小贴士》 |
| 18 | 《健康之声》 | 《星光音乐》↑1 | 《星光音乐》 | 《星火》↑2 | 《足球》↓4 | 《足球》 | 《历史之谜》 | 《达莎》 | 《一切为了女人》↓2 | 《猜猜看》 | 《达莎》 |
| 19 | 《星光音乐》 | 《星火》 | 《达莎》↓3 | 《总会计》↓3 | 《星火》↓1 | 《星光音乐》↓2 | 《星光音乐》 | 《星火》↑1 | 《星火》 | 《一切为了女人》↓1 | 《良媒》 |
| 20 | 《莫斯科共青团员·星光大道》 | 《莫斯科共青团员·星光大道》 | 《星火》↓1 | 《达莎》 | 《达莎》 | 《车辆交易》 | 《星火》 | 《良媒》 | 《星光音乐》 | 《星光音乐》 | 《丽莎·夫键词》 |

注：表中文字加粗代表某一杂志在上年度未进入排行榜前 20，相应年度则进入排行榜前 20；↑与↓后面加数字表示某杂志当年排名与上年相比上升或下降程度。

资料来源：笔者依照 Федеральное агентство по печати и массовым коммуникациям. Российский рынок периодической печати：Состояние, тенденции и перспективы развития（2009－2019 гг.）. Москва：2010－2020 整理。

表1-11 2009～2019年俄罗斯排名前20的月刊或双月刊（依照读者数量排名）

| | 2009年 | 2010年 | 2011年 | 2012年 | 2013年 | 2014年 | 2015年 | 2016年 | 2017年 | 2018年 | 2019年 |
|---|---|---|---|---|---|---|---|---|---|---|---|
| 1 | 《大都会》 | 《车辆驾驶》↑1 | 《车辆驾驶》 | 《车辆驾驶》 | 《车辆驾驶》 | 《车辆驾驶》 | 《车辆驾驶》 | 《车辆驾驶》 | 《车辆驾驶》 | 《车辆驾驶》↑1 | 《车辆驾驶》 |
| 2 | 《车辆驾驶》 | 《大都会》↓1 | 《大都会》 | 《大都会》 | 《大都会》 | 《大都会》 | 《大都会》 | 《大都会》 | 《大都会》 | 《环球》↑1 | 《环球》 |
| 3 | 《环球》 | 《环球》 | 《环球》 | 《环球》 | 《环球》 | 《环球》 | 《环球》 | 《环球》 | 《环球》 | 《大都会》↓1 | 《大都会》 |
| 4 | 《历史记忆》 | 《历史记忆》 | 《历史记忆》 | 《历史记忆》 | 《历史记忆》 | 《历史记忆》 | 《历史记忆》 | 《历史记忆》 | 《历史记忆》 | 《历史记忆》 | 《历史记忆》 |
| 5 | 《烹饪发烧友》 | 《烹饪发烧友》 | 《烹饪发烧友》 | 《烹饪发烧友》 | 《烹饪发烧友》 | 《烹饪发烧友》 | 《烹饪发烧友》 | 《填字游戏》 | 《烹饪发烧友》 | 《填字游戏》↑2 | 《俄罗斯国家地理》↑1 |
| 6 | 《丽莎·忠告》 | 《布尔达》↑1 | 《健康》↑1 | 《健康》 | 《喜爱的别墅》↑1 | 《喜爱的别墅》 | 《俄罗斯国家地理》↑1 | 《烹饪发烧友》↓1 | 《俄罗斯国家地理》↑1 | 《俄罗斯国家地理》 | 《填字游戏》↓1 |
| 7 | 《布尔达》 | 《健康》↑2 | 《布尔达》↑1 | 《喜爱的别墅》↑2 | 《我美丽的别墅》↑1 | 《健康》↑2 | 《健康》 | 《俄罗斯国家地理》↓1 | 《填字游戏》↓2 | 《布尔达》↑2 | 《布尔达》 |
| 8 | 《游戏机爱好者》 | 《丽莎·忠告》↓2 | 《丽莎·忠告》 | 《我美丽的别墅》↑3 | 《布尔达》↑2 | 《俄罗斯国家地理》↑2 | 《布尔达》↑1 | 《布尔达》 | 《健康》↑1 | 《健康》 | "巨人"数独合集↑3 |
| 9 | 《健康》 | 《喜爱的别墅》↑4 | 《喜爱的别墅》 | 《丽莎·忠告》↓1 | 《健康》↓3 | 《布尔达》↓3 | 《喜爱的别墅》↓2 | 《健康》↓2 | 《布尔达》↓1 | 《箴言》↑1 | 《健康》↑1 |
| 10 | 《箴言》 | 《箴言》 | 《箴言》 | 《布尔达》 | 《俄罗斯国家地理》↑4 | 《疯狂汽车秀》 | 《疯狂汽车秀》 | 《喜爱的别墅》↑1 | 《箴言》↑1 | 《烹饪发烧友》↓5 | 《俄罗斯商业咨询》↑8 |
| 11 | 《魅力》 | 《家园》↑3 | 《我美丽的别墅》 | 《箴言》↑1 | 《埃托伊尔》↑6 | 《故事大篷车集锦》↑3 | 《箴言》↑1 | 《箴言》 | 《喜爱的别墅》↑1 | "巨人"数独合集↑5 | 《烹饪发烧友》↓1 |
| 12 | 《家居创意》 | 《家庭医生》↑5 | 《家园》↓1 | 《家园》 | 《丽莎·忠告》↓3 | 《箴言》↑1 | 《故事大篷车集锦》↑1 | 《故事大篷车集锦》 | "巨人"数独合集↑3 | 《发现》↑3 | 《箴言》↓3 |

续表

| | 2009年 | 2010年 | 2011年 | 2012年 | 2013年 | 2014年 | 2015年 | 2016年 | 2017年 | 2018年 | 2019年 |
|---|---|---|---|---|---|---|---|---|---|---|---|
| 13 | 《亲爱的别墅》 | 《魅力》↓2 | 《魅力》 | 《故事大篷车集锦》 | 《箴言》↓2 | 《家居创意》↑5 | 《家庭医生》↑2 | 《家园》↑5 | 《家园》 | 《内部装修+设计》 | 《内部装修+设计》 |
| 14 | 《家园》 | 《游戏机爱好者》↓6 | 《游戏机爱好者》 | 《俄罗斯国家地理》↑4 | 《故事大篷车集锦》↓1 | 《家园》↑3 | 《福布斯》 | 《家庭医生》↓1 | 《故事大篷车集锦》↓2 | 《魅力》↑3 | 《别墅季节》↑3 |
| 15 | 《我美丽的花园》 | 《家居创意》↓3 | 《疯狂汽车秀》↑3 | 《疯狂汽车秀》 | 《疯狂汽车秀》 | 《家庭医生》↑4 | 《家居创意》↓2 | 《"巨人"数独合集》 | 《发现》↑3 | 《家园》↓2 | 《家庭医生》↑2 |
| 16 | 《疯狂汽车秀》 | 《我美丽的花园》↓1 | 《家庭医生》↓4 | 《游戏机爱好者》↓2 | 《游戏机爱好者》 | 《丽莎·忠告》↓4 | 《海报》 | 《福布斯》↓2 | 《福布斯》 | 《故事大篷车集锦》 | 《五轮》 |
| 17 | 《家居创意》 | 《丽莎·占星术》↑1 | 《家居创意》↓2 | 《埃托伊尔》↑2 | 《家园》↓5 | 《发现》↑3 | 《发现》 | 《魅力》↑2 | 《魅力》 | 《别墅季节》 | 《您的家居理念》 |
| 18 | 《丽莎·占星术》 | 《俄罗斯国家地理》↓2 | 《俄罗斯国家地理》↑1 | 《魅力》↓5 | 《家居创意》↑1 | 《大众机械》 | 《家园》↓4 | 《发现》↓1 | 《俄罗斯商业咨询》↑2 | 《俄罗斯商业咨询》 | 《魅力》↓4 |
| 19 | 《祝您用餐愉快》 | 《我们的美食》 | 《埃托伊尔》 | 《家居创意》↓2 | 《家庭医生》↑1 | 《魅力》 | 《魅力》 | 《大众机械》 | 《家居创意》 | 《丽莎·奶奶的果汁》 | 《花花公子》 |
| 20 | 《故事大篷车集锦》 | 《我们的美食》 | 《我美丽的花园》↓4 | 《家庭医生》↓4 | 《发现》 | 《丽莎·占星术》 | 《时尚健康（男士）》 | 《俄罗斯商业咨询》 | 《大众机械》↓1 | 《丽莎·忠告》 | 《故事大篷车集锦》↓4 |

注：表中文字加粗代表某一杂志在上年度未进入排行榜前20，相应年度则进入排行榜前20；↑与↓后面加数字表示某杂志当年排名与上年相比上升或下降程度。

资料来源：笔者依照Федеральное агентство по печати и массовым коммуникациям. Российский рынок периодической печати：Состояние，тенденции и перспективы развития（2009 - 2019 гг.）. Москва：2010 - 2020整理。

汽车类杂志主要包括能够满足普通汽车爱好者和汽车市场专业人士需求的信息和广告类周刊《汽车与价格》（«Автомобили и цены»），致力于刊登汽车、卡车、摩托车、零配件的交易广告并针对汽车爱好者的杂志《新车与二手车交易》（«Авто новые и с пробегом»），以汽车新闻、试驾、概念车、车展和比赛、汽车经销商、汽车法律专家建议为主题的专门介绍汽车的周刊《汽车世界》（«Автомир»），致力于全方位为购车者介绍汽车品牌、价格、性能等信息的《车辆交易》（«Купи Авто»），旨在为各国车迷介绍国际各种车型性能、价格、保养等关于汽车一切信息的《疯狂汽车秀》（Top Gear），面向广大汽车爱好者、专业车主和汽车企业代表的《五轮》（«5 колесо»）。《五轮》是俄罗斯市场上唯一一本与读者共同创作的互动类汽车杂志，该杂志不仅可以让读者了解专业人士的建议，还可以了解数千名有能力的汽车爱好者的经验。

健康类杂志主要包括以刊登读者分享的有关健康、美容、民间与传统秘方、传统草药知识，医生、心理学家、中医师、治疗师等专家建议为主要内容的《人民医生》（«Народный доктор»）；专门致力于大众健康、医疗的杂志《治愈者》（«Целебник»）；主要刊登读者来信，内容包括读者介绍自己的治疗故事、分享经验和民间医药秘方以及一些有益建议的全国性的健康杂志《家庭医生》（«Домашний доктор»）。

田园类杂志主要包括以花园、菜园、别墅等为主要内容的《别墅的建议》（«Дачный совет»）和《别墅季节》（«Дачный сезон»）；致力于刊登教授园林师、园艺师、菜农等侍弄花园或菜园技巧的《园艺家与菜农》（«Садовод и огородник»）；介绍一年四季乡村生活，同时还有关于乡村别墅装修、房屋建造的技巧和窍门等信息的《喜爱的别墅》（«Любимая дача»）；主要刊登有关健康生活方式方面内容的《家园》（«Домашний очаг»）；主要为业余园艺家和乡村别墅、平房和别墅等业主提供服务，致力于刊登花园的规划和设计、景观设计和花园风格、植物的最佳选择与养护、对园艺师的季节性实用建议等实用信息的《我美丽的花园》（«Мой прекрасный сад»）。

设计装修类杂志主要包括以介绍领先的俄罗斯家庭装修和室内装饰理念

为主要内容的杂志《您的家居理念》（«Идеи вашего дома»），重点关注俄罗斯国内外设计、建筑和艺术等趋势的《内部装修＋设计》（«Интерьер + дизайн»）。

体育类杂志主要包括拥有100多万读者的俄罗斯最著名的足球周刊《苏联体育·足球》（«Советский спорт Футбол»）；主要刊登与足球有关的一切，包括俄罗斯与世界足球、足球新闻、足球广播、足球比赛转播等内容的《足球》（«Футбол»）；由俄罗斯足球联盟和职业足球联盟赞助出版的《足球·冰球》（«Футбол. Хоккей»）。

名人与明星类杂志主要包括1988年创刊于英国的著名国际品牌杂志《你好！》（Hello!），进驻俄罗斯后，成为该国第一本关注明星的娱乐杂志；以明星、名人和社会名流生活、故事等为主要内容的《休闲娱乐》（«Отдохни!»）；讲述偶像经历，同时刊登一些能够让生活更轻松快乐，且不需要花费太多金钱的小妙招的《明星与小贴士》（«Звезды и советы»）；主要为读者展示俄罗斯真实的明星和名人生活的《星光音乐》（StarHit）；主要刊登娱乐圈和时尚界要闻、明星生活、电视新闻、完整的电视节目、时尚、美丽等内容的杂志《莫斯科共青团员·星光大道》（«МК – Бульвар»）。

女性类杂志主要包括专门刊登女性讲述友谊、成功和社会关系真实故事的杂志《妇女故事》（«Женские истории»）；俄罗斯著名女性杂志《达莎》（«Даша»），又称《达莉亚》（«Дарья»）；俄罗斯最受欢迎的应用型女性杂志《一切为了女人》（«Все для женщины»），其对现代女性生活的方方面面都会给出独到而又简便的建议，同时还激励女性，让她们的生活变得更加丰富而舒适；《丽莎》杂志的网络版《丽莎·关键词》（«Лиза Кейворды»），这是一本女性在线杂志，主要刊登时尚界最新消息、明星美容秘诀、健康饮食、育儿小妙招、菜谱、惊人的故事和感人的爱情故事等方面的内容；以刊登提升吸引力、幸福感、家庭舒适度和与亲人和谐相处的建议为主的女性月刊《丽莎·忠告》（«Лиза·Добрые советы»）；主要刊登时装、美容、购物、演艺、人际关系等世界热点新闻，还关注时尚界新趋势和时尚潮流的《埃托伊尔》（«Л'Этуаль»，L'Etoile）；《心理月刊》（Psychologies，俄文名«Психологии»），这是一本具有时代敏感度的新女性杂志，创刊于法国，目前在德国、意大利、西班牙、比利时、英国、罗马尼亚、俄罗斯和中国出版发行，俄罗斯版于 2005 年开始出版发行，《心理月刊》以启发新时代的女性追求身体、思想和心灵的和谐统一，实现丰富而愉快的人生为目的。

男性类杂志主要包括 1997 年创刊于英国的男性文化时尚类杂志《箴言》（Maxim），其内容涵盖了美女、视频、音乐、电影、体育等，该杂志于 2002 年开始在俄罗斯出版发行；全球顶级男性杂志《时尚健康》（男士）（Men's Health），在 35 个国家出版发行，该杂志俄文版已经有 20 多年历史，主要面向活跃和成功的男性；国际著名杂志出版商康泰纳什集团旗下的男性杂志《绅士季刊》（Gentlemen's Quarterly，GQ），俄罗斯版于 2001 年开始出版发行，主要专栏包括领先的设计师理念、科技和文化趋势、美食和世界酒店等；1933 年创办于美国的男性月刊《时尚先生》（Esquire），主要刊登内容包括文化艺术、时尚风尚、财经政务、科技汽车、美食健康、人物访谈等，其俄罗斯版是该国主要的知识类杂志，拥有数百万读者。

除普遍兴趣类外，读者也比较关注全球信息、国家地理与历史、国家经济、商业、退休者生活等类别的杂志，如主要刊登历史之谜、历史调查、失踪的文明、战争之谜、辉煌的发明、历史灾难、爱情故事、惊人的历史转折等内容的《历史之谜》（«Загадки истории»）；俄罗斯（苏联）社会政治和文学艺术类周刊《星火》（«Огонек»）；主要内容包括科学与技术、化学与物理学、空间和汽车、生物学与遗传学、手机测试、儿童产品设计等，不定期举办比赛、抽奖、大师班等活动的全俄最大的科技新闻和资料类杂志《大众机械》（«Популярная механика»）；主要刊登会计和税收方面的消息、专家咨询、法律法规、纳税申报等内容的《总会计师》（«Главбух»）；主要刊登科学、旅游、自然、探险、摄影、致读者、万花筒、国家地理档案等内容的群众性科学地理杂志《俄罗斯国家地理》（National Geographic Russia）；专门为退休人员服务的杂志《退休者》（«Пенсионер»），其宗旨是让退休人员能更好地享受晚年生活；主要刊登科学、技术、自然、旅行、神秘主义、空间探秘和人类意识等方面内容的《发现》（Discovery）。

在 2019～2020 年媒体排名中，除国家地理、大众机械和心理类外，其他杂志的内容都与普遍兴趣有关（见表 1-12）。

表 1-12 2019～2020 年俄罗斯媒体中杂志的排名情况

| 排名 | 大众传媒引用指数 | | | | 社交媒体超链接次数 | | | |
| --- | --- | --- | --- | --- | --- | --- | --- | --- |
| | 2019 年 | | 2020 年 | | 2019 年 | | 2020 年 | |
| 1 | 《福布斯》 | 8889.62 | 《福布斯》 | 9961.41 | 《上流社会》 | 3017555 | 《福布斯》 | 2150639 |
| 2 | 《明星效应》 | 3518.29 | 《绅士季刊》 | 470.63 | 《时尚先生》 | 1703393 | 《时尚先生》 | 1444853 |
| 3 | 《上流社会》 | 264.39 | 《时尚》(Vogue) | 327.34 | 《福布斯》 | 1635886 | 《俄罗斯国家地理》 | 695429 |
| 4 | 《绅士季刊》 | 258.65 | 《专业》 | 239.15 | 《大都会》 | 1060395 | 《大都会》 | 679801 |
| 5 | 《大都会》 | 187.31 | 《大都会》 | 222.73 | 《俄罗斯国家地理》 | 841733 | 《大众机械》 | 573153 |
| 6 | 《你好!》 | 180.61 | 《7 天》 | 193.75 | 《家园》 | 400578 | 《家园》 | 338134 |
| 7 | 《日子》 | 156.03 | 《尚流》 | 164.29 | 《时尚》(Elle) | 304011 | 《时尚》(Vogue) | 196299 |
| 8 | 《尚流》 | 152.09 | 《时尚先生》 | 159.36 | 《时尚》(Vogue) | 240919 | 《环球》 | 169230 |
| 9 | 《时尚先生》 | 149.23 | 《魅力》 | 145.68 | 《大众机械》 | 219161 | 《心理月刊》 | 167675 |
| 10 | 《花花公子》 | 135.25 | 《你好!》 | 142.73 | 《心理月刊》 | 214090 | 《时尚》(Elle) | 68392 |

资料来源：Федеральные СМИ：2019 год，https：//www.mlg.ru/ratings/media/federal/7130/；Федеральные СМИ：2020 год，https：//www.mlg.ru/ratings/media/federal/8058/。

第三，俄罗斯国内杂志在读者数量排名中占优势，国际著名期刊在媒体排名中表现更突出。根据俄罗斯新闻出版与大众传媒署 2010～2019 年发布的有关印刷媒体行业的报告，10 年间，依照读者数量，进入排行榜前 20 的周刊几乎都是俄国内出版的杂志（见表 1-10）；进入排行榜前 20 的月刊除《大都会》《布尔达》《魅力》《福布斯》《埃托伊尔》等的俄文版外，其他也均为俄罗斯本国出版的杂志（见表 1-11）。根据大众传媒引用指数与社交媒体超链接次数，2019～2020 年俄罗斯杂志排名情况显示，进入排行榜前 10 的多是国际著名期刊俄文版，其中包括《福布斯》《大都会》《尚流》《花花公子》《时尚》《绅士季刊》《时尚先生》《心理月刊》等（见表 1-12）。

第四，文学类杂志地位下降。

曾几何时，文学类杂志是俄罗斯文学的"摇篮"，在任何一本文学类杂志的每一期中读者都会看到不同种类的文学作品、观点、创作方法、世界观，[1] 但转型以来，承载着俄罗斯文学与诗歌重要记忆的文学类杂志的地位日益下降。许多俄罗斯文学类杂志在转型前后以"厚重"著称，但"厚积薄发"在这类杂志的历史上却有了另一种诠释。近年来，许多"厚厚"的文学类杂志已经不复存在，读者所能看到的只是"薄薄"的内容。目前，俄罗斯文学类杂志面临的问题还包括编辑水平下降，编辑错误时有出现；编辑队伍人才流失，往往两三个部门的工作由一个人完成；编辑部缺少资金支持，有时工作人员甚至几年都领不到工资；[2] 一些文学类杂志编辑部为了生存不得不出租版面。[3]

20世纪初以来，一些俄罗斯文学类杂志纷纷转型。《大陆》（«Континент»）于1974年创刊于法国巴黎并且一直在那里出版发行，其刊登的主要内容为俄罗斯移民文学、散文、诗歌、新闻、文学评论等。1992年以来，《大陆》开始在莫斯科出版，在经历最初几年的辉煌后，《大陆》的发行量逐渐下降。2011年《大陆》改版，2013年纸质版停刊，开始出版网刊，网刊在出版4期后，也于2013年末全面停刊。实际上，《大陆》的发行量在20世纪90年代就已经开始下降，单期发行量从7000份降至5000份再降至3000份，2010年出版的第145期的发行量仅有1350份。[4] 在俄罗斯，同样遭遇出版困境的文学类杂志还包括《文学研究》（«Литературная учеба»）、《十月》（«Октябрь»）、《埃里奥》（«Арион»）、《星》（«Звезда»）等。即使是现在，最著名的文学类杂志的单期发行量也仅有几千份，再也难以达到转型前几十万份的盛况了。

---

[1] Сенчин Р. Поезд ушел? Есть ли будущее у толстых журналов//Российская газета. 3 февраля 2020 г. No 22.

[2] Сенчин Р. Поезд ушел? Есть ли будущее у толстых журналов//Российская газета. 3 февраля 2020 г. No 22.

[3] Колымагин Б. «Континент» уходит в историю, 13 января 2011 г, http://ej.ru/?a=note&id=10738.

[4] Колымагин Б. «Континент» уходит в историю, 13 января 2011 г, http://ej.ru/?a=note&id=10738.

（三）俄罗斯的女性类杂志与商业类杂志

在俄罗斯各类杂志中，女性类杂志与商业类杂志是比较受欢迎的两类杂志。

1. 女性类杂志

转型前，女性类杂志就十分受欢迎。1990 年《女工》《农妇》两种杂志的发行量均超过 2000 万份，其中，《农妇》是俄罗斯最古老的女性类杂志之一，创刊于 1922 年，2015 年 12 月停刊。

20 世纪 90 年代初，俄罗斯杂志市场出现了一种新的现象，即涌现出越来越多的时尚杂志，这一点在女性类杂志方面表现得特别明显。在发行量方面，时尚杂志大大超过具有明显历史感的传统杂志，如《女工》《农妇》《妇女世界》等。① 到如今，时尚杂志，尤其是国际品牌的时尚杂志在俄罗斯女性类杂志中占有绝对的优势地位。21 世纪以来，国际著名女性类杂志（俄文版）一直在俄罗斯女性类杂志排行榜中占据前 10 的位置，这些杂志主要面向俄罗斯各领域年轻女性，旨在揭示丰富多彩、生动的女性世界。而俄罗斯本土品牌女性类杂志则稍逊一筹。

俄罗斯主要的国际品牌女性类杂志包括以下几个。

第一，《大都会》（Cosmopolitan，俄文译名«Космополитен»），系国际女性类时尚杂志，1886 年创刊于美国，创刊之初为家庭类出版物，后来曾有一段时间偏重文学，20 世纪 60 年代末，最终定位为女性类出版物。《大都会》用 30 多种语言出版，在全球拥有 60 多个国际版本，在 100 多个国家和地区发行，其中包括阿根廷、亚美尼亚、澳大利亚、阿塞拜疆、保加利亚、巴西、中美洲各国、智利、中国、哥伦比亚、克罗地亚、塞浦路斯、捷克、厄瓜多尔、爱沙尼亚、芬兰、希腊、法国、德国、中国香港、匈牙利、印度、印度尼西亚、以色列、意大利、哈萨克斯坦、韩国、拉脱维亚、立陶宛、马来西亚、蒙古国、荷兰、挪威、秘鲁、菲律宾、波兰、葡萄牙、波多黎各、罗马尼亚、俄罗斯、塞尔维亚、斯洛文尼亚、南非、西班牙、瑞典、中国台湾、泰国、土耳其、英国、美国、乌克兰、委

---

① См.: Беспалова А. Г. История отечественной журналистики XX – начала XXI века. Ростов – на – Дону: Издательство Южного федерального университета. 2014. с. 320.

内瑞拉和越南等国家和地区。《大都会》1994年进驻俄罗斯，隶属于独立传媒集团（Independent－медиа），每月出版一期，主要内容包括娱乐、明星、人际关系、职业、健康、自我提升、饮食、时尚、美容、潮流、购物等。《大都会》还出版《大都会·美丽》（*Cosmopolitan Beauty*，俄文为«Космополитен Бьюти»）和《大都会·购物》（*Cosmopolitan Shopping*，俄文为«Космополитен шоппинг»），前者以化妆与美发为主要内容，后者偏重时尚与购物。

第二，《时尚》（*Vogue*，俄文为«Bor»），1992年创刊于美国，现隶属于美国康泰纳仕集团，杂志内容涉及时装、化妆、美容、健康、娱乐和艺术等。《时尚》已经发展成为国际著名品牌，在全球多个国家和地区出版发行，如美国、英国、法国、意大利、德国、澳大利亚、巴西、墨西哥、韩国、俄罗斯、中国、日本、葡萄牙、中国台湾、印度、土耳其、荷兰、泰国、乌克兰等国家和地区。《时尚》1998年起在俄罗斯出版发行，很快成为流行时尚杂志，但其在风格上与欧洲国家略有不同，更偏重俄罗斯传统。

第三，《魅力》（*Glamour*，俄文译名«Гламур»），1939年创刊于美国，系高端女性类时尚周刊，其创刊之初的名字为《好莱坞的魅力》（*Glamour of Hollywood*），后更名为《魅力》。该杂志以独特的编辑理念与视角报道时装、美容、名流及与女性息息相关的一切。《魅力》在美国拥有240万读者，除美国外，其在世界许多国家和地区也出版发行，如英国、法国、意大利、德国、西班牙、俄罗斯、希腊、波兰、匈牙利、罗马尼亚、南非等。2004年9月，《魅力》在俄罗斯首次亮相，并在很短的时间内赢得众多俄罗斯女性读者的喜欢。俄罗斯《魅力》由康泰纳仕传媒集团出版，所刊登的内容主要是为16~43岁的俄罗斯女性定制的，包括时尚、美丽、健康、事业、购物、人际交往、旅行、室内设计、占星术、菜肴、幽默、音乐、电影、文学等多个领域。

第四，《时尚》（*ELLE*，俄文为«Эль»），1945年创刊于法国，是一本专注于时尚、美容、生活品位的女性类杂志，在法国、中国、美国、俄罗斯、西班牙、瑞典、澳大利亚、波兰、荷兰、意大利、德国、英国、葡萄牙、墨西哥、中国台湾等全球36个国家和地区发行，拥有超过2000万的忠实读者。《时尚》于20世纪90年代进驻俄罗斯,很快成为俄罗斯时尚和潮流出版物的先锋。俄罗斯版本的《时尚》专注于时尚与美丽信息、美容趋势、生活方式、明星故事、现代女性心理学等内容,同时还刊登国内外时装秀、时装颁奖典礼、当季与下季时装趋势、当季化妆品和香水、新产品开发等。《时尚》的姊妹刊为《时尚女孩》(ELLE girl,俄文为《Эль Герл》),1945年由海伦娜(Helene Lazareff)在巴黎创办,该杂志致力于呈现时尚、美容、彩妆、生活、潮流、娱乐等第一手讯息以及多元丰富的时尚生活。俄罗斯版本的《时尚女孩》主要面向年轻的女孩,其内容更年轻化,如最新T台趋势、服装搭配、清洁建议、美丽的秘密、新产品测试、时尚摄影、明星采访等。

第五,《嘉人》(Marie Claire,俄文为《Мари Клер》),1937年于法国创刊,系国际高端女性类时装杂志,每月出版一次。《嘉人》一向以细腻的女性视角、独特的社会报道展现多元化的潮流生活,是公认的理解和诠释时尚领域的先驱。《嘉人》主要刊登的内容包括时尚、美容、家居等。作为国际著名的女性类杂志,《嘉人》除在法国出版发行外,还用近20种语言出版30多个国际版本。其出版发行的国家和地区包括澳大利亚、比利时、巴西、加拿大、中国、捷克、爱沙尼亚、中国香港、匈牙利、印度、印度尼西亚、意大利、西班牙、科威特、马来西亚、墨西哥、荷兰、菲律宾、沙特阿拉伯、南非、韩国、瑞士、叙利亚、中国台湾、泰国、土耳其、乌克兰、阿拉伯联合酋长国、英国、美国、法国、俄罗斯等。《嘉人》1997年进入俄罗斯杂志市场,由俄罗斯独立传媒集团负责出版。2001年,桦榭菲力柏契出版集团(HFS-Hachette Filipacchi Shkulev)①获得《嘉人》42%的股份,同年10月由俄罗斯赫斯特·什库列夫传媒集团(Hearst Shkulev Media)负责出版发行。《嘉人》俄罗斯版主要面向25~35岁的女性,所刊登的内容包括时尚、美丽、生活方式、女性日常生活、旅行、烹饪、食谱等。

---

① 桦榭菲力柏契出版集团(HFS-Hachette Filipacchi Shkulev),法国桦榭菲力柏契出版集团是一个国际化传媒集团,在34个国家和地区开展业务,共出版220多种期刊和报纸,其中女性类杂志70种、男性类杂志10种、青少年类杂志11种、大众类杂志8种、休闲类杂志38种、汽车类杂志17种、电视类杂志8种、旅游类杂志5种、装饰和艺术生活类杂志38种、时事与经济类杂志7种和日报10种。其在俄罗斯的业务隶属于俄赫斯特·什库列夫传媒集团(Hearst Shkulev Media)。

第六，《时尚芭莎》（Harper's Bazar，俄文为«Харперс базар»）创刊于1867年，1912年由赫斯特杂志集团（Hearst Magazines）负责出版发行，是全球著名的时装杂志，主要为女性提供美容、时装、购物、明星等相关内容。作为国际著名的女性类杂志，《时尚芭莎》除了在美国出版发行外，同时还在多个国家和地区拥有国际版本，如澳大利亚、阿根廷、保加利亚、巴西、英国、越南、中国香港、希腊、印度、印度尼西亚、西班牙、哈萨克斯坦、加拿大、中国、拉丁美洲国家、马来西亚、阿拉伯联合酋长国、俄罗斯、罗马尼亚、新加坡、中国台湾、泰国、土耳其、乌克兰、捷克、韩国、日本等国家和地区。《时尚芭莎》1996年进驻俄罗斯杂志市场，其首任主编为沙赫里·阿米尔汗诺娃（Шахри Амирханова），现任主编为达里娅·韦列杰耶娃（Дарья Веледеева）。《时尚芭莎》俄罗斯版以服务现代俄罗斯女性为己任，主要内容包括最新世界时装设计师收藏、时尚潮流、旅行、娱乐、社会名流和世界名人的生活、时尚品牌等。

除上述杂志外，俄罗斯著名的国际品牌女性类杂志还包括《你好！》（«Здравствуйте!»，英文为 Hello!）、《尚流》①、《布尔达》等。同时，能够进入俄罗斯女性类杂志排行榜前20的本土杂志包括《丽莎》（«Лиза»）、《历史记忆》（«Караван историй»）、《家园》（«Домашний Очаг»）、《女工》（«Работница»）、《幸福的父母》（«Счастливые родители»）、《忠告》（«Добрые советы»）等。

2. 商业类杂志

转型以来，随着社会、政治、经济的变革，俄罗斯大众传媒领域发生了巨大的变化。尤其是私有化改革以来市场关系的发展，使得全社会对商业信息的需求越来越旺盛。"谁掌握了信息，谁就掌握了世界。"俄罗斯商业杂志体系应运而生。② 21世纪以来，由于新媒体的发展，传统媒体受到越来越大的冲击，传统媒体让位于新媒体的趋势不断加速，但许多俄罗斯经典商业杂志仍然受到俄罗斯经济、金融、商界等人士的青睐。为了适应

---

① 《尚流》系著名国际品牌杂志，主要刊登俄罗斯和好莱坞名人、热门新闻、名人轶事、对时尚的报道、对顶级设计师的采访、电影新闻等。
② 陈雪：《俄罗斯商业杂志市场的现状和前景》，《西伯利亚研究》2010年第1期。

信息化和数字化发展，俄罗斯商业杂志大多在出版纸质期刊的同时，出版网络版。

俄罗斯颇具影响力的商业类杂志包括《福布斯》（Forbes）、《俄罗斯商业咨询》（«РБК»）、《专家》（«Эксперт»）、《总经理》（«Генеральный директор»）、《公司机密》（«Секрет фирмы»）、《商业—杂志》（«Бизнес - журнал»）、《生意人报—货币》（«Коммерсантъ - Деньги»）、《银行与交易所》（«Банки и биржи»）、《生意人报—权力》（«Коммерсантъ - Власть»）等。

在俄罗斯各联邦主体中，莫斯科市的商业类杂志种类最多（见表1-4），其中虽然以商业报纸居多，但最有影响力的是《专家》与《商业—杂志》。进入俄罗斯商业类杂志榜单的有：主要刊登世界一流管理者的先进理念和实践经验的《卓越经营》（«Деловое совершенство»）；主要在俄罗斯境内出版发行，刊登内容包括政治与社会、经济与商业、金融与投资领域重要和独家信息、分析材料，评论和评级等的《专业》（«Профиль»）；俄罗斯最大众化的商业杂志——《商业—杂志·俄罗斯》（«Бизнес - журнал Россия»）；俄罗斯有关通信与广播的商业杂志——《标准》（«Стандарт»）。

俄罗斯商业类杂志按性质与内容主要分为以下几类。

第一，以美国《福布斯》（Forbes）杂志为代表的入驻俄罗斯的国外著名商业类杂志。《福布斯》创刊于1917年，是美国福布斯公司出版的金融和经济类商业杂志，旬刊，以刊登金融、商业、工业、投资和营销类原创文章著称，同时还刊登有关技术、通信、科技、法律等相关学科的文章。《福布斯》俄罗斯版于2004年4月出版发行，并迅速抢占独联体国家市场。《福布斯》俄罗斯版为月刊，除纸质版外，该杂志还拥有网络版。2020年，《福布斯》俄罗斯版刊登的主要内容包括国内外新闻、亿万富翁、商业、金融、创业、技术等。新冠肺炎疫情暴发后，《福布斯》俄罗斯版又在其网站主页设置了"新型冠状病毒"专栏。

第二，以面向广泛目标受众为导向的商业出版物。这类杂志以刊登各种分析文章为主，其中包括全球经济进程分析，商业问题分析，俄罗斯和世界经济趋势预测与分析，俄罗斯和西方商业精英采访，著名公司的经验和成就，有关世界经济、投资策略和商业管理建议的最新消息以及俄罗斯和世界上薪酬最高的公司高管的评级等。此类商业杂志的典型代表是《俄罗斯商业咨询》。

第三，以大中型企业家，国家机关工作人员，政治家，科学家，经济管理、工业管理领域的年轻专家为主要服务对象的期刊。这类期刊主要刊登商业、金融、技术、政治和社会等方面的分析文章。此类商业杂志的代表是《专家》，该杂志在俄罗斯具有较强的影响力，多年来，《专家》面对复杂的国内经济环境以及新媒体的冲击，不但成功地生存下来，而且不断扩大读者圈，成为俄罗斯商业类杂志领域的佼佼者，其对于俄罗斯企业的发展起了一定的作用。

第四，以中小企业高管或经理为服务对象的杂志。这类杂志刊登的主要内容包括提升公司运营关键指标、优化公司业务流程和成本、优化公司人员管理和账务管理、扩大客户群等。一般来说，中小企业的高管或经理曾经是退役军人、商人或者中层管理人员，他们中多数并没有受过专门的职业教育，凭借的主要是个人经验和人脉，缺乏实际管理经验。这也是2006年创刊的《总经理》选择此类人员为目标客户的主要原因，该杂志是俄罗斯第一本也是唯一一本为中小企业领导打造的杂志。

总之，商业类杂志是俄罗斯大众传媒体系中最具活力的出版物，是俄罗斯经济发展不可或缺的组成部分。这类杂志不仅能为读者提供足够数量的商业信息，而且还能增加商业媒体对俄罗斯社会和经济进程的影响。

## 二 俄罗斯杂志的受众与发行

根据俄罗斯媒体市场调研公司的统计数据，大多数俄罗斯杂志的受众和发行量均在减少，即使是俄罗斯国内杂志市场公认的杂志出版集团也都面临这样的困境，如布尔达传媒集团、鲍尔传媒集团、赫斯特·什库列夫出版集团（Hearst Shkulev Publishing）[1]、独立媒体出版集团、7天出版集团、《车辆驾驶》出版集团和《环球》出版集团等。

---

[1] 赫斯特·什库列夫出版集团（Hearst Shkulev Publishing），2016年之前称为赫斯特·什库列夫传媒集团（Hearst Shkulev Media），后改为现名，经营业务范围更广。

## (一）俄罗斯杂志的受众

笔者对于俄罗斯杂志受众的分析是通过研究2017～2019年三年间主要杂志读者数量变化情况进行的。2018年，俄罗斯排名前10的周刊读者数量比2017年下降5.49%，2019年又同比下降5.05%；而从排名前20的周刊读者数量变动情况来看，2019年比2018年下降5.23%。2019年，排名前20周刊中有13家读者数量下降，其中下降幅度超过10%的分别为《丽莎·关键词》《良媒》《一切为了女人》《天线》，读者数量不降反增的是《我美丽的别墅》《明星奥秘》《苏联体育·足球》《人民医生》《园艺师与菜农》《妇女故事》《明星与小贴士》（见表1-13）。而莫斯科地区2019年排名前20周刊读者数量比2018年增长了2.37%。从当地读者数量增长与下降对比情况来看，增长的杂志有12家，下降的有8家，其中增幅超过10%的有6家，分别是《我美丽的别墅》《明星奥秘》《园艺师与菜农》《人民医生》《星火》《你好！》；降幅超过10%的有2家，分别是《妇女故事》和《丽莎·关键词》。

表1-13 2017～2019年俄罗斯周刊（一周出版1～2次）读者数量变化情况
（排名依照2019年数据）

单位：万人，%

| | | 2017年 | 2018年 | | 2019年 | |
|---|---|---|---|---|---|---|
| | | 读者数量 | 读者数量 | 同比增减 | 读者数量 | 同比增减 |
| 1 | 《天线》 | 663.55 | 607.06 | -8.51 | 536.97 | -11.55 |
| 2 | 《纸吹龙》 | 263.03 | 276.83 | 5.25 | 257.06 | -7.14 |
| 3 | 《七天》 | 267.73 | 244.75 | -8.58 | 220.68 | -9.83 |
| 4 | 《我美丽的别墅》 | 133.04 | 129.34 | -2.78 | 158.67 | 22.68 |
| 5 | 《女婿》 | 161.76 | 169.12 | 4.55 | 158.25 | -6.43 |
| 6 | 《丽莎-纵横字谜》 | 153.92 | 148.66 | -3.42 | 141.66 | -4.71 |
| 7 | 《丽莎》 | 150.04 | 145.94 | -2.73 | 135.62 | -7.07 |
| 8 | 《明星奥秘》 | 135.15 | 95.06 | -29.66 | 98.15 | 3.25 |
| 9 | 《苏联体育·足球》 | 92.68 | 96.69 | 4.33 | 97.43 | 0.77 |
| 10 | 《人民医生》 | 83.09 | 75.10 | -9.62 | 83.69 | 11.44 |
| 11 | 《园艺师与菜农》 | 51.79 | 65.82 | 27.09 | 68.39 | 3.90 |
| 12 | 《妇女故事》 | 67.13 | 60.58 | -9.76 | 61.36 | 1.29 |
| 13 | 《星火》 | 62.24 | 62.96 | 1.16 | 61.31 | -2.62 |

续表

|  |  | 2017 年 | 2018 年 | | 2019 年 | |
| --- | --- | --- | --- | --- | --- | --- |
|  |  | 读者数量 | 读者数量 | 同比增减 | 读者数量 | 同比增减 |
| 14 | 《猜猜看》 | 50.76 | 55.04 | 8.43 | 50.33 | -8.56 |
| 15 | 《星光音乐》 | 62.02 | 51.62 | -16.77 | 48.96 | -5.15 |
| 16 | 《一切为了女人》 | 63.79 | 54.25 | -14.96 | 47.05 | -13.27 |
| 17 | 《明星与小贴士》 | — | 42.44 | — | 46.39 | 9.31 |
| 18 | 《达莎》 | — | 47.55 | — | 44.54 | -6.33 |
| 19 | 《良媒》 | — | 43.88 | — | 37.31 | -14.97 |
| 20 | 《丽莎·关键词》 | — | 48.67 | — | 35.57 | -26.92 |

注：—代表数据不详；读者数量统计数据为各年度 5~10 月的统计数据；表中除 2017~2019 年进入排行榜杂志读者数外，各年度与上年同期相比增减百分比系笔者计算得出。

资料来源：笔者依照 Федеральное агентство по печати и массовым коммуникациям. Российский рынок периодической печати：Состояние，тенденции и перспективы развития（2017 - 2019 гг.）. Москва：2018 - 2020 整理。

  2018 年，俄罗斯排名前 10 的月刊（包含双月刊）读者数量比 2017 年下降 1.87%，2019 年又同比下降 8.36%。2019 年，排名前 20 月刊中有 12 家读者数量下降，其中下降幅度超过 10% 的分别为《车辆驾驶》《环球》《大都会》《填字游戏》《布尔达》《"巨人"数独合集》《健康》《烹饪发烧友》《箴言》《魅力》。在《俄罗斯商业咨询》《内部装修 + 设计》《别墅季节》《家庭医生》《五轮》《花花公子》等杂志的拉动下，2019 年俄罗斯排名前 20 月刊的读者数量比 2018 年仅下降 5.59%，其中增幅最大的是《俄罗斯商业咨询》和《五轮》（见表 1 - 14）。而莫斯科地区 2019 年排名前 20 月刊读者数量比 2018 年增长了 1.47%，读者数量增长与下降的月刊数量相等，均为 10 家，其中增幅超过 10% 的有《俄罗斯商业咨询》《内部装修 + 设计》《魅力》《别墅季节》《五轮》，降幅超过 10% 的是《填字游戏》和《故事大篷车集锦》（«Коллекция Караван историй»）[1]。

---

[1] 《故事大篷车集锦》（«Коллекция Караван историй»）每期都要刊登 10 个震惊世界的故事，同时还刊登最轰动、最受欢迎的信息资料以及颇受读者喜爱的摄影作品。

表 1-14  2017~2019 年俄罗斯月刊（含双月刊）读者数量变化情况
（排名依照 2019 年数据）

单位：万人，%

|  |  | 2017 年 | 2018 年 | | 2019 年 | |
|---|---|---|---|---|---|---|
|  |  | 读者数量 | 读者数量 | 同比增减 | 读者数量 | 同比增减 |
| 1 | 《车辆驾驶》 | 464.53 | 425.79 | -8.34 | 382.44 | -10.18 |
| 2 | 《环球》 | 315.17 | 316.56 | 0.44 | 283.87 | -10.33 |
| 3 | 《大都会》 | 317.58 | 301.01 | -5.22 | 261.90 | -12.99 |
| 4 | 《历史记忆》 | 259.47 | 232.23 | -10.50 | 211.76 | -8.81 |
| 5 | 《俄罗斯国家地理》 | 198.65 | 202.64 | 2.01 | 208.13 | 2.71 |
| 6 | 《填字游戏》 | 193.80 | 224.95 | 16.07 | 187.25 | -16.76 |
| 7 | 《布尔达》 | 174.90 | 175.48 | 0.33 | 156.96 | -10.55 |
| 8 | 《"巨人"数独合集》 | 135.15 | 162.10 | 19.94 | 144.25 | -11.01 |
| 9 | 《健康》 | 188.11 | 172.08 | -8.52 | 144.02 | -16.31 |
| 10 | 《俄罗斯商业咨询》 | 113.59 | 103.98 | -8.46 | 142.52 | 37.06 |
| 11 | 《烹饪发烧友》 | 199.22 | 165.97 | -16.69 | 141.80 | -14.56 |
| 12 | 《箴言》 | 149.69 | 166.87 | 11.48 | 140.40 | -15.86 |
| 13 | 《内部装修+设计》 | 72.28 | 115.57 | 59.89 | 124.84 | 8.02 |
| 14 | 《别墅季节》 | 89.07 | 104.98 | 17.86 | 118.70 | 13.07 |
| 15 | 《家庭医生》 | — | 96.41 | — | 107.96 | 11.98 |
| 16 | 《五轮》 | — | 84.87 | — | 106.83 | 25.87 |
| 17 | 《您的家居理念》 | — | 97.33 | — | 101.50 | 4.28 |
| 18 | 《魅力》 | 120.50 | 114.20 | -5.23 | 100.44 | -12.05 |
| 19 | 《花花公子》 | — | 87.90 | — | 99.38 | 13.06 |
| 20 | 《故事大篷车集锦》 | 122.32 | 104.96 | -14.19 | 97.78 | -6.84 |

注：—代表数据不详；读者数量统计数据为各年度 5~10 月的统计数据；表中除 2017~2019 年进入排行榜杂志读者数量外，各年度与上年同期相比增减百分比系笔者计算得出。

资料来源：笔者依照 Федеральное агентство по печати и массовым коммуникациям. Российский рынок периодической печати: Состояние, тенденции и перспективы развития (2017-2019 гг.). Москва. 2018-2020 整理。

通过对俄罗斯排名比较靠前的杂志读者数量的分析，目前俄罗斯杂志受众的兴趣比较集中，主要包括电视导读、女性、健康、饮食、娱乐、家居、车辆、明星、体育、历史、地理等。上述类别的杂志均被俄罗斯知名品牌杂志所掌控，这些杂志不仅在刊登内容上获得了读者的青睐，而且通过纸质版杂志与数字版的结合，不断吸引读者和广告商，使广告公司的关键绩效指标

（ключевые показатели эффективности，KPI）不断提高。俄罗斯多数杂志都采取开放获取模式，但也有一些杂志为自己的网络版设置了"付费墙"（Pay Walls），对部分或者全部在线内容实行付费阅读，最典型的方式是实行会员（VIP）制。这种方式虽然拒绝了一部分读者，但在激烈的竞争中却锁定了固定的读者群，并且从产品、服务、价格等方面培养和保持了VIP读者的忠诚度。如由独立传媒出版集团出版的《大都会·购物》（*Cosmopolitan Shopping*）于2019年冬季在俄罗斯率先实现了线上到线下（online-to-offline，O2O）购物模式。《大都会·购物》致力于挖掘会员的可购物瞬间，使其不必离开原杂志网站就可以浏览更多的购物网站（600多家），并在原网站上完成购买，会员成功购物后还可以获得现金回扣、折扣或礼品券。除了提供全面的时尚信息和流行趋势外，《大都会·购物》还为读者提供24小时不间断的在线购物服务，读者不仅可以通过杂志提供的二维码实现网上购物，还能及时了解时尚界的流行趋势、每季国际时装发布情况和潮流趋势解读等。[①]

（二）俄罗斯杂志的发行

俄罗斯杂志发行主要通过以下一些方式进行：第一，终端零售，也称零售终端，指杂志销售渠道的最末端，一般在俄罗斯报刊亭、书店、各大商场专柜以零售价格出售；第二，订阅，即读者通过邮局或者大型订阅机构提供的代码购买杂志，俄罗斯各联邦主体的读者均可以通过这种方式购买到杂志；第三，直邮，即杂志出版方免费或有偿向客户进行投寄；第四，免费，即杂志出版方免费向客户进行投寄，这类基本是广告类杂志。

21世纪初，俄罗斯发行量居首位的杂志为《大都会》（俄罗斯版）（单期发行量为98万份），居2~5位的是《魅力》（73万份）、《箴言》（39万份）、《心理月刊》（36万份）、《你好！》（35万份）。在排行榜前38位的杂志中，单期发行量介于20万~30万份的有5家，10万~19万份的有20家，5万~9万份的有8家。20世纪20年代以来，俄罗斯发行量排位居前的杂志

---

① См.：Федеральное агентство по печати и массовым коммуникациям. Российский рынок периодической печати：Состояние，тенденции и перспективы развития. Москва. 2020. с. 52.

以面向女性的杂志居多（见表1-15）。而在其他类型杂志中，单期发行量超过10万份的杂志基本集中在汽车类、装饰类、商业类杂志，其中汽车类杂志单期发行量超10万份的有《车辆驾驶》（50万份）、《汽车世界》（13万份）、《汽车与价格》（11万份）、《汽车评论》（22万份）等；建筑装修类杂志单期发行量超10万份的有《您的家居理念》（22万份）、《内部装修+设计》（20万份）、《家具与维修》（11.5万份）；商业类杂志单期发行量超10万份的有《福布斯》（10万份）、《俄罗斯商业咨询》（10万份）等。

表1-15 俄罗斯主要女性杂志单期发行量

单位：万份

| | 名称 | 刊期 | 单期发行量 |
| --- | --- | --- | --- |
| 1 | 《大都会》（Cosmopolitan） | 月刊 | 90 |
| 2 | 《丽莎》（«Лиза»） | 周刊 | 72 |
| 3 | 《布尔达》（Burda） | 月刊 | 43.5 |
| 4 | 《历史记忆》（«Караван историй»） | 月刊 | 31 |
| 5 | 《时尚》（ELLE） | 月刊 | 30 |
| 6 | 《迷你》（Mini） | 月刊 | 27 |
| 7 | 《准妈妈》（SHAPE-Мама） | 月刊 | 19 |
| 8 | 《优家画报》（InStyle） | 月刊 | 18 |
| 9 | 《健康》（«Здоровье»） | 月刊 | 17 |
| 10 | 《时尚》（Vogue） | 月刊 | 15 |
| 11 | 《女性健康》（«Женское здоровье»） | 月刊 | 14 |
| 12 | 《我的宝贝和我》（«Мой кроха и я»） | 月刊 | 13.7 |
| 13 | 《九月》（«9 месяцев»） | 月刊 | 12 |
| 14 | 《魅力》（Glamour） | 月刊 | 12 |
| 15 | 《时尚芭莎》（Harper's Bazaar） | 月刊 | 12 |
| 16 | 《准妈妈》（«Буду мамой»） | 月刊 | 12 |
| 17 | 《美丽与健康》（«Красота и Здоровье»） | 月刊 | 10 |

注：数据采集日期为2021年1月27日，所选女性杂志的单期发行量均在10万份以上。
资料来源：笔者依照https://sipress.ru/rub/jenskie网站的公开数据整理制作。

目前，《大都会》（俄罗斯版）单期发行量在俄罗斯仍具有超然的地位。《大都会》（俄罗斯版）目前的单期发行量为90万份，其中在莫斯科市的发行量占47%，在俄罗斯各联邦主体的发行量占52%，该杂志的订阅量仅占

1%。《大都会》（俄罗斯版）在俄罗斯其他城市的发行量主要集中在各联邦主体的行政中心或较大的城市：克拉斯诺达尔市占 4%，沃罗涅日市占 3%，叶卡捷琳堡市占 3%，萨马拉市占 2%，喀山市占 2%，车里雅宾斯克市占 1.94%，哈巴罗夫斯克市占 1.8%，符拉迪沃斯托克市占 1.22%，彼尔姆市占 1%，皮亚季戈尔斯克市占 1%，伏尔加格勒市占 0.81%，秋明市占 0.8%，顿河畔罗斯托夫市占 0.75%，萨拉托夫市占 0.72%，切博克萨里市占 0.7%，新西伯利亚市占 7%，奔萨市占 0.54%，乌法市占 0.54%，下诺夫哥罗德市占 0.4%。此外，该杂志在白俄罗斯的发行量占 3%，在波罗的海国家的发行量占 0.18%。[1]

其他单期发行量超 10 万份的杂志在深受广告商青睐的同时还具有以下一些特点。第一，杂志发行以零售为主，订阅为辅。如《大都会》零售量占 99%，订阅量占 1%；《时尚》（ELLE）零售量 97%，订阅量占 3%；《福布斯》零售量占 89%，订阅量占 11%；《魅力》零售量占 87%，订阅量占 13%。第二，受众以 25～35 岁的年轻人为主，女性是阅读的主体。第三，多数杂志在莫斯科市都有较大的发行量，有的杂志在莫斯科市的发行量能够与各联邦主体发行量的总和平分秋色。如《优家画报》[2] 在莫斯科的发行量占 48%，其他联邦主体占 52%；《大都会》在莫斯科的发行量占 47%，其他联邦主体占 52%；《魅力》在莫斯科市的发行量占 44%，其他联邦主体占 56%。

### 三 俄罗斯杂志的集团化发展模式

转型以来，俄罗斯杂志业在放弃苏联时期垂直一体化管理体系的同时，开始优化组合，向集团化和规模化发展模式迈进（见表 1-16）。现在，集团化经营模式已经成为俄罗斯杂志业的重要表现之一，其主要特点如下：

---

[1] *Cosmopolitan*（Россия），https：//sipress.ru/izd/cosmopolitan_rossiya.
[2] 《优家画报》（*InStyle*）是一本在美国发行的知名的明星时尚杂志，其已在全球 16 个国家和地区发行了 13 个国际版本。21 世纪初开始在俄罗斯出版发行，是俄罗斯历史比较悠久的全彩页亮面杂志之一。

表 1-16 2009~2018 年俄罗斯排名前 20 的杂志出版集团（依照读者数量排名）

| | 2009 年 | 2010 年 | 2011 年 | 2012 年 | 2013 年 | 2014 年 | 2015 年 | 2016 年 | 2017 年 | 2018 年 |
|---|---|---|---|---|---|---|---|---|---|---|
| 1 | 布尔达传媒 | 布尔达传媒 | 布尔达传媒 | 布尔达传媒 | 布尔达传媒 | 布尔达传媒 | 布尔达传媒 | 布尔达传媒 | 布尔达传媒 | 布尔达传媒 |
| 2 | 桦树菲力柏契出版 | 桦树菲力柏契出版 | 赫斯特·什库列夫传媒 | 赫斯特·什库列夫传媒 | 赫斯特·什库列夫传媒 | 赫斯特·什库列夫传媒 | 赫斯特·什库列夫传媒 | 赫斯特·什库列夫传媒 | 赫斯特·什库列夫传媒 | 赫斯特·什库列夫出版↓1 |
| 3 | 独立出版 | 独立出版 | 独立出版 | 独立传媒 | 独立出版 | 独立出版 | 独立出版 | 独立出版 | 鲍尔传媒 | 独立出版↓1 |
| 4 | 鲍尔传媒 | 鲍尔传媒 | 鲍尔传媒 | 鲍尔驾驶↑1 | 七天出版↑2 | 七天出版 | 鲍尔传媒↑2 | 鲍尔传媒↑2 | 独立出版 | 托洛卡传媒↑2 |
| 5 | 七天出版 | 七天出版 | 七天出版 | 车辆驾驶 | 车辆驾驶 | 车辆驾驶 | 鲍尔传媒↑1 | 七天出版↓1 | 七天出版 | 七天出版↓1 |
| 6 | 车辆驾驶 | 车辆驾驶 | 车辆驾驶 | 七天出版↓1 | 鲍尔电子传媒↓2 | 鲍尔电子传媒 | 托洛卡传媒↑2 | 车辆驾驶 | 车辆驾驶 | 车辆驾驶 |
| 7 | 大众传媒 | 大众传媒 | 大众传媒 | 柯尼卡电子传媒 | 托洛卡传媒↑1 | 柯尼卡电子传媒 | 新闻快递传媒↑4 | 托洛卡传媒↓1 | 托洛卡传媒 | 环球传媒 |
| 8 | 环球大陆电子传媒 | 柯尼卡电子传媒↓2 | 柯尼卡电子传媒↑1 | 大众传媒 | 大众传媒↓1 | 托洛卡传媒↓1 | 柯尼卡电子传媒↓1 | 大众传媒↑1 | 环球传媒↑1 | 电视周刊传媒 |
| 9 | 游戏大陆传媒 | 环球大陆传媒↓1 | 环球大陆传媒 | 托洛卡传媒↑1 | 环球传媒 | 环球传媒↑1 | 大众传媒↓1 | 环球传媒 | 艺术公司传媒 | 莫斯科时代周刊 |
| 10 | 柯尼卡电子传媒 | 游戏大陆传媒 | 游戏大陆传媒 | 环球传媒↓1 | 斯普林格出版 | 大众传媒↓1 | 艺术传媒斯普林格出版 | 艺术公司传媒 | 新闻快递传媒↑2 | 新闻快递传媒 |
| 11 | 前瞻传媒 | 斯普林格出版 | 健康传媒↑1 | 斯普林格出版 | 斯普林格出版↑1 | 新闻快递传媒↓2 | 康泰纳仕传媒↓3 | 柯尼卡电子传媒↓3 | 柯尼卡电子传媒↓1 | 康泰纳仕传媒↑1 |
| 12 | 康泰纳仕传媒 | 健康传媒↓6 | 斯普林格出版↓1 | 健康传媒↓2 | 健康传媒↑1 | 斯普林格出版↓1 | 全景传媒① | 康泰纳仕传媒↓1 | 康泰纳仕传媒↓1 | 健康传媒↑1 |
| 13 | 索伦传媒 | 索伦传媒 | 索伦传媒 | 健康传媒↓1 | 新闻快递传媒② | 健康传媒↓1 | 前进传媒↑4 | 新闻快递传媒↓6 | | |

① 全景传媒（Медиа Панорама）2017 年开始运营，以大量引用权威媒体和官方媒体信息而闻名。
② 新闻快递传媒集团（Пресс-Курьер）是俄罗斯著名传媒集团之一，成立于 1994 年，发行 40 多种出版物。

续表

| | 2009 年 | 2010 年 | 2011 年 | 2012 年 | 2013 年 | 2014 年 | 2015 年 | 2016 年 | 2017 年 | 2018 年 |
|---|---|---|---|---|---|---|---|---|---|---|
| 14 | 商业世界传媒 | 前进传媒 | 康泰纳仕传媒↑1 | 邦尼尔出版↑6 | 邦尼尔出版 | 康泰纳仕传媒↑1 | 邦尼尔出版↑1 | 健康传媒 | 健康传媒 | 全景传媒↑1 |
| 15 | 传媒库 | 康泰纳仕传媒↓3 | 商业世界前进传媒↑1 | 索伦传媒↓2 | 康泰纳仕传媒↓2 | 邦尼尔出版↓1 | 工厂通信 | 邦尼尔出版↓1 | 全景传媒↑1 | 前进传媒↑4 |
| 16 | 罗迪奥诺夫出版 | 商业世界传媒↓2 | 前进传媒↓2 | 我美丽的别墅 | 埃托依尔传媒① | 帕兰出版↑3 | 俄罗斯第一传媒 | 全景传媒↓4 | 邦尼尔出版↓1 | 俄罗斯商业咨询↑2 |
| 17 | 技术世界传媒 | 罗迪奥诺夫出版↑1 | 我美丽的别墅 | 康泰纳仕传媒↓3 | 商业世界传媒↑1 | 前进传媒 | 《生意人报》传媒 | 俄罗斯第一传媒 | 俄罗斯第一传媒 | 《苏联体育报》传媒↑3 |
| 18 | 健康传媒 | 邦尼尔出版 | 帕兰出版↑2 | 商业世界传媒↓3 | 前进传媒↑1 | 发现传媒 | 《俄罗斯商业咨询》传媒 | 《俄罗斯商业咨询》传媒 | 《俄罗斯商业咨询》传媒 | 工厂通信 |
| 19 | 美好的生活传媒 | 传媒库↓4 | 传媒库 | 前进传媒↓3 | 帕兰出版↑1 | 阿菲莎实业 | 《莫斯科共青团员报》传媒↑1 | 前进传媒↓6 | 前进传媒 | 帕兰出版 |
| 20 | 帕兰出版 | 帕兰出版 | 邦尼尔出版↓2 | 帕兰出版↓2 | 技术世界传媒 | 《莫斯科共青团员报》传媒 | 《共青团真理报》传媒↓2 | 《生意人报》传媒↓3 | 《苏联体育报》传媒 | 《生意人报》传媒 |

注：↑号与↓后面加数字代表相应出版集团在排行榜中位置的升降；文字加粗代表某出版集团在上年度未进入排行榜前20，相应年度进入排行榜前20。

资料来源：Федеральное агентство по печати и массовым коммуникациям. Российский рынок периодической печати：Состояние, тенденции и перспективы развития（2009－2018 гг.），Москва：2010－2019。

① 埃托依尔传媒集团（Л'Этуаль），主要出版关于时尚、美丽、购物、娱乐和社交等内容的杂志。

(一)国际媒体出版集团在俄罗斯杂志市场中占重要地位

从 2009 年以来的统计数据来看,总部设在德国的布尔达传媒集团(Hubert Burda Media)一直在俄罗斯杂志出版集团排名中列第一位。布尔达传媒集团拥有 100 多年的历史,主营业务是杂志出版,此外业务内容还包括网站、电台和电视节目、直销公司、数字化商务,甚至也涉及生活领域。除德国本土外,布尔达集团的业务范围主要在俄罗斯和中东欧国家。布尔达传媒集团出版的杂志涵盖了生活、娱乐、时尚、男人世界、家庭 5 大类。各类杂志的出版周期包括周刊、旬刊、月刊、双月刊、季刊、不定期、年两刊、年 3 刊、年 5 刊、年 9 刊以及专刊等。鲍尔传媒集团(Bauer Media)历史悠久,总部设在德国汉堡,是欧洲领先的媒体公司之一。近 10 年该传媒集团在网络媒体、数字媒体方面有较大的突破。鲍尔传媒集团于 1994 年进入俄罗斯市场,其后不断向俄罗斯市场推出新杂志或专刊,深得俄罗斯读者的喜爱。鲍尔传媒集团现为俄罗斯杂志市场发行量最多、最大的传媒出版集团之一,凭借拥有的读者数量,该集团在俄罗斯杂志出版集团排行榜中一直名列前茅,除 2013 年和 2014 年两年在排行榜中名列第 6 外,其他年份均在前 5,2018 年更是成功占据排行榜第 2 的位置。其在俄罗斯出版的杂志类型包括女性、科普、兴趣爱好、历史、儿童、互联网等。除德国市场外,鲍尔传媒集团还在斯洛伐克、英国、罗马尼亚、波兰、法国、墨西哥、西班牙、芬兰、澳大利亚、奥地利、丹麦、新西兰、捷克、挪威、中国、俄罗斯等国家出版发行杂志。俄罗斯艺术传媒斯普林格出版集团(Artcom Media + Axel Springer Russia)是一家跨国传媒集团,其中艺术传媒集团在市场上主推时装类杂志,包括《巴黎时装公报》(L'Officiel)①。该杂志是法国高端、顶尖的时尚杂志,也是法国乃至全世界最早的时尚杂志之一,诞生于 1921 年。此外,艺术传媒集团在俄罗斯还出版发行新法式时尚杂志,以及男性杂志和专为现代城市女孩打造的杂志。从 2016 年 1 月 1 日起,斯普林格出版集团开始收购艺术传媒集团部分股份,其在俄罗斯的公司名称改为俄罗斯艺术传媒斯普林格出版集团。托洛卡传媒集团(Толока)与俄罗斯互联网公司

---

① 《巴黎时装公报》也可译作《巴黎时尚潮》。

"另一个索引"（Yandex）有很大的关系，2012年进入俄罗斯杂志出版集团排行榜。托洛卡传媒集团在"另一个索引"网站上主要从事互联网服务，莫斯科以及其他城市普通民众都可以在居家或者乘坐公共交通等业余时间通过电脑、手机浏览它的杂志网站。除上述几家公司外，排行榜内还有多家公司系国际传媒集团。

（二）各出版集团均出版多种杂志

根据俄罗斯媒体2004年的统计数据，俄罗斯排名比较靠前的出版集团均出版发行多种杂志，如独立传媒集团出版30种杂志，布尔达传媒集团出版28种杂志，柯尼卡电子传媒集团（ИД EDIPRESSE-KONLIGA）出版20种杂志，SK传媒集团（ИД «СК ПРЕСС»）出版15种杂志，奥瓦传媒集团（Издательский дом ОВА – Пресс）出版14种杂志，"开放系统"出版社（Издательство «Открытые системы»）出版13种杂志，"游戏大陆"传媒集团（ИД «Гейм Лэнд»）出版12种杂志，罗格斯传媒集团（Издательская группа «Логос – Медиа»）出版11种杂志等。"商业世界"出版集团（ООО Издательство «Деловой мир»）、"健康"传媒集团（ИД «Здоровье»）、四月传媒集团（ИД Апрель – Медиа）、《七天》出版集团（Издательство «7 дней»）、《生意人报》传媒集团（ИД «Коммерсантъ»）等进入俄罗斯杂志集团排名（2004年）前20的集团，也至少出版4种杂志。根据俄罗斯联邦出版与大众传媒署2019年公布的印刷媒体行业报告，在俄罗斯杂志排行榜居首位的布尔达传媒集团2020年在俄罗斯出版77种杂志。赫斯特·什库列夫出版集团是俄罗斯最大、最有影响力的多媒体控股企业之一，其出版的杂志包括《时尚》（*ELLE*）、《箴言》（*Maxim*）、《心理月刊》（*Psychologies*）、《嘉人》（*Marie Claire*）[①]、《时尚女孩》（*ELLE girl*）、《时尚家居》（*ELLE Decoration*）[②]等国际品牌，也包括《天线—电视周刊》（телегид «Антенна –

---

[①] 中国台湾译为《玛利嘉儿》。
[②] 《时尚家居》（*ELLE Decoration*）系月刊，主要定位于对家居装饰有热情的设计师、专业人士及爱好者，以创新、有型、潮流为主要内容，报道迷人且变化快速的装潢设计、建筑。

Телесемь»)、《星光音乐》（StarHit）等国内杂志品牌。① 赫斯特·什库列夫出版集团在俄罗斯和独联体国家拥有 67 个地区办事处，集团出版的杂志每月发行量达 900 多万份，拥有 1.16 亿用户和读者，在社交媒体上拥有 900 多万粉丝。独立传媒集团成立于 1992 年，其旗下主要出版物包括《大都会》《大都会·购物》《大都会·美丽》《红秀》《时尚芭莎》等 9 家杂志。大众传媒集团（Популярная пресса）成立于 2003 年，其旗下出版 6 种杂志，在 23 个联邦主体拥有代表处，总发行量约 200 万份。其他在俄罗斯运作的传媒集团杂志出版情况如下：环球传媒集团（Вокруг света）旗下最著名的杂志是《环球世界》，该杂志 2012 年 8 月起正式出刊；"游戏大陆"传媒集团 1992 年创立，主要出版《游戏王国》《PC 游戏》等杂志；电视周刊传媒集团（Теленеделя）2005 年于莫斯科注册；柯尼卡电子传媒集团在俄罗斯已经有 20 多年的历史，出版发行 50 多种杂志；前进传媒集团（Forward Media Group）出版的杂志主要包括《世界名人》《时尚先生》等；全景传媒（Медиа Панорама）2017 年开始运营，以大量引用权威媒体和官方媒体信息而闻名；索伦传媒集团（Салон - пресс）在俄罗斯出版业中占有重要地位，且其拥有同行业 50% 的广告市场份额；新闻快递传媒集团（Пресс - Курьер）是俄罗斯著名传媒集团之一，成立于 1994 年，发行 40 多种出版物；"商业世界"传媒集团成立于 1998 年，主要致力于杂志、书籍、宣传册、小册子、日历等出版活动；罗迪奥诺夫出版集团（Издательский дом Родионова）是 21 世纪初发展起来的一家出版社，是俄罗斯著名传媒控股公司，系 1999～2009 年俄罗斯商业杂志出版业巨头；埃托依尔传媒集团（Л'Этуаль），主要出版关于时尚、美丽、购物、娱乐和社交等内容的杂志；"健康"传媒集团主要出版健康类杂志；邦尼尔出版集团（Bonnier Publications）系北欧著名媒体集团；美好的生活传媒集团（Вкусная жизнь）2001 年开始运营；帕兰出版集团（Parlan Publishing）1996 年开始运营，主要出版《时装》《疯狂汽车秀》等杂志。

---

① Федеральное агентство по печати и массовым коммуникациям. Российская периодическая печать: Состояние, тенденции и перспективы развития. Москва：2013. с. 12.

## （三）俄罗斯杂志出版集团垄断严重、竞争激烈

2009～2018年，除布尔达传媒集团、桦榭菲力柏契出版集团、赫斯特·什库列夫出版集团、独立传媒集团、鲍尔传媒集团、前进传媒集团、康泰纳仕传媒集团（Conde Nast）等一直在排行榜中且稳居高位外，其他杂志出版集团在10年间至少有一次不在排行榜之列，个别集团在排行榜仅是昙花一现。其中表现不俗的是大众传媒集团、环球传媒集团、健康传媒集团等，分别仅有一个年度未在排行榜之列。近年，一些老牌传媒集团开始逐渐退出排行榜前20，而技术世界传媒集团、《莫斯科共青团员报》传媒集团、《共青团真理报》传媒集团、《生意人报》传媒集团、《苏联体育报》传媒集团等俄罗斯著名报业集团在杂志出版方面则显示越来越强劲的实力。《俄罗斯商业咨询》传媒集团2015年一经进入排行榜就取得排名第18的好成绩，2018年已经前进至第16位。

| 第二章 |
# 俄罗斯传统电子媒体的建设与发展

电子媒体包括广播、电视、通讯社和互联网，其中前三者通常被称为传统电子媒体，后者被称为新媒体。本章主要探讨包括广播、电视在内的传统电子媒体，鉴于新媒体的重要性，笔者将在第三章对其进行专门的梳理与分析。转型以来，广播成为俄罗斯最普遍的大众传媒形式之一，听众人数占人口总数的82%，在俄罗斯全体大众传媒受众中，喜欢听广播的占76.9%。[①] 根据俄罗斯联邦新闻出版与大众传媒署2020年公布的统计数据，2011～2019年，俄罗斯居民人均每天用于听广播的时间仅次于看电视的时间，基本在175～188分钟浮动，俄罗斯居民人均每天用于看电视的时间为196～214分钟，远远高出用于阅读报刊的时间，9年间俄罗斯居民人均每天用于阅读报纸和杂志的时间均不足10分钟。[②] 另有说法称，一天之内，只有约3.5个小时的时间电视观众的人数超过广播听众的人数，在其余时间，广播对于大多数人而言都是主要的信息来源，而对于22%的人来说，广播是唯一的信息来源。[③]

---

[①] 参见张举玺、巴拉巴什《俄罗斯的现代广播事业》，《今传媒》2008年第8期。
[②] См.: Федеральное агентство по печати и массовым коммуникациям. Российская периодическая печать: Состояние, тенденции и перспективы развития. Москва: 2020. с. 11.
[③] 〔俄〕亚·尼·扎苏尔斯基主编《俄罗斯大众传媒》，张俊翔、贾乐蓉译，南京大学出版社，2015，第289页。

## 第一节 俄罗斯广播业的建设与发展

根据所有制形式与组织形式，转型前俄罗斯广播属于国家所有。20 世纪 90 年代末，俄罗斯出现了非国有广播电台，它们有的属于私人所有，有的属于其他所有制形式。① 2009 年，俄罗斯广播业的所有制关系尚未完全确立，广播市场上的所有制关系不断发生变化，拥有广播权的企业所有者也在变化，很多情况下很难确定真正的所有者和收益所有者。②

### 一 俄罗斯的广播类型

俄罗斯的广播市场规模庞大，种类繁多。根据不同的分类标准，俄罗斯现代广播电台可以分为不同的类别。依照涉及听众的范围，可以分为小城市的本地广播、区域性广播、中央和全国性广播；根据所有制形式，可以分为国有广播、隶属非营利组织的广播、私营广播、位于圣彼得堡市或者俄罗斯其他联邦主体的混合所有制广播；根据广播主题，可分为公众广播、音乐广播、信息广播。2019 年，根据大众传媒引用指数排名，居前 8 位的广播电台分别是莫斯科在广播、莫斯科回声、卫星广播、自由广播、《共青团真理报》广播、消息 - FM、商业调频广播、灯塔广播（Маяк）；根据社交媒体超链接次数排名，居前 8 位的广播电台分别是自由广播、莫斯科回声、美国之音、莫斯科在广播、商业调频广播、我们的广播、生意人报 - FM、爱之声广播（见表 2 - 1）。其中，美国之音在社交媒体超链接次数排名中居第 3 位。早在 2014 年 4 月，美国广播事业管理委员会收到俄罗斯方面关于关闭美国之音，不再与美方在相关领域进行合作的通知，至此，俄罗斯关闭了美国之音在莫斯科的最后一个广播站。2017 年 11 月《俄罗斯联邦大众传媒法》修正案将美国之音列入"外国代理人"名单，但到 2019 年底，其在俄

---

① Федеральное агентство по печати и массовым коммуникациям. Радиовещание в России：Состояние，тенденции и перспективы развития. Москва：2010. с. 7.

② Федеральное агентство по печати и массовым коммуникациям. Радиовещание в России：Состояние，тенденции и перспективы развития. Москва：2010. с. 7.

罗斯社交媒体中仍然具有相当大的影响力。另外，从听众覆盖面角度来讲，居前 4 位的广播电台分别是俄国广播电台、俄罗斯广播电台、灯塔广播电台、欧洲 + 广播电台。

表 2 - 1　2019 年俄罗斯主要广播电台排名（媒体）

| | 广播电台 | 大众传媒引用指数 | 广播电台 | 社交媒体超链接次数 |
| --- | --- | --- | --- | --- |
| 1 | 莫斯科在广播 | 5657.50 | 自由广播 | 5011965 |
| 2 | 莫斯科回声 | 3802.55 | 莫斯科回声 | 3554494 |
| 3 | 卫星广播 | 2135.85 | 美国之音 | 1088952 |
| 4 | 自由广播 | 1660.31 | 莫斯科在广播 | 454365 |
| 5 | 《共青团真理报》广播 | 719.63 | 商业调频广播 | 282114 |
| 6 | 消息 - FM | 682.97 | 我们的广播 | 219590 |
| 7 | 商业调频广播 | 527.46 | 生意人报 - FM | 111131 |
| 8 | 灯塔广播 | 324.14 | 爱之声广播 | 743891 |

资料来源：Федеральные СМИ：2019 год，https：//www.mlg.ru/ratings/media/federal/7130/。

笔者仅对以下几类颇具代表性的俄罗斯广播电台进行说明。

（一）根据所有制形式划分的广播类型

1. 俄罗斯国有广播电台

俄罗斯国有广播电台亦指国家广播电台，其主要特点在于：

第一，俄罗斯国有广播电台的赞助者或资助者包括俄罗斯政府、权力部门等，① 反映俄罗斯某一政权机关、政党、政治运动、联盟等的观点，② 其节目内容主要包括教育类、社会问题类、信息类、访谈类等，往往具有意识形态性质；

第二，国家是俄罗斯广播领域的最大所有者，在资源覆盖和广播网方面具有绝对的优势；

第三，传统上，俄罗斯国有广播电台主要通过广播网以及长波（ДВ）③、

---

① См.：Под ред. проф. А. А. Шереля. Радиожурналистика. Москва：Изд - во Московского университета. 2000. с. 74.
② Гречухин О. А. Радио России：история создания и сегодняшний день. Москва：Лаборатория Книги. 2012. с. 12.
③ 长波（包括超长波），又称千米波、低频、大波等，是指频率为 300KHz 以下，波长为 1000m～10000m 的无线电波。由于地球球面的衍射（дифракция），长波的传播距离可达 1000km～2000km。

短波（KB）①、中波（CB）②、甚高频（УKB）③ 进行广播，但近年来，为了适应听众，尤其是年轻听众的喜好，俄罗斯国有广播也开始通过调频（FM）进行广播。

俄罗斯第一家国有广播电台成立于1990年12月，成立之初，即与俄罗斯电视台一起组成了全联盟国家电视广播公司（Всесоюзная государственная телерадиовещательная компания，ВГТРК）。根据时任俄罗斯总统叶利钦1995年签署的《关于完善广播电视》的命令，奥斯坦基诺广播电视公司被取消，原属于奥斯坦基诺公司的电台，取得了国家电台的地位；1997年，根据《关于完善俄罗斯联邦广播结构》的总统令，电台－1（PTP）实行股份制改造，改组为电台－1－文化，灯塔广播与青春广播合并，仍然属于国家所有。④ 根据1998年5月8日的总统令和相应的《关于建立国家统一电子媒体生产和技术综合体》（«О формировании единого производственно—технологического комплекса государственных электронных средств массовой информации»）的政府决议，在全联盟国家电视广播公司的基础上成立统一的国家视听媒体公司，其合并的公司包括全联盟国家电视广播公司（包括俄罗斯电台－1、文化频道、俄国广播）、灯塔广播（包括青春广播、俄耳甫斯广播）、俄罗斯国家广播公司俄罗斯之声（Голос России）⑤ 以及全联盟国家电视广播公司的子公司。⑥ 此外，俄罗斯国有广播电台还包括隶属内务部、国防部等的广播电台以及为数不多的市政广播。

俄罗斯国有广播电台在国家广播领域占有重要的地位，在全国广播电台排名中一直居于前列，并且这些广播电台的总部大多位于莫斯科市和圣彼得

---

① 短波（也称十米波）是指频率从3MHz～30MHz，波长为10m～100m的无线电波。短波从电离层反射，损失小。
② 中波（也称百米波）是指频率从300KHz～3MHz，波长为100m～1000m的无线电波。
③ 甚高频是指频率为30MHz～300MHz的无线电波。比甚高频的无线电频率低的是高频，比甚高频的无线电频率高的是特高频。
④ 参见贾乐蓉《当代俄罗斯大众传媒研究》，中国广播电视出版社，2008，第51页。
⑤ "俄罗斯之声"系对外广播电台。
⑥ Федеральное агентство по печати и массовым коммуникациям. Радиовещение в России：Состояние，тенденции и перспективы развития. Москва：2010. с. 23.

堡市。根据俄罗斯新闻出版与大众传媒署2020年的统计数据，截至2019年末，在俄罗斯莫斯科市与圣彼得堡市运营的广播电台共计46家，除表2-2中所列的20家外，还包括《共青团真理报》广播、和平广播、星广播、体育调频广播、莫斯科回声、出租车广播、《生意人报》广播等。在46家广播电台中，排名首位的俄罗斯国有广播电台——俄国广播（Радио России）2015～2019年在全国的广播站点数量均超过1000个，但在这5年时间里其在全国各地的广播站点数量呈下降趋势；排名第1～30位的广播电台在全国各地的广播站点数量总体呈上升态势，仅有5家广播电台2019年的广播站点数量与2015年相比有所下降，其中降幅最大的是《共青团真理报》广播（-30.3%），降幅最小的是俄国广播（-1.65%）；增幅最大的是新广播（Новое радио，400%），最小的是唱片广播（Радио Рекорд，3.33%）。上述数据说明，排名居首位的俄国广播电台的超然的地位是其他广播电台无法撼动的，但后来居上的一些广播电台已经开始瓜分俄国广播电台的一部分资源。

表2-2 2015～2019年莫斯科市与圣彼得堡市排名前20位的广播电台在全国各地广播站数量

单位：个

| | | 2015年 | 2016年 | 2017年 | 2018年 | 2019年 |
|---|---|---|---|---|---|---|
| 1 | 俄国广播 | 1451 | 1427 | 1457 | 1347 | 1427 |
| 2 | 交通广播 | 321 | 358 | 370 | 372 | 367 |
| 3 | 汽车广播 | 324 | 342 | 351 | 354 | 358 |
| 4 | 俄罗斯广播 | 286 | 318 | 329 | 330 | 350 |
| 5 | 欧洲+广播 | 295 | 310 | 311 | 318 | 322 |
| 6 | 尚松广播 | 207 | 246 | 242 | 234 | 234 |
| 7 | 别墅广播 | 199 | 219 | 234 | 247 | 249 |
| 8 | 灯塔广播 | 236 | 223 | 230 | 232 | 232 |
| 9 | 复古调频广播 | 207 | 221 | 221 | 227 | 239 |
| 10 | 幽默调频广播 | 159 | 154 | 161 | 160 | 172 |
| 11 | 爱之声广播 | 128 | 133 | 154 | 157 | 167 |
| 12 | 唱片广播 | 90 | 120 | 105 | 84 | 93 |
| 13 | 舞蹈调频广播 | 98 | 116 | 119 | 127 | 127 |
| 14 | 能量广播 | 83 | 92 | 112 | 135 | 144 |
| 15 | 我们的广播 | 73 | 87 | 104 | 101 | 114 |

续表

|   |   | 2015 年 | 2016 年 | 2017 年 | 2018 年 | 2019 年 |
|---|---|---|---|---|---|---|
| 16 | 警察之声广播 | 88 | 94 | 97 | 107 | 74 |
| 17 | 信息调频广播 | 46 | 79 | 93 | 71 | 75 |
| 18 | 音乐调频广播 | 87 | 99 | 91 | 103 | 108 |
| 19 | 新广播 | 25 | 53 | 79 | 96 | 125 |
| 20 | 七山广播 | 69 | 73 | 77 | 87 | 89 |

资料来源：Федеральное агентство по печати и массовым коммуникациям. Радиовещание в России: Состояние, тенденции и перспективы развития. Москва; 2016 – 2019; Федеральное агентство по печати и массовым коммуникациям. Радио в России в 2019 году: Состояние, тенденции и перспективы развития. Москва; 2020。

在46家位于莫斯科市和圣彼得堡市的广播公司中，属于俄罗斯国有广播电台的有俄国广播、灯塔广播、警察之声广播（Милицейская Волна）、星广播、俄罗斯之声广播、俄耳甫斯广播等。

俄国广播电台成立于1990年7月14日，是全联盟国家电视广播公司的下属单位，于当年12月10日开播。俄国广播电台由全俄罗斯国家广播集团经营，为俄罗斯最大的国营广播电台，在有线广播的第一频道和全国广播网中播出，听众覆盖面在全俄占据第一位。[①] 俄罗斯近一半的听众收听俄国广播电台的节目。随着俄罗斯国家的转型，俄国广播电台进入新的发展阶段，并且成为俄罗斯民众的主要获取信息的渠道。俄国广播电台分长波电台和短波电台两个主要部门，短波电台通常于每整点前10分钟播放新闻报道或分类节目，长波电台播放文学艺术、儿童、宗教和娱乐类节目。[②]

俄罗斯之声始播于1929年10月29日，其前身是莫斯科广播电台，是全球五大国际广播电台之一。该广播电台成立伊始即开始对外广播，是世界上最早的对外广播之一，初期仅有德语广播，后来用法语和英语进行广播，1933年用8种语言对外广播，此后，俄罗斯之声广播的技术手段不断加强，对外广播的语种、时数也在增加。1933年5月1日，一座功率

---

① 〔俄〕亚·尼·扎苏尔斯基主编《俄罗斯大众传媒》，张俊翔、贾乐蓉译，南京大学出版社，2015，第296页。

② Под редакцией Шереля А. А. Радиожурналистика. Издательство Московского университета. 2000. c. 368.

为500千瓦的共产国际电台正式开播，成为当时世界上功率最大的长波电台。①俄罗斯独立之后，莫斯科之声广播电台更名为俄罗斯之声广播电台。到2013年12月，俄罗斯之声广播电台共计用38种语言面向全球160个国家和地区播音。2013年12月9日，根据俄罗斯总统普京签署的命令，俄罗斯之声广播电台并入今日俄罗斯国际新闻通讯社。俄罗斯副总理谢尔盖·伊万诺夫在谈到今日俄罗斯国际新闻通讯社与俄罗斯之声广播电台合并意义时表示，其一是减少国家开支，其二是提高俄罗斯国家媒体的工作效率。由于上述两家媒体的工作机制存在一些差异，加之新招募了一些俄籍与外籍员工，合并重组工作到2015年下半年才基本完成。合并后的今日俄罗斯媒体集团包括网络媒体和广播两种运营渠道，拥有原今日俄罗斯国际新闻通讯社与俄罗斯之声广播电台的双重优势，今日俄罗斯国际新闻通讯社有专业、系统的记者队伍，俄罗斯之声广播电台则有完备、经验丰富的外籍编辑人才。

灯塔广播电台成立于1964年6月24日。为加强苏联国内广播业建设，对抗西方国家广播电台，苏联政府下令建立具有全苏性质的灯塔广播电台。灯塔广播电台是苏联第二套中央广播节目，是公众了解重大新闻事件的主要渠道之一，由于其播放的形式更幽默、更亲民，其拥有更广泛的听众，尤其是深受青年听众的喜爱。②灯塔广播电台于1964年8月1日开播，每天24小时不间断播出，主要内容包括信息和音乐节目，其中新闻的播出时间基本是每逢半点和整点播出4~5分钟，音乐节目形式多样，包括流行音乐、儿童音乐、音乐会等，这类节目常常是事先录制好的，但其广播时间常根据国内和世界发生的事件不断调整。1978年，灯塔广播电台开始用英语进行广播，1983年开始用法语进行广播。③从2000年4月起，灯塔广播电台在莫斯科开始使用103.4MHz调频和超短波频率进行广播。灯塔广播电台是俄

---

① 张举玺等：《苏联晚期媒介生态与体制》，中国社会科学出版社，2016，第106页。
② См.: Беспалова А. Г. История отечественной журналистики XX - начала XXI века. Ростов - на - Дону: Издательство Южного федерального университета. 2014. с. 242.
③ Есин Б. И., Кузнецов И. В. Триста лет отечественной журналистики（1702 - 2002）. Издательство Московского университета. 2002. с. 161.

罗斯唯一一家进行全波段广播的电台,收听其广播节目的听众数量占俄罗斯所有广播听众数量的25%左右。

2. 俄罗斯商业广播电台

商业广播电台即非国有广播电台,是目前俄罗斯数量最多的广播类型。20世纪90年代初,俄罗斯社会、政治、经济等方面的深刻变革,特别是信息技术的迅猛发展,给俄罗斯广播行业带来了巨大的影响。《俄罗斯联邦大众传媒法》中有关保障言论自由的条文为包括商业广播电台在内的私人媒体的创建奠定了法律基础。首批商业广播电台基本均出现在莫斯科市,然后是圣彼得堡市,并且逐渐向俄罗斯其他联邦主体扩展。俄罗斯历史悠久的商业广播电台包括极限广播(Максимум)、汽车广播、银雨广播(Серебряный Дождь)、怀旧广播(Ностальжи)、七山广播(Радио 7)、俄罗斯广播(Русское Радио)、爱之声广播(Love Radio)、我们的广播(Наше Радио)等。

俄罗斯商业广播电台的出现对国有广播电台造成了极大的冲击,与国有广播电台相比其特点在于以下几点。

第一,俄罗斯商业广播电台隶属于个人或者不同所有制形式,总体上来说是由商人或者企业资助兴办的广播电台,因此其资金来源主要是私人资本。

第二,俄罗斯商业广播电台将广播当作一种生意,自主经营、自负盈亏,通常通过推广特定的产品或者服务获取回报,以追求利润最大化为目的,更好地发挥广播的商业价值。这类广播电台的主要收入来源是出售广告时间,常常在节目中植入广告或在两个节目之间播送广告。一些商业广播电台在经济上完全独立,除本公司的广播、广告或广告节目制作收入外,没有其他收入来源。①

第三,俄罗斯大多数商业广播电台在调频87.5MHz～108MHz范围内,这一波段一般是俄罗斯无线电管理委员会分给民用广播的调频范围,在这一

---

① Гречухин О. А. Радио России: история создания и сегодняшний день. Москва: Лаборатория Книги. 2012. с. 13 – 14.

调频区间，能够接收到无线电信号的人口范围在 30 千米～100 千米。① 由于俄罗斯商业广播属于调频广播范围，其优点在于抗干扰能力强，系统应用广泛，信号传输带宽更宽，抗噪性能优越；其局限性在于系统有效性差、传输距离短。

第四，俄罗斯商业广播电台注重目标受众，严格按照受众的喜好定位，以播放音乐节目、简短信息节目和娱乐节目等为主。与国有广播电台相比，俄罗斯商业广播电台观众在节目方面有更加广泛与多样化的选择。②

商业广播电台对调频频段的渗透非常迅速，这一点在莫斯科市表现得特别突出。从 1990 年开始，莫斯科商业广播站数量不断增加，如 1990 年，莫斯科市有 3 家商业广播电台，到 2009 年已经达到 44 家，20 年间的增长幅度达到 1366.67%。到 2005 年，莫斯科的俄罗斯广播电台和欧洲＋广播电台的受欢迎程度大大超过了俄国广播电台与灯塔广播电台等国有广播电台。③

俄罗斯商业广播发展的一个重要趋势是广播电台集团化。20 世纪末到 21 世纪初俄罗斯建立的广播控股集团包括欧洲＋和俄罗斯媒体集团（Русская Медиа Группа）等广播控股公司、"桥"媒体集团（медиахолдинги «Медиа - Мост»）、俄罗斯天然气工业公司媒体集团（Газпром - Медиа）等。到 2005 年底，俄罗斯多数商业广播电台都被各媒体控股集团瓜分，仅有尚松广播（Шансон）和银雨广播仍然没有隶属任何集团。④

莫斯科回声（Эхо Москвы）广播电台（调频 91.2MHz）是俄罗斯最著名和最典型的商业广播电台，也是俄罗斯首家独立广播电台，1990 年 8 月 22 日开播，由莫斯科市人民代表苏维埃、"无线电"协会（ассоциация

---

① Федеральное агентство по печати и массовым коммуникациям. Радиовещание в России: Состояние, тенденции и перспективы развития. Москва: 2010. с. 7.
② Круглова Л. А. Московское коммерческое радиовещание FM - диапазона: типологические особенности. Москва: 2006. с. 3.
③ Круглова Л. А. Московское коммерческое радиовещание FM - диапазона: типологические особенности. Москва: 2006. с. 4.
④ См.: Круглова Л. А. Московское коммерческое радиовещание FM - диапазона: типологические особенности. Москва: 2006.

«Радио»)、《星火》杂志以及莫斯科大学新闻系共同创办。莫斯科回声广播电台最初的名称为"广为传播"（Молва）、"首都"（Столица）、"追猎者"（Сталкер），第一个正式名称是"莫斯科回声"，简称"莫斯科广播"（Радио - М），其中"莫斯科广播"中俄文字母"М"的名称为"ЭМ"，于是该广播电台的名称被解读为"莫斯科回声"。后来，俄罗斯出现了莫斯科广播（М - Радио），为了避免混淆，"Радио - М"这一简称渐渐不再使用。转型以来，莫斯科回声广播电台成为俄罗斯天然气工业公司媒体集团旗下最重要的商业广播电台。该广播电台宣布以"自由的广播为自由的人"（Свободное радио для свободных людей）为宗旨，"本着新闻自由的理念，在对国内事件进行讨论时倡导各种思想与观点的碰撞"，很快这一广播电台在国内就声名鹊起。[1] 开播之初，莫斯科回声广播电台的播音时间为每天18点57分到21点，1991年4月中旬，播出时间增加了3小时，每日达到7小时，周六、周日达到8小时。1992年，莫斯科回声广播电台每天广播20小时。1994年起开始昼夜24小时广播并建立了自己的信息服务部，用来发布独家新闻。20世纪90年代末莫斯科回声广播电台成为俄罗斯商业电台中唯一的全新闻信息频道，占据了商业广播第一信息台的位置。[2] 截至2020年，莫斯科回声广播电台仍是莫斯科市唯一一家全天24小时广播政治和经济事件、文化和体育新闻的非国家广播电台。该广播电台大部分节目采取直播方式，参与直播节目的有俄罗斯和外国著名政治家、商人、经济学家、公众人物、作家、艺术家、运动员等。莫斯科回声广播电台在国内外享有盛誉，截至2020年1月，该广播电台不仅在俄罗斯多座城市播音，而且吉尔吉斯斯坦共和国（调频98.1MHz）与拉脱维亚共和国部分城市（调频102.7MHz或93.9MHz）亦能收到该广播电台的播音（见表2 - 3）。莫斯科回声广播电台的潜在听众人数已经近5000万人。

---

[1] Беспалова А. Г. История отечественной журналистики XX – начала XXI века. Ростов - на - Дону：Издательство Южного федерального университета. 2014. с. 283.
[2] 参见谢飞《俄罗斯商业广播的类型化发展》，《青年记者》2010年第16期。

表 2-3　截至 2020 年 1 月"莫斯科回声"广播电台覆盖的
主要城市/国家一览表

单位：MHz，万人

| 城市/国家 | 频率 | 开播时间 | 覆盖城市人口 |
| --- | --- | --- | --- |
| 阿巴坎市（哈卡斯共和国） | 71.06 | 2001 年 8 月 29 日 | 36.4 |
| 巴尔瑙尔市（阿尔泰边疆区） | 69.11 | 2003 年 2 月 1 日 | 60.35 |
| 布拉戈维申斯克市（阿穆尔州） | 91.1 | 2011 年 5 月 29 日 | 31 |
| 比什凯克市（吉尔吉斯斯坦） | 98.1 | 2019 年 4 月 30 日 | 103 |
| 布祖卢克市（奥伦堡州） | 95.8 | 2014 年 2 月 18 日 | 8.6 |
| 伏尔加格勒市（伏尔加格勒州） | 101.1 | 2007 年 3 月 16 日获得莫斯科回声广播电台许可 | 142.1 |
| 沃洛格达市（沃洛格达州） | 105.7 | 2000 年 5 月 7 日 | 30.14 |
| 叶卡捷琳堡市（斯维尔德洛夫斯克州） | 91.4 | 1998 年 4 月 20 日 | 150 |
| 泽列诺戈尔斯克市（克拉斯诺亚尔斯克边疆区） | 通过电缆网传送 | 2001 年 9 月 1 日 | 7 |
| 喀山市（鞑靼斯坦共和国） | 105.8 | 2003 年 8 月 22 日获得莫斯科回声广播电台许可 | 126.9 |
| 卡缅斯克市（斯维尔德洛夫斯克州） | 88.9 | 2011 年 12 月 23 日 | 18 |
| 基洛夫市（基洛夫州） | 101.0 | 2010 年 11 月 1 日 | 64 |
| 马哈奇卡拉市（达吉斯坦共和国） | 105.2 | 2005 年 12 月 12 日 | 46.68 |
| 莫斯科市与莫斯科州 | 91.2 | 1990 年 8 月 22 日 | 1490 |
| 奥布宁斯克市（卡卢加州） | 105.4 | 2010 年 3 月 29 日 | 11.8 |
| 奥伦堡市（奥伦堡州） | 101.3 | 2004 年 2 月 27 日获得莫斯科回声广播电台许可 | 57.74 |
| 彼尔姆市（彼尔姆边疆区） | 91.2 | 2000 年 6 月 20 日 | 100 |
| 奔萨市（奔萨州） | 107.5 | 2005 年 6 月 27 日 | 66.3 |
| 普斯科夫市（普斯科夫州） | 102.6 | 2014 年 1 月 1 日 | 24.01 |
| 里加（拉脱维亚） | 102.7<br>93.9 | 2000 年 4 月<br>2007 年 7 月 14 日 | 17 |
| 萨拉托夫市（萨拉托夫州） | 105.8 | 1998 年 12 月 20 日 | 83.09 |
| 萨马拉市、基涅利市（萨马拉州） | 99.1 | 2003 年 8 月 22 日获得莫斯科回声广播电台许可 | 15 |
| 圣彼得堡市 | 91.5 | 1999 年 4 月 23 日 | 538.6 |
| 北德文斯克市（阿尔汉格尔斯克州） | 105.7 | 2011 年 11 月 24 日 | 19.32 |
| 斯图皮诺市（莫斯科州） | 95.8 | | |
| 坦波夫市（坦波夫州） | 101.4 | 2006 年 5 月 | 40 |
| 托木斯克市（托木斯克州） | 105.0 | 2004 年 3 月 3 日获得莫斯科回声广播电台许可 | 53.69 |

续表

| 城市/国家 | 频率 | 开播时间 | 覆盖城市人口 |
|---|---|---|---|
| 乌格利奇市（雅罗斯拉夫尔州） | 90.5 | | |
| 乌兰乌德市（布里亚特共和国） | 102.8 | 2009年1月23日 | 35.94 |
| 乌法市（巴什科尔托斯坦共和国） | 91.10 | 2005年12月29日获得莫斯科回声广播电台许可 | 114.1 |
| 柴可夫斯基市（彼尔姆边疆区） | 88.3 | 2018年4月1日 | 1.987 |
| 恰帕耶夫斯克市（萨马拉州） | 94.8 | | |
| 车里雅宾斯克市（车里雅宾斯克州） | 99.5 | 1999年4月 | 148.2 |

资料来源：莫斯科回声广播电台网站，https：//echo.msk.ru/about/regions/。

俄罗斯商业广播市场在不同类别的城市表现不同，一般有5种情形：第一，莫斯科市、圣彼得堡市；第二，人口在100万以上的城市；第三，人口在70万～100万的城市；第四，人口在50万～70万的城市；第五，人口在30万～50万的城市。①

第一，莫斯科市与圣彼得堡市。这两座城市均为俄罗斯直辖市，系联邦主体级别的城市。截至2019年末，俄罗斯人口超百万的大城市共有15个（见表2-4），其中仅有莫斯科与圣彼得堡两座城市的人口超过500万。这两座城市商业广播市场的显著特征是存在众多媒体控股公司和大量的广播电台。出现这种现象的一个主要原因是上述两座城市经济发展状况优良，在俄罗斯首屈一指，俄罗斯著名的广播集团总部所在地均在上述两座城市。

表2-4 2019年俄罗斯人口超百万大城市

单位：人

| | 城市 | 人口数量 |
|---|---|---|
| 1 | 莫斯科市 | 12615882 |
| 2 | 圣彼得堡市 | 5383890 |
| 3 | 新西伯利亚市 | 1618039 |
| 4 | 叶卡捷琳堡市 | 1483119 |
| 5 | 下诺夫哥罗德市 | 1253511 |

---

① Федеральное агентство по печати и массовым коммуникациям. Радиовещание в России：Состояние, тенденции и перспективы развития. Москва：2010. с. 8.

续表

| | 城市 | 人口数量 |
|---|---|---|
| 6 | 喀山市 | 1251969 |
| 7 | 车里雅宾斯克市 | 1200719 |
| 8 | 鄂木斯克市 | 1164815 |
| 9 | 萨马拉市 | 1156608 |
| 10 | 顿河畔罗斯托夫市 | 1133307 |
| 11 | 乌法市 | 1124226 |
| 12 | 克拉斯诺亚尔斯克市 | 1095286 |
| 13 | 沃罗涅日市 | 1054111 |
| 14 | 彼尔姆市 | 1053934 |
| 15 | 伏尔加格勒市 | 1013468 |

资料来源：Миллионеры города в России，http：//города-россия.рф/reytin-cities.php? name = миллионеры。

第二，人口在30万以上的城市。笔者将人口在100万以上、70万~100万、50万~70万、30万~50万的城市商业广播市场情况列在一起进行说明（见表2-5）。

表2-5　2009年俄罗斯人口30万以上城市广播集团市场占有率

单位：%

| | 100万人口以上 | 70万~100万人口 | 50万~70万人口 | 30万~50万人口 |
|---|---|---|---|---|
| 选择广播公司 | 14.8 | 6.9 | 4.7 | 1.7 |
| 全俄国家电视广播公司 | 8 | 5.3 | 12.6 | 10.6 |
| 天然气工业公司媒体集团 | 7.1 | 6.9 | 2.8 | 1.0 |
| 尼古拉·格拉霍夫广播控股公司 | 6.6 | 4.6 | 0.4 | 0.8 |
| 俄罗斯职业传媒广播集团 | 6.6 | 6.9 | 0.8 | — |
| 俄罗斯媒体集团 | 4.9 | 6.1 | 6.8 | 4.5 |
| 交通广播集团 | 2.2 | 3.8 | 2.8 | 6.2 |
| 欧洲传媒集团 | 1.1 | 4.6 | 2.0 | 1.1 |
| 无线电中心康采恩 | 1.1 | 2.3 | 1.2 | 3.1 |
| 其他 | 47.5 | 52.7 | 60.8 | 70.2 |

注：—表示资料不详。
资料来源：笔者依照俄罗斯联邦新闻出版与大众传媒署2010年公布的统计数据整理得出；Федеральное агентство по печати и массовым коммуникациям. Радиовещание в России：Состояние，тенденции и перспективы развития. Москва；2010。

这些城市的商业广播市场情况虽然有所不同，但却拥有一些共同的特点。一是总部在莫斯科的广播集团一般均会在全国一些重要的城市开设分支机构。如2009年全俄国家电视广播公司、天然气工业公司媒体集团、俄罗斯职业传媒广播集团、俄罗斯媒体集团、欧洲传媒集团等5家广播集团在人口在100万以上、70万~100万、50万~70万、30万~50万的城市中所占的份额分别为27.7%、29.8%、25%、17.2%。其中，莫斯科市所属广播集团的分支机构占较大比重。二是表2-5中9家广播集团保持着除莫斯科市与圣彼得堡市以外人口在30万以上的城市的商业广播市场30%以上的份额，在人口在50万~70万的城市中所占份额甚至将近35%。三是城市越小，人口越少，其他类即个人或地方组织控制的广播电台所占市场份额越大，在人口在100万以上、70万~100万、50万~70万、30万~50万的城市中分别为47.5%、52.7%、60.8%、70.2%。其原因在于以下几方面。第一，地方广播的目标受众以本区域居民为主，更贴近地方生活，突出地方特色；地方广播对广告商更有吸引力，广告商对于首都广播电台转播的广告内容则兴趣不大。俄罗斯最著名的地方广播集团是"选择"广播公司集团（ГК«Выбери радио»）和尼古拉·格拉霍夫广播控股公司（Радиохолдинг，контролируемый Н. Граховым）。"选择"广播公司集团是一家地方广播公司，旗下拥有65家广播电台，1997年开播，该集团广播的收听范围波及俄罗斯近20座城市。该集团被称为商品、广告商和听众间的有效媒介。尼古拉·格拉霍夫广播控股公司是俄罗斯区域广播市场上最久、最大的广播集团，共有30个电台，在15个城市转播广播节目。第二，莫斯科广播网络对小城市不感兴趣，同时在技术上也无法全覆盖。[①] 但由于一些政治与经济原因，俄罗斯地方广播电台在总体实力上无法与莫斯科及圣彼得堡的广播电台竞争。

（二）按受众定位划分的广播类型

俄罗斯广播电台依照受众定位可以划分为公众类广播、音乐类广播、信息类广播等。其中音乐类广播和信息类广播居多。

1. 音乐类广播

音乐广播电台是俄罗斯商业广播的基础，俄罗斯大部分音乐广播电台采用

---

① Федеральное агентство по печати и массовым коммуникациям. Радиовещание в России в 2011 году: Состояние, тенденции и перспективы развития. Москва: 2012. с. 33.

音乐+信息或者信息+音乐的模式，在这两种模式的框架下，音乐与信息所占的比例因目标受众和广播电台定位的不同而有所差异。在音乐+信息模式下，音乐节目、娱乐节目和游戏节目是音乐台的主角，信息节目并不占主要地位；①在信息+音乐模式下，大部分广播时间用于信息播报，其他时间用于音乐播放。通常来说，听众年龄越小，广播电台的信息版块越少。②

俄罗斯音乐广播电台数量众多，良莠不齐。有些电台对音乐的播放毫无选择，一味强调听觉上的刺激，有的电台在播放关于交通事故和工厂爆炸等信息时选用漫不经心或者欢快的音调来做背景音乐，③但多数音乐广播电台还是比较受欢迎的。俄罗斯音乐类广播在节目设置方面包括流行音乐、流行歌曲、经典舞曲、摇滚乐、爵士乐、摇摆舞曲、经典戏剧、口头创作等。俄罗斯颇具代表性的音乐广播电台有如下几个。

俄耳甫斯广播电台（Радио Орфей）创立于1960年8月，是俄罗斯唯一一家播放古典音乐的广播电台，其所播放的古典音乐包括不同国家和地区、不同时代、不同风格作曲家的作品。20世纪60年代至今，俄耳甫斯广播电台四易所有者，它们是全苏广播电台、奥斯坦基诺广播电视公司、全俄国家电视广播公司和俄罗斯国家广播电视音乐中心。俄耳甫斯广播电台在俄罗斯部分城市的广播频率是莫斯科市99.2MHz、圣彼得堡市71.66MHz、叶卡捷琳堡市69.92MHz。现在，俄耳甫斯广播电台已经成功地向数字化转型，其音乐节目通过自己的15个数字专题频道对外发布，其中包括"流行经典"、"美声"、"俄罗斯音乐"、"卡梅拉塔"（Камерата）④、"克拉维尔"（Клавир）⑤、"俄罗斯合唱音乐"、

---

① 参见谢飞《俄罗斯商业广播的类型化发展》，《青年记者》2010年第16期。
② Федеральное агентство по печати и массовым коммуникациям. Радиовещание в России: Состояние, тенденции и перспективы развития. Москва: 2010. с. 26.
③ 参见谢飞《俄罗斯商业广播的类型化发展》，《青年记者》2010年第16期。
④ "卡梅拉塔"（Камерата）系文艺复兴末期诞生于佛罗伦萨大公国的以乔万尼·巴尔第伯爵为代表的音乐创作兼表演团体，在复调音乐盛行的文艺复兴晚期，他们打破陈规、张扬个性、勇于改革，并为此后歌剧的创作与发展做出重要的历史贡献。参见王忠、侯峰《"卡梅拉塔"在西方歌剧发展过程中的重要作用》，《齐鲁艺苑》2015年第1期。
⑤ "克拉维尔"（Клавир）有两方面的含义，一是大键琴（又称拨弦古钢琴）、手风琴、钢琴等键盘乐器的通用名称，主要在19世纪之前使用，二是将歌剧或交响乐编排成歌剧或交响乐谱，供钢琴伴奏或钢琴演奏。

"外国合唱音乐"、"现代合唱音乐"、"歌剧中的合唱"、"民乐"、"铜管乐器音乐"、"电影音乐"等。

岩石广播电台（Радио РОКС）20世纪90年代在圣彼得堡市开始广播，其创始人专注于重金属和现代硬摇滚乐。"深紫色"（Дип Перпл）①、"齐柏林飞艇"（Лед Зеппелин）②、"滚石"（роллинг Стоунз）③、"皇后"（Квин）④、"平克·弗洛伊德"（Пинк Флойд）⑤等乐队的音乐经常出现在岩石广播电台的节目中。⑥

舞蹈调频广播电台（DFM）是俄罗斯最好的舞蹈广播电台，自成立之日起，该广播电台就倡导"运动、流行、节奏"，每天24小时播放最热门舞蹈音乐，在俄罗斯拥有数百万听众。舞蹈调频广播电台是世界上最大的广播电台之一，覆盖640座城市。

复古调频广播电台（Ретро FM）是俄罗斯最受欢迎的广播电台之一。该广播电台每天都在播放20世纪70~90年代的音乐，同时还播放现代、动感、时尚音乐，拥有最广泛的观众，承载几代人的音乐梦想。

七山广播电台（Радио 7）名称源自俄文 Радио 7 на семи холмах。该广播电台1992年开始广播，主要播放舒缓的轻音乐，其宗旨是"愿听众的好心情从清晨开始，愿听众享受美好生活每一天"。

新音乐广播电台（Свежее радио）是为那些把音乐作为生命中的重要一部分，认为音乐就是一切的人而设置的广播电台。该广播电台以播放俄罗斯流行音乐为主，并且经常播放新鲜的曲目。新音乐广播电台拥有鲜明的、

---

① 深紫色乐队（Deep Purple），英国摇滚乐队，1968年2月组建于英国哈特福德，是20世纪70年代硬摇滚中最著名、最有影响力的乐队之一。
② 齐柏林飞艇（Led Zeppelin），英国摇滚乐队，1968年9月组建于英国伦敦，是现代史上最成功、最具创新、最有影响力的乐队之一。
③ 滚石乐队（The Rolling Stones），英国摇滚乐队，组建于1962年7月12日，自成立以来一直延续着传统蓝调摇滚的路线。
④ 皇后乐队（Queen），英国摇滚乐队，1971年组建于英国伦敦，是摇滚乐史上最成功的乐队之一。
⑤ 平克·弗洛伊德（Pink Floyd），英国摇滚乐队，以其富有哲理的歌词和演出场面宏大而闻名，是摇滚乐界最具影响力和最成功的乐队之一。
⑥ Альперина С. Общество Достоевский FM：Исполнилось 25 лет FM - вещания в России// Российская газета. 17 февраля 2016 г. № 35.

积极的、活跃的广播风格，是年轻艺术家展示才华的舞台。

爱之声广播电台是俄罗斯著名音乐电台，2000年7月28日开始广播，播出频率为106.6MHz。该广播电台不仅在俄罗斯国内享有盛誉，而且还在哈萨克斯坦、塔吉克斯坦、摩尔多瓦等国家播放。爱之声广播电台目标受众年龄在12岁以上。

调频98MHz流行音乐广播电台（98 FM—98 Хитов）以播放热门歌曲为主。其前身为2007年10月开播的调频98MHz电影广播电台，2009年更名为流行音乐广播电台，2010年又更名为巧克力广播电台，其主要听众为35～40岁的女性。现在，巧克力广播电台是世界上第一家也是俄罗斯国内唯一一家以翻唱流行歌曲为主的广播电台。该广播电台致力于研究音乐产业如何制作杰出的音乐作品，试图通过研究再现经典音乐作品。

调频95.2MHz广播电台（95.2 FM）又称摇滚音乐调频广播电台。该广播电台的节目主要包括摇滚音乐、对著名摇滚音乐家与明星等采访、播报世界摇滚界重要事件，同时该广播电台还销售音乐会或相关活动的门票。

别墅广播电台（Радио Дача）娱乐性强、信息量大，以播放舒缓、悦耳动听的歌曲为主，旨在帮助人们调整工作情绪。听众不仅包括那些真正在乡间工作的人，也包括其他所有工作的人。

唱片广播电台是俄罗斯第一家24小时播放舞蹈音乐的广播电台，1995年首次在圣彼得堡市调频波段播出。唱片广播电台一经开播，在听众中就引起了轰动性效应，很快就有数千名新潮的歌迷聚集在唱片广播电台工作室所在大楼前的广场上，伴随着舞曲跳舞。

能量广播电台（ENERGY）是一家专门播放外国流行歌曲的广播电台，颇受年轻人喜爱。

我们的广播是一家以24小时播放摇滚乐为主的调频广播电台，俄罗斯欧洲部分听众可以通过调频收听该广播的节目，世界其他国家或地区的听众可以通过网络广播收听到该广播的节目。

音乐调频广播电台是以播放最热门的上榜音乐为主的音乐广播电台，1997年5月30日在莫斯科开始广播，其频率为107.4MHz。音乐调频广播电台的听众遍布俄罗斯及其周边国家或地区近1000座城市。

新广播的频率为高频 98.4MHz，是目前俄罗斯最受欢迎的广播电台，以播放纯正的俄罗斯音乐、歌曲为主。听众不仅可以收听到世人敬仰与喜爱的艺术家的作品，还能收听到年轻艺术家的最新创作成果。

2. 信息类广播

在俄罗斯，音乐、娱乐性广播越来越受欢迎，但以政治、经济、社会和文化等为主题的信息类广播仍然是最受欢迎的广播类型之一。信息类广播在俄罗斯占据非常重要的地位，听众可以通过这类广播收到各种新闻、专家评论、分析节目和有趣的谈话节目。在访谈节目中，听众还可以和专家"面对面"，并表达自己的观点。信息类广播专业性较强，以有用的、重要的和最新的信息为主，其讨论的话题既包括大都市的紧迫问题，也包括日常问题；既有重大的政治、经济、科学等话题，也包括交通、体育、音乐、时尚等民众最关心的话题。

由于俄罗斯的文化和历史特点，以及有线广播的全面覆盖和其他一些情况，信息类广播在俄罗斯覆盖面最广，技术含量最高，[1] 在全俄的普及率具有无可争议的领先地位。俄罗斯最具代表性的信息类广播电台包括俄国广播、星广播、《生意人报》广播、商业广播、莫斯科回声、《共青团真理报》广播、灯塔广播、莫斯科在广播（говорит Москва）、消息广播等。到2019年末，上述广播电台在全国的广播站点数量达1892个，同期莫斯科市与圣彼得堡市46家著名广播电台在全国开设广播站点的数量为3784个，前者在后者中所占比例为50%。[2] 信息类广播已经基本实现在全国的无盲点覆盖，在全国所有的居民点都能收听到信息类广播。

在信息类广播中除了俄国广播、莫斯科回声、灯塔广播，值得一提的是《共青团真理报》广播和《生意人报》广播，这是两家典型的跨界广播电台。《共青团真理报》广播电台隶属于《共青团真理报》出版集团，2009

---

[1] Федеральное агентство по печати и массовым коммуникациям. Радиовещание в России: Состояние, тенденции и перспективы развития. Москва：2010. с. 30.

[2] 此处数据系笔者依照 Федеральное агентство по печати и массовым коммуникациям. Радио в России в 2019 году: Состояние, тенденции и перспективы развития. Москва：2020. с. 43-44整理计算得出。

年开播,系网络信息和谈话类广播电台。《共青团真理报》报社的 800 多名记者(包括国际记者)是《共青团真理报》广播电台强大的信息来源。《共青团真理报》广播电台每 15 分钟播放一次新闻简报,主要内容是俄罗斯和世界重大事件。听众不仅可以在网站上收到《共青团真理报》广播电台的播音,还可以在智能手机的应用程序中收听该电台的广播。《共青团真理报》广播电台宣传语中写道:"在今天的俄罗斯,可能很难找到一个不知道《共青团真理报》的人,许多人都喜欢读《共青团真理报》,其同名的广播电台因此应运而生。"《共青团真理报》广播是一份会说话的报纸,人们不用到报刊亭,只要打开收音机就会知道《共青团真理报》在"说"什么。《共青团真理报》广播是人们的精神"食粮",它专门为听众设计了一份健康美味、营养均衡的"菜单":丰盛的"信息菜肴""新闻鸡尾酒""梦幻的音乐饮料"。伴着清晨的第一缕阳光和夜晚美丽的星空,无论何时,《共青团真理报》广播都会向听众讲述战争与和平、成就与发现、失败与胜利。① 《共青团真理报》广播著名的节目包括以下几个。"清晨马尔丹"(Утренний Мардан)是一档早间节目,也是《共青团真理报》广播每天节目的开始,这是俄罗斯著名评论员马尔丹创造的独特体裁,力求对过去 24 小时的主要事件进行客观的分析,并对未来一天进行精准预判;"国家那些事儿"(Botcan, страна)② 是一档听众参与类节目,俄罗斯听众可以通过拨打特定的听众热线与编辑部连线,直接参与到节目的制作和演播过程中,在这档节目中,听众不仅可以与全国人民分享自己的观点,还可以将传播和接受融为一体,让全国人民都能听到自己的声音;"战争与和平"(Война и мир)节目播出的主要目的是呼吁停止战争、倡导世界和平,从周一到周五,几位观点迥异的主持人分别坐镇直播间,周一是作家扎哈尔·普里列平,周二是电视主持人安德烈·诺尔金,周三是政治记者、俄罗斯土地编年史家罗曼·戈洛瓦诺夫,周四是全俄社会舆论研究中心(ВЦИОМ)主任瓦

---

① Радио «Комсомольская правда»— слушать онлайн, http://online-red.online/radio/kp.html.

② Botcan 源自英文 watsap,是 what's up 的简称,而 what's up 来源于 what's the update,在网络上聊天时外国人经常会缩写成 SUP,通常用来询问别人事情发展的状况。

列里·费奥多罗夫，周五是记者奥列格·卡申和玛丽亚·巴罗诺娃。这里不仅有精彩的评论，而且有不同观点的碰撞。①

《生意人报》广播电台（Коммерсантъ FM）2010 年 3 月 15 日在莫斯科调频 93.6MHz 开始广播，是俄罗斯著名的信息广播电台，其宗旨是"为高端受众提供全方位的信息"。《生意人报》广播电台隶属于《生意人报》出版集团，拥有最权威的信息来源，《生意人报》的主要记者、分析家和专栏作家等经常做客同名广播电台直播间。《生意人报》广播电台的新闻、知名专栏作家评论、时事访谈、专家观点、特别项目等主要栏目，每周 7 天、每天 24 小时为俄罗斯听众倾心打造多样化的节目内容：俄罗斯最新经济新闻，俄罗斯国内银行运行情况，著名专家对银行未来前景的预测，有趣的政治和体育新闻，文化界、电影界和科技界的新闻，向听众讲解如何用法律保护自己的权利，以及天气预报、莫斯科交通状况等。2019 年，《生意人报》广播电台每月听众数量占莫斯科广播电台听众总数量的 10%。根据俄罗斯媒体调查中心对莫斯科市广播听众进行的问卷调查，《生意人报》广播电台的听众以商界、政界精英，政府官员，创意界的人士为主，其中男性占 71%，女性占 29%；35 岁以下的占 12%，35～64 岁的占 69%，65 岁以上的占 19%；中等收入以上群体占 66%，中等收入以下群体占 11%，没有回答的占 23%；受过高等教育的群体占 83%，受过中等教育的群体占 17%；从听众的社会地位来看，管理人员占 45%，专家占 31%，职员占 5%，工人占 15%，未做回答者占 4%。②

## 二 俄罗斯广播电台的受众情况

多年来，特恩斯市场研究公司一直采用次日回忆（DAR）③ 方法，通过

---

① См.：Галахов И. На радио «КП» открыт сезон высокого напряжения — вещаем без купюр! // Известия. 24 ноября 2020 г.
② Радио новостей//Коммерсантъ, https：//www.kommersant.ru/about/kommersantfm.
③ 次日回忆（DAR）是一种访谈技巧，运用到广播领域则指在广播节目播出第 2 天，从收听过广播节目的人群中抽取符合甄别条件的样本进行访谈，被访者常常被问及前一天听过的广播电台，或近一周收听广播的情况。

计算机辅助电话访问（CATI）①对俄罗斯人口在10万及以上的城市中的12岁及以上的人口进行访谈。访谈的内容主要包括一刻平均听众数（AQH）和广播受众比例（AQH Reach）②、每日收听率（Daily Reach）③、每周收听率（Weekly Reach）④、每日花在倾听上的时间（TSL Daily）⑤等。⑥笔者综合了俄罗斯联邦新闻出版与大众传媒署2016~2020年发布的广播行业报告提供的数据，以期对俄罗斯广播听众情况进行一定程度的了解。表2-6列出的是俄罗斯莫斯科市、圣彼得堡市、人口在10万及以上的城市（不包含莫斯科市和圣彼得堡市，以下如无特殊情况则不做说明——笔者注）广播听众对比情况。

表2-6　2015~2019年俄罗斯部分城市广播电台听众对比情况

| | 年份 | AQH（万人） | AQH Reach（%） | Daily（万人） | Daily Reach（%） | Weekly（万人） | Weekly Reach（%） | TSL Daily（分钟） |
|---|---|---|---|---|---|---|---|---|
| 莫斯科市 | 2015 | 122.2 | 11.4 | 685.7 | 64.1 | 946.6 | 88.5 | 257 |
| | 2016 | 124.1 | 11.6 | 680.0 | 63.4 | 933.8 | 87.0 | 263 |
| | 2017 | 123.3 | 11.4 | 668.1 | 61.8 | 926.2 | 85.7 | 266 |
| | 2018 | 119.2 | 11.0 | 649.0 | 60.0 | 916.2 | 84.7 | 265 |
| | 2019 | 123.4 | 11.3 | 668.0 | 61.3 | 912.1 | 83.7 | 266 |
| 圣彼得堡市 | 2015 | 54.3 | 11.8 | 307.2 | 66.9 | 409.2 | 89.1 | 255 |
| | 2016 | 55.2 | 11.9 | 306.6 | 66.4 | 408.7 | 88.5 | 259 |
| | 2017 | 55.8 | 12.1 | 303.3 | 65.6 | 403.9 | 87.4 | 265 |
| | 2018 | 52.1 | 11.2 | 291.3 | 62.7 | 397.7 | 85.6 | 258 |
| | 2019 | 55.4 | 11.8 | 300.8 | 64.2 | 399.5 | 85.2 | 265 |

---

① 计算机辅助电话访问（CATI）是一种计算机辅助电话采访技术，由专门配备的呼叫中心选取被调查者的样本，呼叫中心将随机拨通被访者的电话，直接在电话中访问，并将被访者的答案输入一个特殊的计算机程序，生成通用数据库。
② 一刻平均听众数（Average Quarter Hour, AQH），即平均15分钟间隔的听众数量，指在广播节目播放时间内平均每15分钟到达的听众人次数。广播受众比例（AQH Reach）则指在广播节目播放时间内平均每15分钟到达的听众人次数占潜在听众数量的比例。
③ 每日收听率（Daily Reach）指在测量期间每天至少收听一次广播、收听时间至少5分钟的人数占潜在听众数量的比例。
④ 每周收听率（Weekly Reach）指在测量期间每周至少收听一次广播、收听时间至少5分钟的人数占潜在听众数量的比例。
⑤ 每日花在倾听上的时间（TSL Daily），其中TSL的扩展词为Time Spent Listening。
⑥ Федеральное агентство по печати и массовым коммуникациям. Радиовещание в России в 2015: Состояние, тенденции и перспективы развития. Москва: 2016. с. 69-72.

续表

| 年份 | AQH（万人） | AQH Reach（%） | Daily（万人） | Daily Reach（%） | Weekly（万人） | Weekly Reach（%） | TSL Daily（分钟） |
|---|---|---|---|---|---|---|---|
| | 2015 | 706.5 | 11.2 | 4041.5 | 64.0 | 5624.6 | 89.0 | 252 |
| 俄人口在10万及以上的城市 | 2016 | 716.8 | 11.3 | 4025.4 | 63.6 | 5581.2 | 88.2 | 256 |
| | 2017 | 725.9 | 11.4 | 3923.5 | 61.8 | 5482.9 | 86.4 | 266 |
| | 2018 | 722.4 | 11.4 | 3926.1 | 61.8 | 5483.1 | 86.3 | 265 |
| | 2019 | 721.2 | 11.3 | 3963.5 | 62.0 | 5423.9 | 84.8 | 262 |

资料来源：表格中数据系笔者根据俄罗斯联邦新闻出版与大众传媒署发布的 2015～2019 年广播行业报告提供的数据整理得出，Федеральное агентство по печати и массовым коммуникациям. Радиовещание в России в 2015 – 2019：Состояние, тенденции и перспективы развития. Москва：2016 – 2020。

受资金、技术等方面因素的制约，2015～2019 年并非全部广播电台均参与了听众情况调查。如 2015 年莫斯科市参与调查访问的广播电台为 38 家，圣彼得堡市为 26 家，人口在 10 万及以上的城市为 27 家；① 2016 年，莫斯科市为 44 家，圣彼得堡市为 26 家，人口在 10 万及以上的城市为 28 家；② 2017 年，莫斯科市为 44 家，圣彼得堡市为 28 家，人口在 10 万及以上的城市为 29 家；③ 2018 年，莫斯科市为 43 家，圣彼得堡市为 30 家，人口在 10 万及以上的城市为 29 家；④ 2019 年，莫斯科市为 44 家，圣彼得堡市为 31 家，人口在 10 万及以上的城市为 30 家。⑤ 在全俄各地，比较受欢迎的广播电台包括欧洲+广播电台、俄罗斯广播电台、交通广播电台、尚松广播电台等。

综合来看，2015～2019 年俄罗斯广播听众有以下几个特征。

第一，俄罗斯人拥有酷爱收听广播的传统，2015～2019 年，平均每 15

---

① Федеральное агентство по печати и массовым коммуникациям. Радиовещание в России в 2015：Состояние, тенденции и перспективы развития. Москва：2016. с. 70.

② Федеральное агентство по печати и массовым коммуникациям. Радиовещание в России в 2016：Состояние, тенденции и перспективы развития. Москва：2017. с. 77.

③ Федеральное агентство по печати и массовым коммуникациям. Радиовещание в России в 2017：Состояние, тенденции и перспективы развития. Москва：2018. с. 77.

④ Федеральное агентство по печати и массовым коммуникациям. Радиовещание в России в 2018：Состояние, тенденции и перспективы развития. Москва：2019. с. 84.

⑤ Федеральное агентство по печати и массовым коммуникациям. Радиовещание в России в 2019：Состояние, тенденции и перспективы развития. Москва：2020. с. 98.

分钟至少收听一次广播的人数占比在11%以上，平均每天至少收听一次广播的人数占比在60%以上，平均每周至少收听一次广播的人数占比在83%以上，平均每天收听广播的时间在250分钟以上。圣彼得堡市收听广播人数占比明显高于其他两类城市。

第二，俄罗斯的听众更喜欢在家里收听广播，近年这种情况还有上升的趋势。从俄罗斯人收听广播地点占比情况来看，2015~2019年，36%~38.3%的人喜欢在家里听广播，其中2015年占比最低，数值为36%，2018年与2019年最高，占比均为38.3%；工作时间和在汽车里收听广播的听众占比虽然相差不大，基本在24%~27%，但2015~2018年喜欢在工作时间收听广播的听众占比更高，其中2015年与2017年喜欢在工作时间收听广播的听众占比均比在汽车里收听广播的听众占比高1.2个百分点，2018年高0.3个百分点，而2019年，喜欢在汽车里听广播的听众占比则比喜欢在工作时间听广播的听众占比高1.5个百分点。2015~2019年，喜欢在其他地点收听广播的听众占比基本在11.2%~11.9%。

第三，从听众角度来看，国有广播电台受众数量下降，商业广播电台受众数量上升。21世纪以来，俄罗斯国有广播电台存在的最主要问题是受众数量不断呈下降态势。以全俄国家电视广播公司所属广播电台为例，1996~2018年，虽然该公司下属的广播电台在全俄广播网点方面依然居领先地位，但其受众数量却大幅下降。俄国广播电台的受众数量从占全俄总听众人数的27%降至5.8%，灯塔广播电台的受众占比从26%降至3.1%。而在1996年，上述两家广播电台受众数量在全国的份额分别排在第1位和第2位，但在2018年，俄国广播电台仅排在第6位，灯塔广播电台排在第12位。① 其主要原因在于，20世纪90年代，俄罗斯民众主要通过有线广播和能够接收中波和长波的接收器收听广播节目，21世纪以来，俄罗斯国有广播电台顺应时代发展，其节目播出方式亦逐渐向调频、甚高频、超高频等转换，但播放技术与商业广播电台相比，还有一定差距。2018年，只有12%的俄罗斯

---

① Шариков А. В. Государственное радиовещание в России: тренд на потерю влияния // Мониторинг общественного мнения : Экономические и социальные перемены. 2019. № 2. с. 439–441.

受众能够通过有线广播接收俄国广播电台和灯塔广播电台的节目,长波广播已经停止。① 从表2-7来看,曾经在俄罗斯广播领域居第1位与第2位的俄国广播电台与灯塔广播电台的听众占比之和为15.8%,与高居排行榜首位的欧洲+广播电台的19.3%的受众比例相比还有一定的差距。

表2-7　2018年4~9月俄罗斯广播听众情况调查

单位：%，万人

|  | 广播电台 | 每昼夜听众占比 | 每昼夜听众数量 |
| --- | --- | --- | --- |
| 1 | 欧洲+广播 | 19.3 | 1225.20 |
| 2 | 交通广播 | 16.7 | 1058.27 |
| 3 | 汽车广播 | 16.5 | 1049.36 |
| 4 | 俄罗斯广播 | 14.1 | 895.01 |
| 5 | 复古调频广播 | 14.0 | 888.61 |
| 6 | 别墅广播 | 12.3 | 779.60 |
| 7 | 尚松广播 | 10.9 | 690.11 |
| 8 | 信息调频广播 | 8.8 | 561.38 |
| 9 | 俄国广播 | 8.2 | 518.19 |
| 10 | 幽默调频广播 | 8.2 | 517.99 |
| 11 | 灯塔广播 | 7.6 | 481.25 |
| 12 | 能量广播 | 7.4 | 467.50 |
| 13 | 爱之声广播 | 6.8 | 431.68 |
| 14 | 我们的广播 | 6.0 | 379.23 |
| 15 | 舞蹈调频广播 | 5.7 | 361.63 |
| 16 | 音乐调频广播 | 5.6 | 353.45 |
| 17 | 莫斯科回声 | 4.7 | 299.00 |
| 18 | 七山广播 | 4.4 | 276.86 |
| 19 | 唱片广播 | 3.7 | 237.57 |
| 20 | 喜剧广播 | 3.5 | 225.16 |
| 21 | 新广播 | 3.1 | 195.16 |
| 22 | 商业调频广播 | 2.9 | 184.60 |
| 23 | 体育调频广播 | 2.3 | 144.01 |
| 24 | 儿童广播 | 2.3 | 143.56 |

---

① Шариков А. В. Государственное радиовещание в России: тренд на потерю влияния // Мониторинг общественного мнения: Экономические и социальные перемены. 2019. № 2. с. 439-441.

续表

|  | 广播电台 | 每昼夜听众占比 | 每昼夜听众数量 |
|---|---|---|---|
| 25 | 《共青团真理报》广播 | 2.2 | 142.32 |
| 26 | 最大广播 | 2.1 | 133.08 |
| 27 | 星广播 | 1.9 | 122.82 |
| 28 | 银雨广播 | 1.7 | 108.06 |
| 29 | 和平广播 | 1.4 | 90.96 |

注：该表格相关数据来自俄罗斯媒体调查中心对2018年4~9月俄罗斯人口在10万以上的城市12岁及以上人口收听广播情况进行的调查。

资料来源：Захаров И. Рейтинг радиостанций России 2019 по популярности，https：//basetop. ru/rejting - radiostantsij - rossii - 2019 - po - populyarnosti/。

如果说俄罗斯国有广播电台硬性规定了自己的受众群体，那么商业广播电台则采取市场细分策略，将具有相似特征的受众群体归类于同一细分市场，从而实现对广播听众最大限度的争夺，这也成为现代俄罗斯商业广播发展的主导因素之一。[1] 商业广播电台的出现对俄罗斯联邦的通信状况产生了根本性的影响，这类广播电台增加了广播听众的信息选择机会，各商业广播电台之间为创造最能满足听众个性化需求的节目而展开激烈的竞争，从而使俄罗斯商业广播电台的节目结构和内容不断优化，其在俄罗斯广播市场中亦逐渐由从属地位向主导地位转变。

在商业广播电台中最具代表性的是欧洲+广播电台。欧洲+广播电台（调频106.2MHz）是俄法合资企业，也是转型前俄罗斯建立的第一个商业广播电台（亦称非国有广播电台），成立于1990年4月，目前在俄罗斯国内外2000多座城市播出。欧洲+广播电台是俄罗斯最受欢迎的广播电台，在过去10年里，该广播电台牢牢占据俄罗斯广播电台收听率第一的位置。[2] 依照俄罗斯媒体调查公司（Mediascope）2018年10月至2019年3月统计的数据，全俄各地收听欧洲+广播电台的男女比例大致相等（分别为46%和54%）；按年龄段划分，12~19岁的听众占13%，20~29岁的听众占22%，

---

[1] Чаткина М. Г. Концептуальные особенности коммерческого радиовещания как сегмента СМИ//Вестник Челябинского государственного университета. 2013. № 22. с. 243.

[2] Захаров И. Рейтинг радиостанций России 2019 по популярности，https：//basetop. ru/rejting - radiostantsij - rossii - 2019 - po - populyarnosti/。

30～39岁的听众占26%，40～49岁的听众占17%，50～59岁的听众占12%，60岁以上的听众占10%；按受教育程度划分，59%的听众受过高等教育，31%的听众受过中等教育，10%的听众受过不完全中等教育（неполное среднее образование）；按是否结婚划分，已婚听众占54%，单身听众占42%，4%被调查者未予回答；从社会地位来看，19%的听众为管理人员，24%的听众为专家，9%的听众为职员，12%的听众为工人，14%的听众为学生，7%的听众为退休人员，3%的听众为失业者，5%的听众为家庭主妇和年轻妈妈，7%的听众未予回答；从物质状况来看，1%的听众吃不饱，5%的听众能吃饱但穿不暖，46%的听众能吃饱穿暖但买不起贵重商品，38%的听众偶尔能买得起贵重商品，4%的听众花钱不受限，6%的听众未予回答。①

## 三 俄罗斯广播业的集团化发展模式

转型以来，俄罗斯广播业呈集团化发展态势，主要原因在于：第一，为了节约开支，高效率发挥人才潜能，以降低广告业务竞标水准，赢得更多的地方伙伴；第二，一些大型财团或者投资公司将俄罗斯广播电台作为获取高额利润的重要投资项目，因此很多广播集团都有雄厚的财团背景。② 每个广播集团旗下都有几个或十几个广播电台（见表2-8）。

表2-8 俄罗斯主要广播集团及其下属广播电台

| | 所在城市 | 广播集团 | 下属广播电台 |
| --- | --- | --- | --- |
| 1 | 莫斯科市、圣彼得堡市 | 俄罗斯媒体集团 | 俄罗斯广播电台、俄罗斯新闻服务广播电台、音乐调频、舞蹈调频、蒙特卡洛广播电台、最大广播 |
| 2 | 莫斯科市、圣彼得堡市 | 天然气工业公司媒体集团 | 莫斯科回声、第一流行广播电台、预见未来调频广播、锡季调频广播、休闲调频广播、儿童广播电台、浪漫广播电台、喜剧电台、希望广播电台 |

---

① Реклама на радиостанции «Европа плюс», http://www.allenmedia.ru/reklama-na-radio/europe-plus.
② 参见张举玺、巴拉巴什《俄罗斯的现代广播事业》，《今传媒》2008年第8期。

续表

| | 所在城市 | 广播集团 | 下属广播电台 |
|---|---|---|---|
| 3 | 莫斯科市、圣彼得堡市 | 欧洲传媒集团 | 欧洲+广播电台、蛋糕调频广播电台、复古调频广播电台、七山广播电台、新音乐广播 |
| 4 | 莫斯科市、圣彼得堡市 | 俄罗斯职业传媒广播集团 | 汽车广播电台、幽默调频广播电台、能量广播电台、阿尔拉广播电台 |
| 5 | 莫斯科市、圣彼得堡市 | 全俄国家电视广播公司 | 俄国广播电台、灯塔广播电台、文化广播电台、信息调频广播电台、青年广播电台 |
| 6 | 莫斯科市 | 爱之声广播集团 | 爱之声广播电台、X调频广播电台、别墅广播电台 |
| 7 | 莫斯科市 | 联合传媒集团 | 商业调频广播电台、调频98MHz流行音乐广播电台 |
| 8 | 莫斯科市 | 我家广播集团 | 我家广播电台、调频95.2MHz广播电台 |

资料来源：笔者依照 Федеральное агентство по печати и массовым коммуникациям. Радиовещание в России: Состояние, тенденции и перспективы развития（2009－2018）. Москва：2010－2019 数据整理得出。

俄罗斯广播业集团化发展模式的主要特点有以下几点。

（一）每个广播集团旗下都拥有至少几个广播电台

在俄罗斯各广播集团中，总部位于莫斯科市和圣彼得堡市的俄罗斯媒体集团封闭型股份公司（РМГ）与天然气工业公司媒体集团（Газпром－Медиа）在拥有广播电台数量方面表现最突出。

第一，俄罗斯媒体集团封闭型股份公司是为俄罗斯多家电子媒体以及各地区多家广播公司制作节目和信息产品的管理公司，该公司的所有者是俄罗斯政府。俄罗斯媒体集团拥有多家广播电台，其中俄罗斯广播电台（Русское радио）的节目覆盖俄罗斯2904座城市，蒙特卡洛广播电台（Радио Монте—Карло）的节目覆盖俄罗斯156座城市，舞蹈调频（DFM）的节目覆盖俄罗斯918座城市，音乐调频（Хит FM）的节目覆盖俄罗斯905座城市，最大广播（Радио MAXIMUM）的节目覆盖俄罗斯386座城市。此外，该媒体集团旗下的广播电台还包括俄罗斯新闻服务广播电台（Русская Служба Новостей）和好歌广播电台（Добрые Песни）。

俄罗斯媒体集团旗下的多家广播电台都非常有特色。俄罗斯广播电台是俄罗斯第一家专门播放俄语音乐的商业广播电台，该广播电台除覆盖俄罗斯近3000座城市外，在哈萨克斯坦、白俄罗斯、亚美尼亚、摩尔多瓦、拉脱维亚、塔吉克斯坦、立陶宛、吉尔吉斯斯坦等国家的多座城市也设有转播站点。经过多年的发展，该广播电台的业务线已经不仅仅包括俄语歌曲，外语歌曲所占的比例已经与之旗鼓相当。俄罗斯广播电台于1995年8月开播，该广播电台开播之初采取的是测试模式。1996年俄罗斯广播电台设立了"金留声机"（Золотой Граммофон）民族音乐奖，这一奖项的颁奖仪式多数情况下于每年年底在莫斯科克里姆林宫举行。2010年9月22日，俄罗斯广播电台因52小时不间断播出"俄罗斯辣椒"（Русские перцы）节目被载入吉尼斯纪录。俄罗斯广播电台的著名栏目包括"小心车辆"（Берегись автомобиля）、"复员军人专辑"（Дембельский альбом）、"金色留声机"、"文字游戏"、"俄罗斯辣椒"等。"为心灵的音乐"是这家广播电台选择音乐的标准，在它看来，只有俄罗斯本民族的音乐才能真正打动俄罗斯人的心灵，这一定位不仅保障了该台的成功，还影响了后来创办的音乐台在音乐风格上的选择。[①]

俄罗斯新闻服务广播电台于2001年10月1日开播，2005年11月前被称为"俄罗斯广播-2"（Русское радио-2），2005年11月至2016年7月3日被称为俄罗斯新闻广播电台，2016年7月4日以来被称为"生活之声"（Life Звук）。俄罗斯新闻服务广播电台是俄罗斯首家将广播新闻网络与通讯社紧密联系在一起的广播电台。

蒙特卡洛广播电台的英文为Radio Monte Carlo，是一家摩纳哥广播电台，收听率较高，是西欧重要的广播电台，用36种语言播音。蒙特卡洛广播电台在俄罗斯主要播放热门舞蹈歌曲以及世界流行歌曲。

最大广播是第一家俄罗斯—美国广播电台，由哈里斯公司（Harris Corporation）、韦斯特伍德一号控股公司（Westwood One）、"故事优先"通信公司（Story First Communications）和《莫斯科新闻》编辑部共同组建。

第二，天然气工业公司媒体集团是一家由俄罗斯和东欧国家共同组建的多元化媒体控股公司，其在电视、广播、报刊、电影制作与发行、网络平台等方面均有涉猎。截至2021年2月末，俄罗斯天然气工业公司媒体集团控股的广播

---

① 参见贾乐蓉《当代俄罗斯大众传媒研究》，中国广播电视出版社，2008，第53页。

电台包括莫斯科回声（Эхо Москвы）、第一流行广播电台（Первое Популярное radio）、预见未来调频广播（Next FM）、锡季调频广播（Сити FM）、休闲调频广播（Relax FM）、儿童广播电台（Детское радио）、浪漫广播电台（Радио Romantika）、喜剧电台（Comedy Radio）、希望广播电台（Like FM）等。

天然气工业公司媒体集团旗下的儿童广播电台是俄罗斯首屈一指的专门为儿童及其父母打造的娱乐和教育广播电台（调频96.8MHz），俄罗斯一些著名的心理学家、教育家、生理学家、儿科医生等经常做客儿童广播电台。儿童广播电台每天24小时播放音乐、教育和知识类节目，并根据目标听众群体制定节目类型，早间板块主要为7岁以下儿童打造，白天的节目主要面向在小学就读的儿童，晚间板块是为家长准备的信息类节目，深夜板块主要播放有利于睡眠的音乐。广大听众纷纷在儿童广播电台网站留言，如"最好的广播""非常喜欢""我们最喜爱的广播"等，充分体现了该广播电台的受欢迎程度。

第三，欧洲传媒集团（ЕМГ）旗下的广播电台包括欧洲+广播电台（Европа плюс）、蛋糕调频广播电台（Кекс FM）、复古调频广播电台（Ретро FM）、七山广播电台（Радио 7）、新音乐广播（Свежее радио）。除欧洲+广播电台外，欧洲传媒集团旗下的广播电台均以播放音乐节目为主，有的以古典音乐为主，有的以20世纪90年代和21世纪初俄罗斯国内外音乐为主，有的以现代流行音乐为主。这些音乐类广播电台深受俄罗斯听众，尤其是年轻听众的喜欢。

第四，俄罗斯职业传媒广播集团（ВКПМ）现为封闭型股份公司。[①] 该集团拥有汽车广播电台（Авторадио）、幽默调频广播电台（Юмор FM）、能量广播电台（Радио ENERGY）、阿尔拉广播电台（Радио Алла）等，在圣彼得堡市、新西伯利亚市、叶卡捷琳堡市、顿河畔罗斯托夫市、彼尔姆市、萨马拉市等拥有分支机构。

汽车广播电台于1993年4月5日开播，其创始初衷是为驾驶员和旅行者打造一款专业节目。后来，该广播电台（调频90.3MHz）的听众数量不

---

① Болотова Л. Д. Отечественное радиовещание в начале XXI века: Новые реалии и старые проблемы. Телерадиоэфир: История и современность. Москва: Аспект Пресс. 2005. с. 151.

断扩大，每天都能吸引数百万听众，目前已成为俄罗斯人居家、旅行、工作、度假等的最佳陪伴。汽车广播电台主要为听众提供路况信息、交通法规、交通事故提示、城市和地区的生态问题、交通服务部门的工作信息、有关部门可能提供的帮助以及法律服务等内容，以直播节目为主，中间穿插一些轻松的音乐和新闻。①

幽默调频广播电台是俄罗斯第一家喜剧电台，也是最受俄罗斯人欢迎的喜剧电台之一，该广播电台不仅在俄罗斯大城市播放，而且一些后苏联空间国家也被其纳入调频范围。幽默调频广播电台是俄罗斯第一家专门播放幽默、笑话的电台，该广播电台专业性极强，其播放节目类型包括流行音乐、著名艺人的表演、娱乐脱口秀、笑话、小品、独白、喜剧片段、动画片、流行电视节目片段、讽刺剧以及新闻等，在俄罗斯拥有极高的收听率。

能量广播电台是年轻人的最佳选择，该广播电台名称源于世界著名的欧洲品牌——法国全国广播公司（NRJ Group）。

阿尔拉广播电台是俄罗斯第一家面向女性听众的广播电台，于2007年7月20日开播，开播之初主要播放20世纪90年代和21世纪初的俄语歌曲，2010年3月起开始播放外国金曲。

第五，全俄国家电视广播公司（ВГТРК）拥有5家广播电台，分别是俄国广播电台、灯塔广播电台、文化广播电台（Радио Культура）、信息调频广播电台（Вести FM）、青年广播电台（ЮFM）。

文化广播电台是一家专门致力于发展听众文化的广播电台（调频91.6MHz）。该广播电台的主要栏目包括信息、音乐娱乐、文化教育、艺术政论等。其中信息栏目主要内容包括俄罗斯国内外文化生活信息、文化类主题评论、预告即将举行的文化活动，音乐娱乐栏目的主要内容包括各种流派与各种风格的音乐（古典音乐、爵士乐、现代音乐、民族音乐）、有关音乐节目的详细分析、有关俄罗斯音乐基金会执行负责人的节目，文化教育栏目的主要内容包括音乐制作人节目，音乐辩论赛，脱口秀，有关历史、建筑和科学的节目，艺术政论栏目主要内容包括广播剧、文学阅读、现代文化进程

---

① 谢飞：《俄罗斯商业广播的类型化发展》，《青年记者》2010年第16期。

分析、有关教育体制的节目、文化活动家采访、科学、教育等。2020年4月，文化广播电台推出"纪念反法西斯战争胜利75周年"特别节目，以纪念英雄们在伟大的卫国战争中的英勇牺牲和无私奋斗。这档特别节目赢得了俄罗斯听众的好评，并被多家媒体广泛报道。

信息调频广播电台是俄罗斯著名的信息广播电台之一，于莫斯科时间2008年2月5日早6点开播，播出频率为97.6MHz。开播之初，该广播电台仅覆盖莫斯科市与圣彼得堡市，现在已经覆盖俄罗斯60多座城市。

青年广播电台是俄罗斯著名的国家青年广播电台之一。2014年1月9日前，该广播电台在莫斯科市和俄罗斯许多地区通过卫星进行俄语广播；2014年1月9日起卫星广播停止播音，开始在该广播电台官方网站上以网络广播的形式播放节目。

除以上广播集团外，俄罗斯其他著名广播集团也都拥有多家广播电台。俄罗斯爱之声广播集团（Love Radio）旗下有3个著名的广播电台，其中包括爱之声广播电台（Love Radio）、X调频广播电台（Xfm）和别墅广播电台（Радио Дача）。其中，别墅广播电台于2006年11月1日开始广播，每天24小时播音，曾获得俄罗斯最受听众欢迎广播奖，其目标听众为35~59岁的女性。联合传媒集团控股公司（Объединенные Медиа）成立于2007年，其前身是2005年阿尔卡季·盖达马克收购的莫斯科新闻传媒集团，2007年《莫斯科新闻》关闭后，原有报纸名称出售给俄罗斯新闻社。该传媒集团旗下的广播电台包括商业调频广播电台（Business FM）、调频98MHz流行音乐广播电台（98 FM—98 Хитов）。其中，商业调频广播电台于2007年3月1日在莫斯科开始广播，其在莫斯科的播出频率为87.5MHz、在圣彼得堡的为107.4MHz、在乌法的为107.5MHz。我家广播集团（Моя Семья）旗下有我家广播电台（Моя Семья）与调频95.2MHz广播电台（95.2 FM）。其中，我家广播电台是一家公共和社会谈话类与音乐类广播电台，主要栏目包括现代俄语流行音乐，社会新闻，脱口秀，有关家庭、婚姻、教育等方面问题的咨询等。该广播电台的播出频率为94.8MHz。

在俄罗斯还存在一些不依附任何集团或者财团的独立的广播电台，这类广播电台虽然数量不多，但在俄罗斯具有一定的影响力。莫斯科地区较有影响力的独立广播电台包括尚松①广播电台、银雨广播电台、大都市广播电台（Радио Мегаполис）、警察之声广播电台（Милицейская Волна）、嘉年华广播电台（Радио Карнавал）、星广播电台（Радио Звезда）、纽特广播电台（NewTone FM）、《生意人报》广播电台（«Коммерсантъ» FM）、《共青团真理报》广播电台（Радио«Комсомольская правда»）、俄耳甫斯广播电台等。

（二）莫斯科市和圣彼得堡市广播电台集团化趋势更明显

全国最大的广播集团是根据1998年6月发布的《关于组建统一的国有电子大众媒体生产—技术集团》的决议而成立的全俄国家电视广播公司，该电视广播公司在全俄所有联邦主体均拥有子企业。② 俄罗斯商业广播集团一般实力都比较强，且多集中分布在人口超500万的莫斯科市和圣彼得堡市。表2-8所显示的排名前8位的广播集团均集中于莫斯科市和圣彼得堡市。

（三）音乐是俄罗斯各广播集团的主打节目

这种现象在20世纪90年代以及21世纪初表现得特别明显。俄罗斯排名前8位的广播集团均拥有专门或者主要播放音乐的广播电台，如俄罗斯媒体集团旗下的俄罗斯广播电台、音乐调频、舞蹈调频，天然气工业公司媒体集团下属的预见未来调频广播、锡季调频广播、第一流行广播电台、休闲调频广播，欧洲传媒集团下属的复古调频广播电台、七山广播电台、新音乐广播，俄罗斯职业传媒广播集团下属的阿尔拉广播电台等（见表2-8）。

（四）俄罗斯广播集团迅速向网络化转型

随着互联网技术的普及，俄罗斯广播传播渠道和收听平台有了新的发展。俄罗斯国有广播电台与商业广播电台都转向了数字化的网络广播，这一新的广播形式，在一定程度上弥补了俄罗斯传统广播的不足，能与听众在网络上形成互动。全球第一家网络广播1993年产生于美国，俄罗斯网络广播产生时间稍晚一些，21世纪以来，俄罗斯广播电台网络化趋势越来越明显，

---

① 尚松（chanson de geste），也可译为香颂，是一种叙事曲，类似于希腊史诗，流行于16世纪。演唱时用维奥尔和小型竖琴伴奏。尚松在法语中即"歌曲"的意思，因此，Радио Шансон 也可译作歌曲广播电台。

② 〔俄〕亚·尼·扎苏尔斯基主编《俄罗斯大众传媒》，张俊翔、贾乐蓉译，南京大学出版社，2015，第290页。

现在俄罗斯网络广播已经进入繁荣期，并且已经基本形成垄断局面。这一广播形式已成为俄罗斯许多听众的首选，网络广播已经成为影响俄罗斯公众意识的重要媒体形式。

从表 2-9 来看，俄罗斯网络广播发展态势较为平稳。根据俄罗斯媒体市场调研公司的统计数据，2001~2019 年，除 2003~2004 年、2007~2008 年、2009~2010 年和 2013~2014 年俄网络广播增长的数量为 2 家外，其他年份网络广播数量或增长 1 家，或者与上一年保持一致。

表 2-9　2001~2019 年俄罗斯网络广播数量变动情况

单位：家

| 2001 年 | 2002 年 | 2003 年 | 2004 年 | 2005 年 | 2006 年 | 2007 年 | 2008 年 | 2009 年 | 2010 年 |
|---|---|---|---|---|---|---|---|---|---|
| 14 | 15 | 16 | 18 | 18 | 18 | 18 | 20 | 21 | 23 |
| 2011 年 | 2012 年 | 2013 年 | 2014 年 | 2015 年 | 2016 年 | 2017 年 | 2018 年 | 2019 年 | |
| 24 | 24 | 25 | 27 | 27 | 28 | 29 | 30 | 30 | |

资料来源：Федеральное агентство по печати и массовым коммуникациям. Радио в России в 2019: Состояние, тенденции и перспективы развития. Москва: 2020. с. 42。

总体来看，俄罗斯莫斯科市与圣彼得堡市的网络广播发展较快，而其他各联邦主体网络广播发展较慢。

## 第二节　俄罗斯电视业的建设与发展

转型以来，电视成为俄罗斯民众获取信息的最佳渠道，也是最有影响的媒体类型之一。根据俄罗斯联邦新闻出版与大众传媒署 2019 年公布的统计数据，2011~2018 年，俄罗斯居民人均每天用于看电视的时间一直居于各种媒体之首，基本在 196~214 分钟浮动，比广播略高，更远远高于报纸、杂志、电影、网络电视、桌面媒体、移动媒体等其他媒体。俄罗斯媒体市场调研公司的一项研究表明，电视依然是俄罗斯渗透率最高的媒体，在 10 万人以上的城市，人们平均每天用于看电视的时间为 230 分钟。约 99% 的俄罗斯大城市 4 岁及以上居民每月至少看一次电视，68% 的人每天都会看电视。年龄越大的观众，看电视的时间越多，54 岁以上的俄罗斯人平均每天用于看电视的时间为 363 分钟。①

## 一　俄罗斯电视的类型

转型前，俄罗斯电视结构较为简单，包括中央电视台、各加盟共和国电视台与地方电视台，所有能保证电视节目正常播出的技术设备都掌握在国家手中。②

转型以来，俄罗斯电视分类主要有以下标准：转播方式、技术特点、业务类型、组织形式、专业化分工、所有制形式、观众年龄与性别特征、观众覆盖地域、资金来源等。其中，人们最熟知的是根据转播方式划分的模拟电视、卫星电视、有线电视。数字电视（DTV）实际上是与俄罗斯现有电视频道节目发射、传输、接收密切相关的基础设施、组织和服务的总称，是一种全新的电视系统，笔者将在专门的章节对俄罗斯电视数字化问题进行阐述与分析。

（一）依照转播方式划分的电视类型

从技术角度看，目前在世界上许多国家，模拟电视、卫星电视与有线电视共同构成了电视市场的主体。③

1. 模拟电视

模拟电视又被称为无线电视或地面电视，是一种使用模拟信号传输图像和声音的电视系统，其显示的原理主要是把模拟的数字信号转化为图像，即用一个点阵显示图像。俄罗斯模拟电视一般使用高频电波来传输节目，其传输的频率为 48MHz～862MHz，可以用无线电波在其信号覆盖的地区自由传播。转型以来到 21 世纪初，模拟电视一直在俄罗斯占有主导地位，而同期，卫星电视和有线电视的发展情况则不尽如人意。全球模拟电视分为美国国家电视系统委员

---

① Комраков А. Телевидению предрекли страшный 2037 год//Независимая газета. 3 сентября 2019 г.
② Беспалова А. Г. История отечественной журналистики XX – начала XXI века. Ростов – на – Дону：Издательство Южного федерального университета. 2014. с. 284.
③ 参见贾乐蓉《当代俄罗斯大众传媒研究》，中国广播电视出版社，2008，第 37 页。

会电视系统编码（NTSC）、逐行倒相（PAL）和塞康（SECAM）① 三种制式。NTSC 标准主要应用于日本、美国、加拿大、墨西哥等，PAL 主要应用于西欧一些国家，以及新加坡、中国、中国香港、澳大利亚、新西兰等国家和地区。俄罗斯模拟电视主要采用法国塞康制式。

俄罗斯于 2006 年加入国际电信联盟（ITU）有关在全球范围内关闭模拟电视信号的项目，2009 年通过的《俄罗斯联邦电视和广播发展目标规划》明确规定了俄罗斯关闭模拟电视信号的方案。② 根据方案内容，自 2012 年开始，俄罗斯正式开启向数字电视转换的进程。2015 年，俄罗斯根据国际电信联盟的要求签署了关于向数字电视过渡的国际协议，并承诺在 2015 年 6 月之前完成模拟广播电视信号向数字广播电视信号的转换。但俄罗斯关闭模拟电视信号的最终日期一再推迟，从 2015 年推迟到 2019 年，后来又推迟到 2020 年。根据俄罗斯国家无线电频率委员会（Государственная комиссия по радиочастотам，ГКРЧ）在 2020 年 7 月 13 日做出的决定，模拟电视信号将最终于 2021 年 8 月 19 日完全关闭。③

2. 卫星电视

卫星电视是利用地球同步卫星将数字编码压缩的电视信号传输到用户端的一种广播电视形式。

俄罗斯卫星电视起步于 1991 年，到 1996 年粗具规模。俄罗斯第一家卫星电视台是宇宙电视电视台（Космос ТВ），这也是俄罗斯第一家付费的卫星电视台。1991 年 4 月，由俄罗斯国家电视和奥斯坦基诺广播中心与美国跨国电信财团（International Telcell Inc.）共同创立的合资企业——宇宙电视封闭型股份公司在俄罗斯莫斯科成功注册。宇宙电视封闭型股份公司是莫

---

① SECAM 制式（法语：Séquentiel couleur à mémoire），又称塞康制，意为"按顺序传送彩色与存储"，1966 年由法国研制成功，它属于同时顺序制。在信号传输过程中，亮度信号每行传送，而两个色差信号则逐行依次传送，即用行错开传输时间的办法来避免同时传输时所产生的串色以及由其造成的彩色失真。

② Власти на год продлили агонию аналогового ТВ в России，https://www.cnews.ru/news/top/2020 - 07 - 14_ vlasti_ prodlili_ rabotu_ analogovogo.

③ Алпатова И. Без лишних цифр：Региональные телеканалы продолжат вещать в аналоговом формате//Российская газета. 13 июля 2020 г. № 152.

斯科市与莫斯科州卫星电视市场上最有经验的运营商之一,其客户包括俄罗斯企业、外国企业、政府机关、行政机构、外国大使馆等,同时还有数百万个人用户。在创办后很长时间内,这家卫星电视台只提供普通的节目转播服务,2000年前后,它除了向用户提供30多个最好的外国卫星频道的节目,还独立制作几个频道的节目。① 宇宙电视电视台于2012年9月1日停播,停播前该电视台用12种语言转播世界上80多个著名电视频道的节目,其中包括17个俄罗斯数字电视频道,被视为莫斯科收费电视市场的领导者。宇宙电视电视台停播的原因是2012年7月俄罗斯国家无线电频率委员会就宇宙电视电视台播出的频道频率2.5GHz~2.7GHz依照网络制式(LTE)标准举行竞标。该委员会规定,任何电视运营商的频道只要其信号干扰LTE信号都必须停播,而宇宙电视电视台恰恰违反了俄罗斯国家无线电频率委员会的此项规定,最终2.5GHz~2.7GHz频率被俄罗斯4大电视运营商——俄罗斯移动通信系统公司(Мобильные телесиСтемы,МТС)、维佩尔通讯(Вымпел-Коммуникация)、美佳通讯公司(МегаФон)、俄罗斯电信公司(Ростелеком)获得。②

2015年以来,伴随着俄罗斯全面推行数字电视,俄罗斯所有卫星电视运营商都受到不同程度的影响,通过卫星电视收看节目的用户数量不断下降。俄罗斯一些卫星电视公司为了减少损失,不断提高服务价格,又进一步加速了客户的流失。多数公司为了减少客户流失纷纷推出卫星互联网、移动电视、智能住宅、云视频监控等服务。③ 截至2019年末,根据用户数量统计,俄罗斯卫星电视市场居于前5位的卫星电视公司包括"三色旗"卫星电视公司("Триколор"ТВ)④、俄罗斯电信公司、俄罗斯移动通信系

---

① 贾乐蓉:《当代俄罗斯大众传媒研究》,中国广播电视出版社,2008,第38页。
② Частоты старейшего оператора платного ТВ отдали под сети стандарта LTE, https://lenizdat.ru/articles/1106547/.
③ Спутниковые операторы 2020: куда идёт индустрия? https://nag.ru/articles/article/103558/sputnikovyie-operatoryi-2020-kuda-id-t-industriya-.html.
④ "Триколор"源自俄罗斯联邦国旗所采用传统的泛斯拉夫色——白、蓝、红三色,"三色旗"卫星电视公司始终致力于为人民的团结而服务,多年来一直在为俄罗斯胜利日、国徽日和国旗日举办丰富多彩的活动。2018年8月15日,"三色旗"卫星电视公司宣布将名称中的"ТВ"删除,并启用全新LOGO,新LOGO是在旧版卫星LOGO的基础上(转下页注)

统公司、爱尔电信公司（ЭР‑телеком）、猎户座电信公司（Орион）（见表2－10）。

表2－10　2019年第3~4季度俄罗斯卫星电视市场企业排名（依照用户数量）

单位：人

| | | 2019年第4季度用户数量 | 2019年第3季度用户数量 |
|---|---|---|---|
| 1 | "三色旗"卫星电视公司 | 12230000 | 12230000 |
| 2 | 俄罗斯电信公司 | 10380000 | 10250000 |
| 3 | 俄罗斯移动通信系统公司 | 3860000 | 3769000 |
| 4 | 爱尔电信公司 | 3740000 | 3740000 |
| 5 | 猎户座电信公司 | 3131000 | 3112400 |

资料来源：Спутниковое（платное）ТВ рынок России, http：//www.tadviser.ru/index.php/Статья：Спутниковое_（платное）_ТВ_（рынок_России）.

"三色旗"卫星电视是俄罗斯国家卫星公司（ЗАО Национальная спутниковая компания）推出的卫星电视产品，该产品运营商是俄罗斯最大的卫星电视运营商，其数字卫星电视节目覆盖俄罗斯大部分领土。2005年"三色旗"卫星电视公司开始通过欧洲电信卫星W4（Eutelsat W4）向俄罗斯欧洲部分转播卫星电视，2007年12月起通过直播电视卫星（Bonum－1）向俄罗斯乌拉尔、西伯利亚和远东地区转播卫星电视。① 作为俄罗斯卫星电视市场的最大运营商，"三色旗"卫星电视公司也面临着不断失去客户的困境。截至2017年底，"三色旗"卫星电视公司拥有1228万付费用户，俄罗斯近1/4卫星电视用户观看"三色旗"卫星电视公司提供的电视节目。截至2018年6月末，"三色旗"卫星电视公司用户减少近4万人，7~12月"三色旗"卫星电视公司又损失大约2万名客户，从1224.6万人降至1222.6万人，② 该公司的用户数量仅到2019年末才略有回升，达1223万人。俄罗斯卫星电视市场的其他运营商情况与"三色旗"卫星电视公司差不多，都因为数字电视的

---

（接上页注④）简化而成的。近年来，"三色旗"卫星电视公司的业务已扩展到卫星电视以外的其他平台。因此，从名字中删除"ТВ"，以使公司的定位变为"数字环境的多平台运营商"。

① 参见吴信训《新媒体与传媒经济》，上海三联书店，2008。
② Спутниковые операторы 2020：куда идёт индустрия? https：//nag.ru/articles/article/103558/sputnikovyie－operatoryi－2020－kuda－id－t－industriya－.html.

推广而面临困境。2018 年，"三色旗"卫星电视公司的高清（HD）① 电视用户数量达到 1000 万户，其中超高清（UHD）② 电视用户出现破纪录增长，达 10 万户。由于高清电视与超高清电视的投入使用，2018 年"三色旗"卫星电视公司用户每年用于付费电视的支出（ARPU）③ 增加了 113 卢布，每年达 1678 卢布（月均 139.8 卢布）。另据俄罗斯市场研究机构（iKS-Consulting）的统计数据，2018 年俄罗斯付费电视用户月均费用为 164 卢布。④

2019 年，俄罗斯独立电视台 +（НТВ－Плюс）虽然未进入俄罗斯卫星电视市场企业排行榜前 5（依照用户排行），但在俄罗斯卫星电视市场的地位亦不容忽视。俄罗斯独立电视台 + 是俄罗斯唯一一家私营股份制电视台，也被称为俄罗斯唯一真正意义上的卫星电视公司。该电视台从节目制作到节目输出和接收，都有自己独立整套的结构体系。⑤ 从近年俄卫星电视台排名数据来看，俄罗斯独立电视台 + 的排名基本位居前列，有时占第 2 或者第 3 的位置。俄罗斯独立电视台 + 于 1993 年秋开始运营，由俄罗斯第一频道著名主持人叶夫根尼·基谢廖夫倡议发起，俄罗斯传媒大亨弗拉基米尔·古辛斯基资助创办。俄罗斯独立电视台 + 不仅是第一个用俄语开播的卫星电视台，而且开创了俄罗斯卫星直播电视的新纪元。⑥ 俄罗斯独立电视台 + 成立之初，其下设的主要栏目包括"独立电视台—体育""独立电视台—音乐""我们的电影""世界电影"等。⑦ 该电视台总裁基谢廖夫每周末主持的电视节目《总结》（«Итоги»）大受欢迎。1994 年，俄罗斯独立电视台 + 开始播放著名讽刺节目《木偶戏》（«Кукла»），这是一档影响力巨大且颇具争议

---

① HD 是英文 High Definition 的简称，是指垂直分辨率大于等于 720p 的图像或视频，也称为高清图像或高清视频，尺寸一般为 1280px×720px 和 1920px×1080px。
② UHD 是"超高清"的意思，UHD 的应用在电视机技术上最为普遍，目前俄罗斯已有不少厂商推出了 UHD 超高清电视。
③ ARPU，运营商用来测定其取自每个最终用户的收入的一个指标。
④ Спутниковые операторы 2020：куда идёт индустрия？https://nag.ru/articles/article/103558/sputnikovyie－operatoryi－2020－kuda－id－t－industriya－.html.
⑤ 王雨琼：《俄罗斯卫星电视产业》，上海市社会科学创新研究基地（上海大学）文化繁荣与新媒体发展会议论文，上海，2009 年 10 月 25 日，第 28 页。
⑥ 贾乐蓉：《当代俄罗斯大众传媒研究》，中国广播电视出版社，2008，第 38 页。
⑦ 贾乐蓉：《当代俄罗斯大众传媒研究》，中国广播电视出版社，2008，第 38 页。

的节目。俄罗斯独立电视台+的各类节目经莫斯科奥斯坦基诺电视中心播出，起初在教育台的第四频道每天播送 6 小时。1996 年第四频道完全转给俄罗斯独立电视台+，其节目改为 24 小时播送。除了俄罗斯本土以外，俄罗斯独立电视台+的节目还覆盖世界多个国家和地区，其中包括独联体和波罗的海国家、西欧、中东、美国和加拿大、以色列、新西兰和澳大利亚等。2001 年俄罗斯独立电视台+易主，天然气工业公司媒体集团拥有该台 46%的股份，成为最大的股东，基谢廖夫被免去总裁职务，俄裔美国人乔丹（拥有 4%的股份）成为新任总裁。随后不久，俄罗斯独立电视台+的许多记者与基谢廖夫一起离开，去了你的新电视电视台（Твоё Новое Телевидение，ТНТ）。一个月后，这些人受鲍里斯·别列佐夫斯基邀请加盟电视台6台（ТВ-6），并且带走大部分节目，同时俄罗斯独立电视台+还失去了外国电影放映权，损失惨重。近年来，俄罗斯独立电视台+发展迅速，根据该电视台的统计数据，截至 2019 年 11 月 16 日，俄罗斯独立电视台+在优图（YouTube）上的用户数量达 700 万人，自 2019 年 1 月以来，俄罗斯独立电视台+的粉丝数量增加了 300 多万人，其在 YouTube 上的个别视频点击率已经超过 80 亿次。2019 年，俄罗斯独立电视台+成为俄罗斯卫星电视市场上收费最低的卫星电视运营商，基准包每月仅需要 50 卢布，能收看 188 个卫星频道；如果用户想收看更多的卫星频道，则可以选择其他套餐，最高收费标准为每月 3900 卢布。俄罗斯独立电视台+倡导在不降低电视收费标准的同时，通过扩大用户数量和为每个单位用户增加收视项目来提高收入，以保持公司的盈利性、提高公司收入和增强市场竞争力。①

3. 有线电视

从世界角度来看，有线电视是兴起于 20 世纪 70 年代的一种电视转播方式，即在某一制高点（高楼或山顶）设置一条公共天线接收电视台的节目，然后再用电缆分配给有关用户。除俄罗斯本国居民外，很多生活在世界各地的俄侨、到国外短暂旅行的俄罗斯人、后苏联空间国家的部分居民以及对俄

---

① 参见王雨琼《俄罗斯卫星电视产业》，上海市社会科学创新研究基地（上海大学）文化繁荣与新媒体发展会议论文，上海，2009 年 10 月，第 31 页。

罗斯政治、经济、文化、历史等感兴趣的外国人，如果想收看高清的俄罗斯电视节目，均会选择俄罗斯有线电视。

俄罗斯有线电视产生于20世纪80年代末90年代初，但其有线电视的电缆铺设工作始于20世纪40年代末。40多年间，电缆主要是作为技术辅助设备，以改善山后、大的建筑物后面"电波阴影"地区的信号质量。① 20世纪90年代初，俄罗斯国内许多城市和大的居民点开始出现有线电视网络，这些地区的居民通过有线电视网络可以看到更多的电视节目。1995～1998年为俄罗斯有线电视发展的"黄金时期"，有线电视市场出现了能够通过统一网络提供服务的多系统运营商。俄罗斯第一家多系统有线电视运营商是地铁传媒（Метро-медиа），接入该系统的有线电视运营商有宇宙电视电视台和阿尔汉格尔斯克电视公司（Архангельская телевизионная компания），其中后者自20世纪90年代以来一直在俄罗斯电信市场占有一席之地，该公司主要为阿尔汉格尔斯克市与新德文斯克市的居民提供高速数据接入、互联网、传统模拟信号和现代数字有线电视服务。1998年，联合有线电视网络（Объединенная кабельная сеть）成立，其主要活动是发展俄罗斯人口在30万以上的城市的有线电视服务网络。随后不久，国家有线电视网络（Национальные кабельные сети）成立。此间，由于俄罗斯国内有线电视设备落后，大量有线电视设备需从国外进口。

俄罗斯早期有线电视网络多具有半合法性质，并于21世纪初打破国有电视台垄断俄罗斯信息市场的局面。2000年以来，俄罗斯有线电视市场开始出现盗版行为，官方有线电视公司与盗版有线电视运营商间的斗争一直持续到现在。② 21世纪以来，俄罗斯有线电视用户数量大幅增长，到2010年，俄罗斯有线电视网络已经覆盖大中城市85%～90%的人口；俄罗斯大型有线电视控股公司对小城镇不太感兴趣，这些地方的有线电视网络一直由当地

---

① 贾乐蓉：《当代俄罗斯大众传媒研究》，中国广播电视出版社，2008，第39页。
② Региональные особенности распространения кабельного телевидения в России, https://adview.ru/cat_tv/cat_articles-ru/regionalnye-osobennosti-rasprostraneniya-kabelnogo-televideniya-v-rossii/.

的有线电视运营商负责建设与开发。①

俄罗斯一直没有形成全国性的有线电视网,与欧美国家相比,俄罗斯无线电视台用户规模大,占市场份额的80%,俄罗斯有线电视正处于发展阶段,而美国、澳大利亚等国的有线电视已经覆盖了本国96%~98%的人口;② 俄罗斯有线电视市场有多家供应商,其中最大的有线电视公司在市场上所占的份额也不到20%,而西方国家有线电视市场常常由1~2家有线电视运营商垄断,如2015年美国排在前两位的有线电视供应商康卡斯特(Comcast)与时代华纳有线(Time Warner Cable Inc.)占据了美国75%以上的有线电视市场份额。同无线电视相比,俄罗斯有线电视的优势在于以下几点。第一,从接收频道的数量上来看,数字电视、高清电视等有线电视能为用户提供更多的频道;由于受信号传输的影响,无线电视能提供的频道数量则少得多。第二,从适用范围上来看,俄罗斯有线电视网络多分布在大中城市或者居民集中的城镇,大型有线电视运营商很少关注小城镇或者村落;俄罗斯无线电视基本能覆盖全俄,98%以上的俄罗斯居民都能收到无线电视信号,即使是农村或者边远地区也不例外。第三,从信号传播来看,有线电视运营商只使用高质量的卫星信号、数字信号,采取闭路传输,能有效抵抗外界的干扰;俄罗斯无线电视基本采用模拟信号,容易受到外界的干扰。第四,随着俄罗斯电视数字化的推行,有线电视在服务质量方面显示了更高的水平,不仅能为用户提供高质量的图片,而且还能为用户提供额外服务和更多便利;③ 无线电视没有能力传送高清节目,压缩率高,损失了画面细节,收视效果不如有线电视。

俄罗斯有线电视网络具有浓厚的地方色彩,因此,俄罗斯有线电视网络建设主要考虑以下一些必要的因素,其中包括地区人口数量、居民收入水

---

① Шагдарова Б. Б. Становление и развитие кабельного телевидения в системе региональных СМИ в начале XXI в//Вестник Оренбургского государственного университета. 2015. № 11.

② Региональные особенности распространения кабельного телевидения в России,https://adview.ru/cat_tv/cat_articles-ru/regionalnye-osobennosti-rasprostraneniya-kabelnogo-televideniya-v-rossii/.

③ Евпланов А. Зритель на проводе:Сети кабельного телевидения уже опутали крупные и средние города России//Российская Бизнес-газета. 19 октября 2010 г. № 39.

平、投资潜力、服务市场中有支付能力的居民的需求、创新基础等。依照俄罗斯各地区有线电视公司数量，可以将俄罗斯各地区分为以下几类：第一类为拥有 21 个以上有线电视公司的联邦主体，第二类为拥有 15~20 个有线电视公司的联邦主体，第三类为拥有 10~14 个有线电视公司的联邦主体，第四类为拥有 5~9 个有线电视公司的联邦主体，第五类为拥有不到 5 个有线电视公司的联邦主体。[①] 莫斯科有线电视台的服务范围最小可达小区甚至街区，这类电视台所提供的节目内容包括本小区或本街区的新闻、广告，有时还邀请小区领导或议员来演播室做客。[②] 根据俄罗斯企业门户网站（http://www.orgpage.ru）公布的数据，截至 2020 年 4 月 25 日，各联邦主体有线电视公司的数量为 4351 家，评分（满分为 5 分）在 3.5 分以上的有线电视公司共计 34 家，其中评分为 5.0 分的有线电视公司有 25 家。

此外，随着俄罗斯网络化时代的来临，俄罗斯越来越多的电视台已经开始探索电视台系统网络化建设。俄罗斯许多电视台适应数字化、网络化、高清化发展趋势，越来越关注网络电视的发展。俄罗斯主要电视台如俄罗斯第一频道、俄罗斯独立电视台、俄罗斯星期五电视台、俄罗斯电视 1 台、星电视台、家庭电视台、电视中心等都推出了网络电视频道。此外，俄罗斯著名的体育电视频道、儿童频道、生活频道、音乐频道、休闲频道、地方频道大多推出了网络电视。俄罗斯网络电视在节目播出时间上更自由，节目检索功能更全面，互动性更强大，并且拥有海量的电视节目信息，越来越受到广大俄罗斯电视观众的喜爱。

（二）依照观众覆盖的地域划分的电视类型

1. 国家电视台

根据 2009 年 6 月 24 日颁布的《关于全俄免费公众电视频道和广播电台》（«Об общероссийских обязательных общедоступных телеканалах и радиоканалах»）的第 715 号总统令（2015 年 7 月 15 日修订），俄罗斯免费

---

[①] Региональные особенности распространения кабельного телевидения в России, https://adview.ru/cat_tv/cat_articles-ru/regionalnye-osobennosti-rasprostraneniya-kabelnogo-televideniya-v-rossii/.

[②] 参见贾乐蓉《当代俄罗斯大众传媒研究》，中国广播电视出版社，2008，第 39 页。

公众电视台①包括俄罗斯第一频道、俄罗斯电视1台、俄罗斯比赛电视台（Телеканал "Матч ТВ"）、俄罗斯独立电视台、圣彼得堡第5频道、俄罗斯文化电视台、俄罗斯电视24台、俄罗斯青少年电视台、俄罗斯电视中心等。上述电视台是俄罗斯著名的全国性电视台，其中圣彼得堡第5频道从名字上看似乎是地方电视台，但实际上，这是一家历史最悠久的全俄罗斯联邦电视台，其总部设在圣彼得堡市。

在俄罗斯各家全国性电视台中，近几年一直居前两位的是俄罗斯第一频道和俄罗斯电视1台。俄罗斯第一频道（Первый канал）为俄罗斯规模最大的电视频道，总部位于莫斯科市，其收视范围遍及海内外，其节目覆盖了俄罗斯全境。俄罗斯第一频道在2002年之前被称为俄罗斯公共电视台（Общественное Российское Телевидение，ОРТ），该电视台于1995年开始播放电视节目，其前身是苏联中央电视台。1991年12月27日，全苏国家电视广播公司改名为奥斯坦基诺俄罗斯广播电视公司。1994年11月30日，俄罗斯总统叶利钦下令将奥斯坦基诺俄罗斯广播电视公司改制为俄罗斯公共电视台，2002年起改名为俄罗斯第一频道。俄罗斯第一频道总部设在莫斯科科尔多瓦学院街12号的奥斯坦基诺电视中心，系俄罗斯主要电视频道，该电视频道除在俄罗斯全境播出节目外，还在俄罗斯以外的一些国家播出。俄罗斯第一频道始终致力于为全球数百万观众带来一流的电视产品，提供最好的娱乐节目、独特的纪录片、最新的新闻和分析、最轰动的电影和电视首映式、独家体育广播和俄罗斯流行音乐。

俄罗斯电视1台（Россия 1）是目前俄罗斯第二大国家电视台，节目几乎覆盖了俄罗斯全境，在多元化的电视、电影、娱乐节目、新闻节目的播放方面在全俄占有领先地位。

21世纪20年代以来，俄罗斯第一频道和俄罗斯电视1台对于信息类节

---

① 全俄免费公共电视频道和广播电台应免费在整个俄罗斯联邦传播。См.: Указ Президента Российской Федерации от 24 июня 2009 г. N 715 "Об общероссийских обязательных общедоступных телеканалах и радиоканалах" // Российская газета（Федеральный выпуск）. 25 июня 2009 г. № 114.

目的关注力度有所提升。① 但从整体情况来看，专题片、电视连续剧、娱乐节目、音乐和游戏节目在上述两家电视台的年度电视节目榜单中仍占主导地位，此外社会和政治类节目、体育类节目在榜单中也占有一席之地。2017年占据电视收视率排行榜前3位的分别是由俄罗斯第一频道推出的3档节目，其中居首位的是5月9日的《纪念伟大卫国战争胜利72周年阅兵式》，其收视率达13.2%；居第2位的是5月9日的《新闻联播》，其收视率为13.1%；居第3位的是6月19日播出的由美国导演奥利弗·斯通拍摄的纪录片《普京》，该纪录片拍摄耗时两年，由对俄罗斯总统普京的独家系列采访整理而成。② 2017年进入俄罗斯电视收视率排行榜前20的节目中，有14档节目是由俄罗斯第一频道推出的，有6档节目是由俄罗斯电视1台推出的。

2018年俄罗斯电视收视率排行榜前20的节目中，有一半以上为体育类节目，其中有9档节目为与在俄罗斯举办的第21届国际足联世界杯赛事有关的足球比赛：7月7日俄罗斯VS克罗地亚（俄罗斯第一频道）居首位，7月1日西班牙VS俄罗斯（俄罗斯电视1台）居第2位，7月15日法国VS克罗地亚（俄罗斯电视1台）居第3位，6月19日俄罗斯VS埃及（俄罗斯电视1台）居第4位，6月14日俄罗斯VS沙特阿拉伯（俄罗斯第一频道）居第5位，6月25日乌拉圭VS俄罗斯（俄罗斯第一频道）居第7位，7月11日克罗地亚VS英格兰（俄罗斯电视1台）居第11位，7月10日法国VS比利时（俄罗斯电视1台）居第13位，7月6日巴西VS比利时（俄罗斯电视1台）居第17位。此外，2月25日第23届冬季奥林匹克运动会冰球比赛俄罗斯VS德国（俄罗斯第一频道）居第12位，居第15位的是俄罗斯冰球国家队在韩国举行的第23届冬季奥林匹克运动会上夺金的比赛转播。③ 传统上，涉及俄罗斯国家队的体育比赛最能吸引电视观众，在2018年世界杯赛事中，俄罗斯国家队参加的所有比赛无一不激发本国观众的爱国热情。

---

① Полуэхтова И. А. Динамика мотивационной структуры телепотребления россиян// Социология СМИ и массовых коммуникаций. 2018. № 4.
② Федеральное агентство по печати и массовым коммуникациям. Телевидение в России в 2017 году: Состояние, тенденции и перспективы развития. Москва: 2018. с. 35.
③ См.: Федеральное агентство по печати и массовым коммуникациям. Телевидение в России в 2018 году: Состояние, тенденции и перспективы развития. Москва: 2019. с. 51 - 52.

俄罗斯第一频道获得了这一赛事的转播权，而这一赛事也成功地以 20.2%的收视率占据 2018 年俄罗斯电视收视率排行榜榜首。而多年来一直高居电视收视率排行榜榜首的《纪念伟大卫国战争胜利阅兵式》在 2018 年则排名第 8。2018 年进入电视收视率排行榜前 20 的节目中，有 9 档节目是由俄罗斯第一频道推出的，有 11 档节目是由俄罗斯电视 1 台推出的。

2019 年收视率最高的电视节目中则没有体育类节目，专题片（7 个）、娱乐类节目（6 个）和电视剧（4 个）成为主导。① 2019 年，俄罗斯电视节目的整体收视率下降，居电视收视率排行榜首位的由俄罗斯第一频道在 5 月 9 日推出的《纪念伟大卫国战争胜利 74 周年阅兵式》的收视率（9.5%）尚不及 2018 年排名第 14 的节目的收视率（9.8%），与此同时从阅兵式本身的收视率来说，2019 年的阅兵式也不如 2018 年的阅兵式（11.7%）。2019 年收视率最高的电影是《T-34》，该片是 2019 年俄罗斯军事冒险动作片，由阿列克谢·西多罗夫执导。该片于 2019 年 1 月 1 日在俄罗斯影院首映，1 月 11 日在全球影院上映，5 月 9 日胜利日在俄罗斯电视 1 台举行电视首播。这一重现苏德坦克对决精彩片段的战争影片成功地以 9.4% 的收视率吸引了超过 35%的俄罗斯电视观众。2019 年进入电视收视率排行榜前 20 的节目中，有 12 档节目是由俄罗斯第一频道推出的，有 8 档节目是由俄罗斯电视 1 台推出的。

2021 年 1 月 8 日《俄罗斯报》网站刊登了题为《俄罗斯人评选 2020 年最受欢迎的电视台》的文章，2020 年俄罗斯收视率排名第 1 的电视台是俄罗斯电视 1 台，收视率为 12.4%；俄罗斯第一频道居第 2 位，收视率为 10.5%；俄罗斯独立电视台居第 3 位，收视率为 9.4%。② 2020 年，以庆祝伟大的卫国战争胜利 75 周年为题材的节目仍然十分受欢迎，阅兵式的收视率依然高居榜首，而与纪念伟大卫国战争有关的其他节目的收视率也有不俗的表现。

俄罗斯电视 1 台的代表认为，他们之所以能在 2020 年取得成功，是因为 4 月初他们迅速对电视网络进行了重组，将信息类电视节目作为该台发展

---

① Федеральное агентство по печати и массовым коммуникациям. Телевидение в России в 2019 году: Состояние, тенденции и перспективы развития. Москва：2020. с. 43.
② Альперина С. Россияне назвали самый популярный в 2020 - м году телеканал//Российская газета. 8 января 2021 г.

的重点。在新冠肺炎疫情背景下，俄罗斯电视 1 台在 2020 年春季开展了一系列大型宣传活动，以推进卫生安全措施和志愿者运动。全俄国家电视广播公司于 4 月在国家模范大剧院（Государственный Академический Большой театр）举行的支持俄罗斯医务人员的《"我们在一起"音乐会马拉松》（концерт - марафон）①现场直播和俄罗斯电视 1 台推出的《危险的病毒》成为 2020 年最受欢迎的电视节目。②

总体来看，娱乐类节目和信息类节目在俄罗斯第一频道和俄罗斯电视 1 台占主导地位，充分反映了俄罗斯电视发展的趋势。通过对 2017～2019 年俄罗斯电视节目的阐述可以看出，电视仍然是俄罗斯民众休闲时间使用的主要媒介。游戏、娱乐、幽默、体育、纪录片、电视剧等成为俄罗斯第一频道、俄罗斯电视 1 台等提高收视率的重要依托。在俄罗斯，电视频道作为重要的广告媒介，其收视率现在已经成为最重要的，也几乎是唯一的衡量电视台是否成功的指标。③俄罗斯各电视台积极发展娱乐节目的另一个客观原因在于，广告是电视台收入的直接与主要来源，一档好的娱乐节目可以提高电视台的收视率，而收视率高的电视台的广告收入也会相应增加。

2. 地方电视台

在俄罗斯，每一个联邦主体甚至每一座城市都拥有地方性电视台，而且有一些城市还不只拥有一家电视台，因此俄罗斯的地方电视台的数量远远大于城市的数量。据盖洛普媒体咨询公司·俄罗斯的统计数据，截至 2010 年初，俄罗斯 29 座大中城市拥有 198 家地方电视台（平均每座城市拥有 6 家以上电视台）。在这些电视台中，多数每天节目播出的时间为 1～3 个小时，

---

① "音乐会马拉松"为慈善事业募捐或为发掘歌手等艺术人才而举办并由电台或电视台转播的大型舞台演出或广播电视节目，往往长达 24 小时以上。
② Альперина С. Россияне назвали самый популярный в 2020 - м году телеканал//Российская газета. 8 января 2021 г.
③ Федеральное агентство по печати и массовым коммуникациям. Телевидение в России: Состояние, тенденции и перспективы развития. Москва：2010. с. 115.

只有17家电视台每天节目播出的时间达18~24小时。① 根据盖洛普媒体咨询公司·俄罗斯2014年9月至2015年4月的调查数据，哈巴罗夫斯克市的观众每天看地方电视台播出节目的时间最长，达19分钟。从普遍规律来看，收看地方电视台播出节目的女性观众数量普遍多于男性，但在西伯利亚联邦区的新西伯利亚市和鄂木斯克市，地方电视台的男性观众数量却明显多于女性；在收看地方电视台播出节目的各年龄群体中，55岁以上群体的人数明显多于其他年龄群体，但在克拉斯诺亚尔斯克市35~54岁群体收看地方电视台播出节目的人数则占比最多。各地平时收看地方电视台播出节目时长排名前5的城市分别为哈巴罗夫斯克市、克拉斯诺亚尔斯克市、叶卡捷琳堡市、下诺夫哥罗德市、新西伯利亚市；周末收看地方电视台播出节目时长排名前5的城市为哈巴罗夫斯克市、新西伯利亚市、车里雅宾斯克市、叶卡捷琳堡市、圣彼得堡市。收视率排名前5的地方电视台包括哈巴罗夫斯克市的第6电视台（收视率为4.8%）、下诺夫哥罗德的伏尔加河电视台（收视率为3.0%）、圣彼得堡市的"100"电视台（收视率为2.4%）、车里雅宾斯克市的州立电视台（收视率为1.7%）、雅罗斯拉夫尔市的第一电视台（收视率为1.7%）。② 2019年各地收看地方电视台播出节目时长排名前5的城市分别为哈巴罗夫斯克市、克拉斯诺亚尔斯克市、莫斯科市、圣彼得堡市和叶卡捷琳堡市；收视率排名前5的地方电视台包括哈巴罗夫斯克市的"省"（Губерния）电视台（收视率为3.68%）、克拉斯诺亚尔斯克电视台（收视率为1.89%）、莫斯科市的"莫斯科·信任"电视台（收视率为1.80%）、圣彼得堡市的"78"电视台（收视率为1.13%）、莫斯科市的"24"电视台（收视率为0.87%）。

  俄罗斯地方电视台的主要特点在于以下几点。第一，地方电视台是地方性事件的积极参与者，它常常向观众报道超出全国性电视台能力之外以及全国性电视台并不关注的事件；地方电视能够在一定程度上为观众提供一个实现公民责任的机会，俄罗斯全国性电视台虽然在各联邦主体都设立了通讯

---

① Что смотрят на региональных телеканалах（Часть 1），http：//broadcasting.ru/articles2/content/chto－smotryat－na－regionalnih－telekanalah－chast－1.
② См.：Чемонин Р. На местах：как развивается региональное ТВ，https：//tvkinoradio.ru/article/article3260－na－mestah－kak－razvivaetsya－regionalnoe－tv.

员，但很少关注地方信息。① 第二，地方电视台是地方政治、经济、文化环境形成的重要组成部分。第三，地方电视台与全国性电视台的节目一样，种类繁多，但俄罗斯一些小城镇电视台的节目则以新闻或信息类为主。② 第四，俄罗斯地方电视台竞争激烈，它们的收视率高低取决于与之合作的全国性电视台，一般来说，与俄罗斯第一频道、俄罗斯电视1台等全国性电视台合作的地方电视台的收视率会高一些。第五，有一些地方电视台覆盖面积小、自办节目少，多数节目是从其他电视台复制过来的，因此一些地方电视台正在慢慢地被其他电视台取代或者吞并。第六，2016年以来，俄罗斯地方电视台在其所在区域的电视市场中的优势逐渐丧失，2016年有16个地方电视台的观众数量占当地人口总数的比例超过1%，2017年符合相同条件的电视台有11个，2018年有8个，2019年有4个。③

## 二 俄罗斯电视的受众情况分析

从表2-11可以看出，2017~2019年，俄罗斯每天看电视的人数明显比2014~2016年少。根据俄罗斯媒体市场调研公司的调查，2012~2019年，俄罗斯每天都看电视的人数占居民总数的比例从72%减至66%（见表2-12）。从各年度的数据来看，2012~2014年比较平稳，均保持在72%，2015~2018年，每年都比上一年度下降1个百分点，2019年则比2018年下降2个百分点。而在过去的10年里，从电视中获取信息的人数呈下降态势，其占总人数的比例从94%减至72%，在年轻人中，相关人数的占比下降幅度更大。④

---

① Фатыхова М. Х. Особенности развития регионального ТВ（на примере телевидения Республики Татарстан）// Ученые записки казанского государственного университета. 2008. Том 150. кн. 4. с. 176.

② Рыжов А. В. Тележурналистика как фактор развития малых городов России//Вестник ТГУ. 2008. № 9.

③ Федеральное агентство по печати и массовым коммуникациям. Телевидение в России в 2018 году：Состояние，тенденции и перспективы развития. Москва：2019. с. 51. Федеральное агентство по печати и массовым коммуникациям. Телевидение в России в 2019 году：Состояние，тенденции и перспективы развития. Москва：2020. с. 43.

④ См. : Костиков В. Конец голубой эпохи. Почему снижается интерес к отечественному телевидению？//Аргументы и Факты. 11 декабря 2019 г. № 50.

表 2-11　2014~2019 年部分月份俄罗斯人每周看电视的频率

单位：%

|  | 2014年5月 | 2015年5月 | 2016年6月 | 2017年2月 | 2017年9月 | 2018年1月 | 2018年4月 | 2019年1月 | 2019年8月 |
|---|---|---|---|---|---|---|---|---|---|
| 每天 | 74 | 73 | 61 | 67 | 58 | 67 | 63 | 66 | 52 |
| 每周3~5天 | 11 | 12 | 11 | 12 | 9 | 10 | 9 | 9 | 12 |
| 每周1~2天 | 7 | 7 | 13 | 11 | 14 | 11 | 11 | 9 | 12 |
| 每周不到1次 | 2 | 3 | 4 | 3 | 6 | 3 | 5 | 5 | 8 |
| 不看电视 | 6 | 5 | 9 | 5 | 12 | 6 | 11 | 11 | 13 |
| 家里没有电视 | 1 | <1 | 3 | 1 | 2 | 2 | 1 | 0 | 2 |
| 很难回答 | <1 | <1 | <1 | <1 | <1 | 1 | <1 | 0 | 1 |

资料来源：СМИ: ТВ и интернет: Об отношении к телепрограммам, качестве новостного телевидения и новостям в интернете, https://fom.ru/SMI-i-internet/14258。

表 2-12　2012~2019 年俄罗斯每天看电视人数占居民总数比率

单位：%

| 2012年 | 2013年 | 2014年 | 2015年 | 2016年 | 2017年 | 2018年 | 2019年 |
|---|---|---|---|---|---|---|---|
| 72 | 72 | 72 | 71 | 70 | 69 | 68 | 66 |

资料来源：См.: Федеральное агентство по печати и массовым коммуникациям. Телевидение в России в 2019 году: Состояние, тенденции и перспективы развития. Москва: 2020. с. 25。

社会学调查显示，转型初期，俄罗斯电视观众主要把电视作为获取重要信息的来源，约50%的受访者表示，看电视是为了获取国内外时事信息，只有1/3的受访者认为看电视是为了消遣和娱乐。俄罗斯观众对电视及其功能认识的转折点出现在2005年，在这一年，将看电视作为娱乐方式的人数首次大大超过了将看电视作为主要信息来源的人数。[1] 其主要原因在于：第一，在电视的商业化和市场逻辑的支配下，俄罗斯的电视文化逐渐只注重娱乐效果，而忽视对思想内涵和艺术价值的追求，出现了过度娱乐化倾向；第二，转型以来，俄罗斯公共生活的有序化和稳定化导致民众对新闻的兴趣逐渐降低，而人们的享乐主义观念增强和娱乐需求增多；第三，老一辈俄罗斯人因年轻时形成的电视消费习惯仍然认为看电视是主要的信息来源，而转型以来成长

---

[1] Полуэхтова И. А. Динамика мотивационной структуры телепотребления россиян// Социология СМИ и массовых коммуникаций. 2018. № 4.

起来的新一代俄罗斯人更注重电视的娱乐性，喜欢看"脱口秀"等娱乐搞笑类综艺节目或"肥皂剧"，实际上，这也是世界年轻人观看电视节目的共性。

很多俄罗斯人对经济新闻板块的不信任感最强且持续增长，俄罗斯专家对此的解释是，人们晚上在电视上看到的商品价格与市场上价格标签上显示的数字并不完全相同。① 从电视中获取信息的人数下降的原因包括以下几个方面。

第一，在新媒体时代，互联网、社交网络、独立博客等越来越成为俄罗斯居民尤其是年轻人获取信息的来源。② 互联网的发展、社交媒体以及可上网的多功能个人移动设备的大量普及，严重影响包括电视在内的传统媒体的使用，俄罗斯电视节目因此受到了较大的冲击。

近年来，俄罗斯传统电视收视率一直呈下降态势，主要原因是以40岁以下年龄段为主的观众，其获取信息的手段逐渐向智能手机、台式机、笔记本电脑、平板电脑、智能电视等转移。③ 55岁及以上的消费群体用于看电视的时间下降得不那么明显，11~34岁群体用于看电视的时间下降幅度最大，2019年比2018年下降10%（见表2-13）。

表 2-13　2016~2019 年俄罗斯观众平均每天看电视时长情况

单位：分钟，%

|  | 2016 年 | 2017 年 | 2018 年 | 2019 年 | 2019 年与 2018 年对比 | |
| --- | --- | --- | --- | --- | --- | --- |
|  |  |  |  |  | 时长增减 | 百分比 |
| 男性 | 218 | 209 | 200 | 190 | -10 | -5 |
| 女性 | 273 | 268 | 255 | 246 | -9 | -4 |
| 4~10 岁 | 144 | 137 | 125 | 115 | -10 | -8 |
| 11~34 岁 | 150 | 145 | 136 | 123 | -13 | -10 |
| 35~54 岁 | 270 | 255 | 236 | 221 | -15 | -6 |
| 55 岁 + | 377 | 372 | 363 | 359 | -4 | -1 |
| 总计 | 248 | 242 | 230 | 220 | -10 | -4 |

资料来源：Федеральное агентство по печати и массовым коммуникациям. Телевидение в России в 2019 году: Состояние, тенденции и перспективы развития. Москва：2020. с. 26.

---

① См.：Костиков В. Конец голубой эпохи. Почему снижается интерес к отечественному телевидению？//Аргументы и Факты. 11 декабря 2019 г. № 50.

② Костиков В. Конец голубой эпохи. Почему снижается интерес к отечественному телевидению？//Аргументы и Факты. 11 декабря 2019 г. № 50.

③ Скобелев В. Л. Современное состояние и развитие телепотребления в России//Петербургский экономический журнал. 2019. № 1. с. 25 - 34.

第二，俄罗斯人对一些电视节目的质量多有诟病。俄罗斯社会舆论基金会2020年9月18日的调查显示，有20%的俄罗斯人认为，在过去的两三年中俄罗斯电视新闻节目的质量下降了。他们认为造成这种结果的原因包括"新闻节目变成了宣传性的、从属于政府当局的节目""有很多负面的东西""到处都是同样的面孔，令人生厌"等。①

第三，近年来，部分俄罗斯人对政府的不信任感普遍增加，他们更愿意通过其他途径，而不是电视去寻找解决问题的答案。②

从表2-13可以看出，俄罗斯不同性别和年龄段的电视观众电视消费时间是存在差异的，年轻人看电视的时间比老年人少60%，女性看电视的时间略多于男性，这说明俄罗斯电视观众的社会结构和群体结构的特点是女性和老年人是电视观众的主体。③ 而日益扩大的代际数字鸿沟预示着俄罗斯电视观众老龄化现象进一步加剧，电视在信息消费和家庭休闲方面的主导地位正在丧失。老年观众在电视观众中的比例每年都在增加，从2008年到2018年，俄罗斯电视观众的平均年龄增加了5岁。其中，4~17岁群体占比从12%降至7%，下降了5个百分点；18~34岁群体占比从21%降至18%，下降了3个百分点；35~54岁群体占比从35%降至31%，下降了4个百分点；55岁及以上群体占比从32%增至44%，增长了12个百分点。④ 2019年俄罗斯电视观众的平均年龄为50岁，55岁以上群体电视观众的占比达48%，比10年前增长了13个百分点。

虽然近两年俄罗斯电视观众数量有所下降，但电视仍是俄罗斯的重要媒体，是人们获取信息的主要来源。与全球平均水平相比，俄罗斯人的电视消费时间仍然相当长。2018年，俄罗斯人每天用于看电视的时间为3小时50

---

① СМИ：ТВ и интернет：Об отношении к телепрограммам，качестве новостного телевидения и новостям в интернете，https：//fom.ru/SMI-i-internet/14258.
② См.：Костиков В. Конец голубой эпохи. Почему снижается интерес к отечественному телевидению？//Аргументы и Факты. 11 декабря 2019 г. № 50.
③ Федеральное агентство по печати и массовым коммуникациям. Телевидение в России в 2019 году：Состояние，тенденции и перспективы развития. Москва：2020. с. 26.
④ См.：Скобелев В. Л. Современное состояние и развитие телепотребления в России//Петербургский экономический журнал. 2019. № 1. с. 25-34.

分钟，而全球平均每天用于看电视的时间为 2 小时 55 分钟。① 根据俄罗斯媒体市场调研公司的调查，48%的俄罗斯家庭拥有一台电视机，35%的家庭拥有两台电视机，其余家庭拥有 3 台或更多电视机。此外，1/3 家庭拥有可上网的智能电视（Smart TV），许多家庭中的电视还能连接 U 盘（65%）、存储卡（32%）或外置硬盘（27%）。② 在网络化时代，俄罗斯人依然喜欢看电视的原因有以下几个方面：第一，收看电视无须专门的支出（只需缴纳电费），因此，在很大程度上，电视对于许多俄罗斯人来说成为唯一能够负担得起的媒体；③ 第二，从心理学角度讲，人们在看电视的时候，经常会从现实生活进入一个梦想的世界；第三，对于很多俄罗斯老年人来说，电视往往是他们了解世界的重要窗口，他们是数字时代的弱势群体，不能或者无法熟练掌握和使用互联网信息技术，因此更习惯看电视；第四，俄罗斯边远地区网络不畅通或没有网络，电视成为那里居民消遣、娱乐的唯一途径。

### 三 俄罗斯电视业集团化发展模式

转型初期，俄罗斯就形成了 70 多个电视中心，经过近 30 年的发展，俄罗斯电视业也呈现集团化发展态势，这种趋势实际上体现的是俄罗斯政府对国家电视行业的控制。俄罗斯电视业集团化发展模式的主要特点表现有以下几方面。

#### （一）国家是电视行业的最大所有者

从 2009 年到 2019 年的统计数据以及各种分析来看，国家是俄罗斯电视行业的最大所有者。2009~2019 年，百分百由国家控股的电视台包括俄罗斯电视 1 台、俄罗斯文化电视台、俄罗斯体育电视台、俄罗斯新闻电台（вести）、俄罗斯星电视台等。此外，还有一些电视台国家持股比例在 16%以上。俄罗斯最大的电视集团是 1990 年 7 月 14 日成立的俄罗斯国家电视和广播公司

---

① Снижение традиционного телепотребления не означает снижения интереса к телевидению，https：//spbsj.ru/isledovaniya/snizhieniie-traditsionnogho.
② Федеральное агентство по печати и массовым коммуникациям. Телевидение в России в 2019 году：Состояние，тенденции и перспективы развития. Москва：2020. c. 19.
③ 参见贾乐蓉《当代俄罗斯大众传媒研究》，中国广播电视出版社，2008，第 37 页。

（Всероссийская государственная телевизионная и радиовещательная компания, ВГТРК），当年12月10日俄罗斯广播电台开始播音，1991年5月13日，俄罗斯电视台开始播放节目。1993年初，俄罗斯国家电视和广播公司成为全国性电视广播公司，同年，成为欧洲广播联盟（Европейский вещательный союз，EBU）的正式成员，拥有欧洲广播联盟和亚太广播联盟（Азиатско－Тихоокеанский Вещательный Союз，ABU）重要事项的决策权。1998年，根据俄罗斯联邦总统叶利钦颁布的总统令，所有的媒体资产均合并为一家控股公司，至此，俄罗斯国家电视和广播公司成为由国家控股的最大的电子媒体公司，其业务涉及当代俄罗斯电视的所有领域。① 如今，俄罗斯国家电视和广播公司是全俄电视市场的主导者和主要节目制作者，其旗下的电视台包括俄罗斯电视1台、俄罗斯文化电视台、俄罗斯电视24台等电视台；在全国拥有91家各种形式的子公司，其中中央联邦区17家、西伯利亚联邦区16家、伏尔加河沿岸联邦区15家、远东联邦区11家、西北联邦区11家、乌拉尔联邦区7家、南部联邦区7家、北高加索联邦区7家。② 2009年其持有欧洲新闻电视台（Secemie SA）③ 16.94%的股份，④ 2019年其持有旋转木马（Карусель）电视台股份公司50%的股份。⑤

（二）多数电视集团采取混合所有制形式

俄罗斯电视集团分为由国家百分百控股的电视集团、由企业控股的

---

① 此部分内容参见俄罗斯国家电视和广播公司网站（http：//vgtrk.com）有关公司的介绍。
② 此处数据来源于俄罗斯电视百科全书网站有关俄罗斯国家电视和广播公司历史沿革、机构与人员变化、子公司设置等介绍。俄罗斯国家电视和广播公司在各联邦区的子公司名称多与所管辖联邦主体名称有关（但并非完全重合，有的联邦主体拥有两家或更多俄罗斯国家电视和广播公司子公司），所以在此不一一列举。另外，俄罗斯电视百科全书网站在列举各联邦区子公司时将南部联邦区与北高加索联邦区归到了一起，现有数据系笔者依照两个联邦区所管辖的联邦主体名称重新划分的。详细情况参见 https：//telepedia.fandom.com/ru/wiki/%D0%92%D0%93%D0%A2%D0%A0%D0%9A。
③ 欧洲新闻电视台（Société éditrice de la chaîne européenne multilingue d'information Euronews，Secemie SA）是欧洲主流媒体之一，也是唯一一家泛欧多语种电视新闻频道，总部设在法国。
④ Федеральное агентство по печати и массовым коммуникациям. Телевидение в России в 2009 году：Состояние，тенденции и перспективы развития. Москва：2010. с. 57.
⑤ Федеральное агентство по печати и массовым коммуникациям. Телевидение в России в 2019 году：Состояние，тенденции и перспективы развития. Москва：2020. с. 75.

电视集团以及混合所有制形式三种。混合所有制形式，即指国有资本、商业资本共同参股组建而成的电视集团。典型案例为俄罗斯第一频道股份制公司，该公司的股东中有3个国家机构、2个私人组织。根据俄罗斯联邦新闻出版与大众传媒署2020年5月发布的电视行业报告中的数据，3家国家机构包括俄罗斯国家财产委员会（Госкомимущество）、塔斯社（ИТАР-ТАСС）和奥斯坦基诺电视技术中心（ТТЦ "Останкино"），它们共持有51%的股份，其中国家财产委员会持股38.90%，塔斯社持股9.10%，奥斯坦基诺电视技术中心持股3.00%。俄罗斯第一频道的创始公司——光栅商业有限责任公司（ООО "РастрКом"）持有29.00%的股份，该公司系国家媒体集团封闭型股份公司（ЗАО "Национальная Медиа Группа"）的全资子公司。俄罗斯公共电视台 - 商业银行有限责任公司（ООО "ОРТ-КБ"）① 持有20%的股份，② 但2020年9月底，俄罗斯对外贸易银行宣称退股。2020年12月22日，普京总统颁布了涉及俄罗斯第一频道前景的第806号总统令，其中提到，为了提高股份公司的财务稳定性，将通过增发股票和向非政府股东出售股票的方式增加法定资本，但国家持股比例将不低于34%。俄罗斯有媒体在评论中称，俄罗斯对外贸易银行不排除在增发股票的过程中可能再次成为俄罗斯第一频道的股东。③ 截至2020年12月23日，俄罗斯第一频道股份制公司在国内外设置的子公司或代表处有30多家，分别位于俄罗斯斯维尔德洛夫斯克州、下诺夫哥罗德州、秋明州、鄂木斯克州、伏尔加格勒州、沃罗涅日州、加里宁格勒州、克麦罗沃州、萨拉托夫州、罗斯托夫州、新西伯利亚州、科斯特罗马州、鞑靼斯坦共和国、达吉斯坦共和国、圣彼得堡市、车臣共和国、哈巴罗夫斯克边疆区、滨海边疆区、斯塔夫罗波尔

---

① 2019年3月，俄罗斯对外贸易银行（ВТБ）宣称从俄罗斯第一频道股份制公司收购20%的股份，自此俄罗斯对外贸易银行入股俄罗斯第一频道的名称改为俄罗斯公共电视台 - 商业银行有限责任公司（ООО "ОРТ-КБ"）。

② См.: Федеральное агентство по печати и массовым коммуникациям. Телевидение в России в 2019 году: Состояние, тенденции и перспективы развития. Москва: 2020. с. 74.

③ Степанова А. Первому каналу прочат рокировки: что включает в себя этот актив? https://regnum.ru/news/3148530.html.

边疆区、克拉斯诺达尔边疆区、克拉斯诺亚尔斯克边疆区，阿塞拜疆、塔吉克斯坦等独联体国家，以及以色列、中国、德国、拉脱维亚、格鲁吉亚、美国、英国、亚美尼亚、白俄罗斯、法国、哈萨克斯坦和乌克兰等国家。①

（三）俄罗斯国际和平电视广播公司由10个国家共同持股

俄罗斯国际和平电视广播公司封闭型股份公司（Межгосударственная телерадиокомпания "Мир"）1992 年根据独联体成员国元首协议成立，其宗旨是促进独联体成员国间在政治、经济和人道主义方面的合作，形成一个共同信息空间，促进国际信息交流。俄罗斯政府在该公司仅持有 10% 的股份，其他 90% 股份分别由阿塞拜疆、亚美尼亚、白俄罗斯、格鲁吉亚、哈萨克斯坦、吉尔吉斯斯坦、摩尔多瓦、塔吉克斯坦、乌兹别克斯坦等各国政府持有，包括俄罗斯在内的 10 个国家均为俄罗斯国际和平电视广播公司的创始会员国。俄罗斯国际和平电视广播公司下设的国际和平电视台于 1992 年 10 月 9 日正式成立。在 2003 年 9 月之前，该电视台一直借助俄罗斯奥斯坦基诺和公共电视台的电视频道播出节目，2003 年 9 月 1 日开始拥有自己的电视频道。俄罗斯国际和平电视广播公司在 10 个创始会员国都拥有代表处。

---

① Степанова А. Первому каналу прочат рокировки: что включает в себя этот актив? https://regnum.ru/news/3148530.html.

# 第三章
# 俄罗斯新媒体的建设与发展

对于新媒体的界定，国内外学者可谓众说纷纭，至今尚没有最终的定论。根据"科普中国"科学百科词条编写与应用工作项目审定的定义，新媒体是利用数字技术，通过计算机网络、无线通信网、卫星等渠道以及电脑、手机、数字电视机等终端，向用户提供信息和服务的传播形态。[①] 俄语中"新媒体"一词用 Новые СМИ 或者 новые медиа 表示，俄罗斯媒体在对这一术语进行界定时指出，新媒体是20世纪末出现的术语，第一，是指交互式电子出版物，第二，是指出版商与读者之间沟通的一种新形式，通常主要是指伴随着卫星通信、数字通信、信息技术和计算机网络等技术的发展而出现的新兴传播媒体。卢金娜（М. М. Лукина）在其主编的《网络媒体：理论与实践》（«Интернет - СМИ：теория и практика»）一书中针对"网络媒体"一词下的定义是以电子形式放置在互联网（和网络）上的定期更新的信息和资料的总和。[②] 笔者在论述过程中采用联合国教科文组织认定的新媒体概念：新媒体即网络媒体。网络媒体是信息载体，也是传播信息的渠道和工具。作为新兴媒体，网络媒体与传统媒体虽然有区别，但在信息传播方面的基本功能是一致的，因此网络媒体的形式亦可参照传统媒体的分类方

---

[①] 关于新媒体的解释，请参见百度百科，https：//baike. baidu. com/item/% E6% 96% B0% E5% AA% 92% E4% BD% 93/6206？fr = aladdin。

[②] Интернет - СМИ：Теория и практика：учеб. пособие для студентов вузов / Под ред. М. М. Лукиной. Москва：Аспект Пресс. 2010. с. 2.

式。依照上述原则，俄罗斯网络媒体可以分为在线报纸、在线杂志、网络电台、网络电视、网上通讯社等。按照惯例，线下"母体"出版物会将定期或不定期更新的内容上传到其网络版上，但网络版不一定是"母体"出版物的副本，很多俄罗斯传统媒体网站上的资源比"母体"出版物更丰富，更新速度更快，功能更加齐全。俄罗斯网络媒体的形式非常广泛，其中包括搜索引擎、在线报纸、在线杂志、网络广播、网络电视、网上通讯社、网络电影、移动媒体、社交媒体等。

## 第一节 俄罗斯网络媒体的发展历程

俄罗斯互联网依照涵盖区域，可以分为以下 4 种。第一，个人局域网，其俄文为 Персональные вычислительные сети（ПВС），英文为 Personal Area Network（PAN），就是在个人工作的地方将属于个人使用的台式电脑（компьютеры）、掌上电脑（КПК）、数码相机、移动电话等电子设备用无线技术连接起来，用于传输数据，其适用范围一般在 10 米以内。第二，局域网，俄文为 Локальные вычислительные сети（ЛВС），英文为 Local Area Network（LAN）。局域网一般限定在小于 10 千米的范围内，即将位于 10 千米内的虚拟机联合起来。局域网的用户范围是有限的，他们解决的是同质的任务，用户数量也是有限的。俄罗斯局域网一般用于教育机构网络、企业计算机网络、银行网络等。第三，城域网，俄文为 Региональные вычислительные сети（РВС），英文为 Metropolitan Area Network（MAN），一般是将数百千米范围内的计算机联合起来，城域网可以将一座大城市、一个经济区或者一个独立国家的计算机网络整合起来，其用户范围十分广泛。第四，广域网，俄文为 Глобальные вычислительные сети（ГВС），英文为 Wide Area Network（WAN），广域网又称外网、公网，是连接不同国家、不同大陆的局域网或城域网计算机通信的远程网，通常跨接很大的物理范围，全球每天有来自不同大洲的数百万人使用广域网。

### 一 俄罗斯网络媒体的起步阶段

1990～1993 年是俄罗斯互联网的起步阶段，其重要表现是俄罗斯互联网诞生、注册.su 顶级国家域名以及接入国际互联网。1990 年 8 月 28 日，俄罗斯首个名为"列尔科姆"的计算机网络诞生，并将俄罗斯最大的科学中心联合在一起，电子邮件系统通过网络连接了莫斯科、列宁格勒、基辅和新西伯利亚科研机构的计算机。① 苏联库尔恰托夫原子能研究所（Институт атомной энергии им. Курчатова）与芬兰赫尔辛基大学通过调制解调器实现了会议电话终端的远程接入。同年，苏联 UNIX 用户协会注册了苏联第一个.su（来自英文 Soviet Union）域名，但这一时期的网络主要是通过电话链接，费用高昂，普通用户无法承担，所以仅限集团、组织或者机构用户使用。1991 年 5 月 1 日，苏联内部传递的信息量优先于外部的信息量，苏联互联网内容对国内用户的价值首次高于国际用户。②"8·19"事件后，网络一度成为苏联国民获得相关新闻的重要传媒工具，并且充分显示了其在传播信息上的优势。③ 1992 年 7 月"列尔科姆"启动在线 IP 试点实验，并在欧洲最大的提供商业网络服务的"欧盟网"（EUnet）上正式注册，实现了与国际互联网、北欧网、欧盟网等国际网络互联互通。1993 年，俄罗斯许多大学和研究机构开始建立计算机网络并成功接入国际互联网，④ 国际科学基金会的电信计划为俄罗斯互联网的发展提供了强大的动力；5 月 24 日，在科学部的参与下，俄罗斯著名科研机构成立了俄罗斯教育学术研究网络，以资助俄罗斯发展互联网；12 月 4 日，依照《关于.ru 域名管理规则》的协议，.ru 域名的管理和技术支持由俄罗斯公共网络发展研究所负责，随后向国际网络信息中心提交.ru 域名的注册申请，并成立相关的协调小组负责制定域名管理规则。⑤

## 二 俄罗斯网络媒体的发展阶段

1994 年 4 月 7 日俄罗斯在国际网络信息中心正式注册.ru 国家顶级域

---

① Появление интернета в России и в мире，https：//off. ru. net/poyavlenie – interneta – v – rossii – v – mire.
② История развития российского Интернета. Справка// РИА Новости. 19 сентября 2011 г.
③ 参见孙飞燕《俄罗斯网络发展历程》，《俄罗斯研究》2004 年第 1 期。
④ Интернет в России，https：//otherreferats. allbest. ru/radio/00030853_ 0. html.
⑤ См.：История развития российского Интернета. Справка// РИА Новости. 19 сентября 2011 г.

名，同时禁止使用 .su 国家顶级域名①，俄罗斯互联网时代正式来临，并很快进入发展阶段。俄罗斯有关方面的决策者意识到，只有互联网的发展才能在一定程度上阻止俄罗斯人才的外流，拯救俄罗斯世界级高等教育，于是在"俄罗斯大学"国家科学计划框架内，提出建立联邦大学计算机网络的构想。② 1995～1999 年，俄罗斯在互联网发展方面取得多项第一，如创建第一家网络设计工作室、开设第一家离线媒体、创建第一家通讯社网站、推出第一个网络娱乐资源网站、首次在网上公布国家杜马初步统计结果、开通第一家免费邮件订阅服务网站、开通首家付费广告网站、创建第一家俄罗斯搜索引擎、举办第一次俄罗斯网络论坛、首次通过"另一个索引"实现俄语网上搜索、第一个网络黑客被定罪、开设第一家网上商店、俄罗斯总统与国外领导人举行第一次网络会议、第一家网络日报创刊、首家互联网运营商联盟成立等。此间，索罗斯基金会与俄联邦政府合作发起"俄罗斯大学"计划，旨在将俄罗斯高等教育机构与互联网连接起来；俄罗斯 .ru 协调小组将 .ru 域名区的注册费定为 100 美元；俄联邦安全局开始实施调查行动，要求每个网络供应商在联邦安全局内建立一个特殊的数据通道，并根据要求，确保电子邮件能被读取，并能够对任何人的网络行动进行跟踪；③ 古辛斯基的"桥"媒体集团收购俄罗斯领先的互联网资源，创建俄罗斯最大的网络媒体帝国；时任俄联邦政府总理普京会见互联网界代表，并颁布法案旨在将俄罗斯互联网收归国家管理。④ 俄罗斯第一大网络媒体——俄罗斯商业咨询通讯社网（РБК）在 1998 年 8 月其互联网用户不到 100 万人，当时其网站上最重要

---

① История рунета: как развивался интернет в России. Досье//Форум "Интернет – экономика 2015". 21 декабря 2015 г.
② Исследовательская работа на тему "Россия и интернет", https://infourok.ru/issledovatelskaya – rabota – na – temu – rossiya – i – internet – 3829452. html.
③ См.: Апулеев И. Ключи отдайте: ФСБ требовала доступ к перепискам россиян//Газета. 12 февраля 2020 г, https://turbo.gazeta.ru/tech/2020/02/12/12956407/fsb.shtml.
④ См.: История развития российского Интернета. Справка, https://ria.ru/20110919/439857350.html; История рунета: как развивался интернет в России. Досье//Форум "Интернет – экономика 2015". 21 декабря 2015 г; Исследовательская работа на тему "Россия и интернет", https://infourok.ru/issledovatelskaya – rabota – na – temu – rossiya – i – internet – 3829452. html.

的信息是美元汇率。20世纪90年代末，РБК的知名度可与俄罗斯最大的搜索引擎——Yandex相媲美。1999年春天，俄罗斯第一份网络报纸《报纸》（Gazeta.ru）成功开通。[①]俄罗斯互联网玩家越来越多。

1998年末至1999年初，俄罗斯互联网已经从一个高度专业化的计算机网络发展成为一个强大的信息空间，在一定程度上覆盖了国家政治、社会、生活等各个方面。在1999年俄罗斯总统选举期间，普京开通了其本人第一个个人选举网站。互联网不仅成为政治宣传的重要手段，而且成为各种政治派别博弈的场域。

### 三 俄罗斯网络媒体的规制阶段

2000年，俄罗斯总统普京开始执政，其在大选期间开通的个人网站随之关闭。普京执政后，摒弃了叶利钦时期国家对媒体放任的态度，对包括互联网在内的俄罗斯大众传媒加强了管制的力度。同时，俄罗斯政府也采取诸多措施促进本国网络的发展，如出台《俄罗斯电子签名法》《俄罗斯网络立法构想》《俄罗斯联邦信息和信息化领域立法发展构想》《2000~2004年大众传媒立法发展构想》《电子公文法》《俄罗斯联邦互联网发展及利用国家政策法》《国际信息交易法》《电子合同法》《电子商务法》等法律法规和政策文件。2002年1月俄罗斯政府批准的《2002~2010年电子俄罗斯目标规划》涉及立法、行政、教育、商业和媒体，旨在促进俄罗斯互联网的发展，提升互联网在国家政治、经济发展中的作用。此外，俄罗斯一些重要部门还开通了国家门户网站"Strana.ru"；成立国家顶级域名.ru协调中心和国际网络信息中心俄罗斯子公司（Ru-Center）以规范本国域名注册活动；在俄出版、广播电视与大众传媒部的支持下，开通"俄语"参考和信息门户网站；在莫斯科大学新闻系开设"互联网新闻学"专业；允许教育机构在教育和教学过程中使用远程技术；每天公布注册网站信息，及时公布域名系统分析报告；重新开放.su域名，可免费注册；成立俄罗斯互联网行业代

---

[①] Федеральное агентство по печати и массовым коммуникациям. Российский рынок периодической печати: Состояние, тенденции и перспективы развития. Москва: 2005. с. 10.

表工作组；允许全球著名搜索引擎进驻俄罗斯；在《俄罗斯联邦民法典》中列入有关信息技术领域的一些规定，其中包括关于俄罗斯人使用互联网的一些详细规则；制订计划使每个俄罗斯人都能居家上网；等等。2000～2004年，俄罗斯网媒市场可以分为三类，第一类为开拓者，包括《俄罗斯商业咨询》网（RBC.ru）、Lenta.ru、《报纸》网（Gazeta.ru）等；第二类为继承者，包括 Utro.ru、Dni.ru、Grani.ru、Strana.ru 等；第三类为传统媒体，包括《消息报》网（Iz.ru）、《共青团真理报》网（Kp.ru）、《独立报》网（Ng.ru）等。[①] 到2009年底，俄罗斯互联网受众达4250万人，占俄罗斯18岁以上人口的36.6%。俄罗斯上网人数的增加，不仅为互联网业带来丰厚的广告收入，而且吸引了大量的投资，资金的增加又进一步促进了俄罗斯互联网的发展。

## 四 俄罗斯网络媒体迅速发展阶段

2010年至今，俄罗斯互联网取得飞跃发展，到目前为止，该国已经成为全球上网最快、最便捷的国家之一。自2010年起，俄罗斯正式获得授权的域名开始向多样化发展，如2010年5月12日获得 .рф 国家顶级域名的正式授权，该域名自2016年开始可以免费注册；俄罗斯一些联邦主体开始拥有本地区的顶级域名，如莫斯科的".moscow"、鞑靼斯坦共和国的".tatar"等。近10年来，俄罗斯政府对于互联网的发展高度重视，并采取一些重要举措以促进网络的发展，如建设新的电信基础设施，提升互联网接入速度，铺设适合长距离传输大数据流的光纤通信线路，启动政府方案以解决"数字鸿沟"问题，投入巨额资金建设4G+高速移动数据传输网络等，从而确保全国各地公民均能平等地获得通信服务。俄罗斯政府的一系列举措在提高上网速度、降低上网资费的同时，进一步提升了服务质量。与此同时，俄罗斯有关部门在互联网内容选择与网络监管方面更关注网络的正面引

---

[①] Федеральное агентство по печати и массовым коммуникациям. Российский рынок периодической печати: Состояние, тенденции и перспективы развития. Москва: 2005. с. 10.

领作用，如提升网民素养，净化儿童网络空间，发展网络慈善事业，加强网络监管，提高网络信息安全指数等。

## 第二节 俄罗斯网络媒体的建设

### 一 俄罗斯域名注册与使用情况

从全球范围来看，首批 7 个国际域名出现在 1985 年 1 月，分别是 .com（商业机构网站）、.edu（教育网站）、.gov（政府机构网站）、.org（非营利性组织网站）、.int（国际组织网站）、.mil（军事组织网站）和 .net（网络服务组织网站）；1985 年 7 月 .us（美国）和 .uk（英国）等第一批国家顶级域名出现。俄罗斯最早的国家顶级域名（.su）出现在 1990 年，这是苏联和后苏联空间国家使用的域名，现在，.su 域名虽然仍在使用，但已经不具有俄罗斯国家顶级域名的地位，而是归私人非政府组织互联网发展基金（Фонд Развития Интернет）管理。俄罗斯互联网诞生于 1994 年 4 月 7 日，其标志是俄罗斯第一个 .ru 域名被成功注册，到 2019 年，俄罗斯互联网已历经 25 年的发展。① 现在，俄罗斯最常使用、应用最广泛的国家域名是 .ru，其次是 .рф。".ru" 和 ".рф" 域名注册的依据是 2011 年 10 月 5 日发布的《.ru 和 .рф 域名注册规则》。截至 2019 年末全俄 .ru 和 .рф 域名注册登记处共有 52 个，分别位于莫斯科市、莫斯科州、圣彼得堡市、加里宁格勒州、萨马拉州等地。

（一）.ru 域名情况分析

截至 2020 年 4 月，俄罗斯国家顶级域名 .ru 的注册保有量居全球顶级域名（ccTLD）排行榜第 5 位，排名前 4 位的分别是中国国家顶级域名 .cn（2080 万）、德国国家顶级域名 .de（1600 万）、英国国家顶级域名 .uk（1190 万）和荷兰国家顶级域名 .nl（590 万）。在俄罗斯所有 .ru 域名中，有 30% 是在一年前

---

① Под общей редакцией Казаряна К. Р. Интернет в России В 2018 Году: Состояние, тенденции и перспективы развития. Москва：2019. с. 8.

(2018年4月至2019年4月)注册的;765个域名(占总数的0.02%)的注册年限已经超过23年,是俄罗斯历史最悠久的域名。.ru域名最受欢迎的长度是8~10个字符(占全部.ru域名的33%),长度为2~4个字符的占4%多一点,61~63个字符的长域名在俄罗斯仅有54个。俄罗斯活跃的.ru域名达260万个(占全部.ru域名的53%),停用的.ru域名为96.1万个(占19.4%);42.2万个.ru域名(占8.5%)没有IP地址,34万个.ru域名(占6.7%)用于转发服务,7.8万个.ru域名(占1.6%)用于邮件服务。①

2009~2019年,俄罗斯.ru域名发展迅猛,2009年初,俄罗斯.ru域名共计18.59777万个,到2009年末,俄罗斯.ru域名共计25.47456万个,②从2019年末与2009年末的对比情况来看,俄罗斯.ru域名10年间增长了1862.74%。

在俄罗斯各联邦区中,.ru域名注册数量最多的为中央联邦区,其次为西北联邦区和伏尔加河沿岸联邦区,远东联邦区注册的.ru域名数量最少。从2009~2019年10年间的对比情况来看,俄罗斯.ru域名注册数量最多的联邦主体始终是莫斯科市、圣彼得堡市和莫斯科州,2009年莫斯科市注册的.ru域名的数量约占全俄.ru域名注册总量的38%,圣彼得堡市占7%、莫斯科州占6.7%,居第4~10位的是斯维尔德洛夫斯克州、新西伯利亚州、罗斯托夫州、萨马拉州、车里雅宾斯克州、下诺夫哥罗德州和克拉斯诺达尔边疆区(大于1%)。③ 2019年每千名居民.ru和.рф域名注册数量最多的联邦主体是莫斯科市(101个),以下依次为圣彼得堡市(76人)和莫斯科州(69个),前10名还包括阿穆尔州、雅罗斯拉夫尔州、斯摩棱斯克州、沃洛格达州、列宁格勒州、加里宁格勒州和涅涅茨自治区。俄罗斯各联邦主体域名注册数量受当地经济发展水平影响较大,10年间居

---

① Доменная зона. RU: актуальная статистика за 2020 год, https://yandex.ru/turbo/seonews.ru/s/events/domennaya-zona-ru-v-2020-godu-populyarnost-dlina-i-vozrast-adresov-ispolzovanie/.

② Федеральное агентство по печати и массовым коммуникациям. Интернет в России: Состояние, тенденции и перспективы развития. Москва. 2010. с. 8.

③ Федеральное агентство по печати и массовым коммуникациям. Интернет в России: Состояние, тенденции и перспективы развития. Москва. 2010. с. 8.

域名注册量前3位的莫斯科市、圣彼得堡市和莫斯科州是俄罗斯经济最发达的地区。2019年,阿穆尔州域名注册数量升至第4位,这与其优越的地理位置有关。阿穆尔州与中国黑龙江省毗邻,发达的对外贸易、货物运输与仓储服务,使得当地的企业在互联网上表现得也十分活跃,从绝对数量上看,阿穆尔州的域名注册量并不高,但考虑到该州本身的人口数量在全俄并不占优势,这使得该州在每千名居民域名注册数量排行榜中获得第4名的好成绩。①

(二).рф 域名情况分析

2008年俄罗斯开始创建.рф 国家顶级域名,同年6月,俄罗斯总统梅德韦杰夫公开表示支持在互联网上使用西里尔文域名的想法。② 2010年5月,俄罗斯从互联网名称与数字地址分配机构(ICANN)获得了西里尔文国家顶级域名.рф 的授权,由此俄罗斯成为世界上第一个获得西里尔文字符后缀国家顶级域名的国家。到目前为止,俄罗斯国家顶级域名.рф 在欧洲域名注册数量排行榜中位列前20,并且仍然是全球最大的西里尔文域名。2010年11月12日.рф 域名开始开放注册,当时的管理权属于位于莫斯科的一家互联网公司。.рф 域名的发展情况在全球域名领域是绝无仅有的,在互联网历史上还没有如此成功推出国家域名的先例。.рф 域名开放注册首日,注册量达20.7648万个,第二日为10.1095万个,随后的一周,该域名注册量平均每天增长1.6万~3.3万个,是俄罗斯传统国家顶级域名.ru 注册量的10倍;11月20日,.рф 域名注册量降到1万个以下,达9436个,.рф 域名注册增长量随之趋于稳定,每天在1万个左右,与.ru 的每天注册量相当。③ 到2011年1月1日,52%已经注册的.рф 域名开始运营。这一域名

---

① Определен рейтинг регионов России по количеству зарегистрированных доменов, https://www.comnews.ru/content/208966/2020-09-07/2020-w37/opredelen-reyting-regionov-rossii-kolichestvu-zaregistri rovannykh-domenov.

② Самсонова А. РФ не популярен в стране, но крупнейший кириллический домен в мире, https://www.comnews.ru/content/207063/2020-05-13/2020-w20/rf-nepopulyaren-strane-no-krupneyshiy-kirillicheskiy-domen-mire.

③ См.: Федеральное агентство по печати и массовым коммуникациям. Интернет в России: Состояние, тенденции и перспективы развития. Москва: 2011. с. 60.

后缀一经开放注册就可以商用，该域名越来越多地被用于广告业，用西里尔字母书写广告词方便阅读，深受俄语用户的欢迎。

在试开放阶段，.рф 域名平均每天的域名系统（DNS）查询次数大大低于.ru。以 2011 年 3 月为例，.рф 平均每天的域名系统查询次数为 416.9161 万次，平均每秒 48 次；.ru 平均每天收到的查询请求为 42.15282414 亿次，每秒 48788 次。2010 年 11 月 12 日，随着.рф 域名开始开放注册，该域名 DNS 查询数量有了相当大的增长。.рф 域名 DNS 查询次数低于.ru 域名的原因在于，.рф 开放注册后的前两个月，很多参与注册的用户都是.ru 域名的原有用户，原创网站相对较少。①

与.ru 域名注册数量变动情况相比，.рф 域名注册数量增减幅度较大，2013~2019 年，.ru 域名年均注册数量基本稳定在 500 万个，最大增幅为 7.6%（2016 年与 2015 年相比），最大降幅为 6.5%（2018 年与 2017 年相比）（见表 3-1）。俄罗斯.рф 域名在收获了开放注册的红利后，2012 年其注册量出现大幅下滑，总量减少 15.78 万个，下降幅度达 16.8%；2013~2016 年，.рф 域名注册数量一直呈增长态势，年增长幅度在 2.9%~3.8%；2016 年以来，.рф 域名注册数量则开始呈下降态势，其中 2019 年比 2016 年在总量方面下降 15.5 万个，下降幅度达 17.27%，其中最大降幅为 9%，最小降幅为 3%（见表 3-2）；而此间.ru 域名注册数量也出现下降，但最大降幅为 6.5%，最小降幅为 1%。

表 3-1　2011~2019 年俄罗斯.ru 域名数量

单位：万个，%

| | 2011 年 | 2012 年 | 2013 年 | 2014 年 | 2015 年 | 2016 年 | 2017 年 | 2018 年 | 2019 年 |
| --- | --- | --- | --- | --- | --- | --- | --- | --- | --- |
| 总量 | 361 | 426 | 491 | 486 | 504 | 542 | 537 | 502 | 495 |
| 增减数量 | 48 | 65 | 65 | -5 | 18 | 38 | 6 | 35 | 7 |
| 增减比率 | 15.5 | 17.9 | 15.3 | -1.1 | 3.7 | 7.6 | -1.0 | -6.5 | -1.3 |

资料来源：Координационный центр доменов.ru/.рф. Российское доменное пространство 2019：итоги и перспективы развия. 2020. с. 12。

---

① См.：Федеральное агентство по печати и массовым коммуникациям. Интернет в России：Состояние，тенденции и перспективы развития. Москва：2011. с. 61.

表 3-2　2011~2019 年俄罗斯 .рф 域名数量

单位：万个，%

|  | 2011 年 | 2012 年 | 2013 年 | 2014 年 | 2015 年 | 2016 年 | 2017 年 | 2018 年 | 2019 年 |
| --- | --- | --- | --- | --- | --- | --- | --- | --- | --- |
| 总量 | 93.79 | 78.01 | 81.18 | 83.52 | 86.43① | 89.73 | 87.04 | 79.19 | 74.23 |
| 增减数量 | 23.75 | -15.78 | 3.17 | 2.34 | 2.92 | 3.30 | -2.69 | -7.85 | -4.96 |
| 增减比率 | 33.9 | -16.8 | 4.1 | 2.9 | 3.5 | 3.8 | -3.0 | -9.0 | -6.3 |

资料来源：Координационный центр доменов. ru/. рф. Российское доменное пространство 2019：итоги и перспективы развия. 2020. с. 12。

2017~2019 年上述两个域名注册数量下降的原因在于以下几个方面。第一，委托注册登记员的服务费用增加，自 2017 年 7 月起，.ru 和 .рф 域名的域名注册、续费和支持转让业务费用从 70 卢布增至 120 卢布（不含增值税），增加了用户注册和续费等方面的成本。第二，最初使用西里尔字母 .рф 作为域名的用户多数为 .ru 域名的所有者，他们都成为 .рф 域名的投资者，其初始购买的目的是随后在二级市场上转售。现在，这种投资方式已经无利可图了，因此，.ru 域名和 .рф 域名注册数量均出现不同程度的下降，而且从绝对数量上看，.ru 域名的注册数量比 .рф 域名下降得更明显。② 第三，俄罗斯国家顶级域名 .ru 和 .рф 面临着其他数百个域名的竞争。用户喜欢新的不寻常的域名，他们也越来越多地选择 .ru 和 .рф 以外的域名，如 .deti、.rus 和 .moskva 等域名。③

截至 2019 年末，.рф 域名在俄罗斯国内注册数量最多的联邦主体是

---

① 俄文原文 2015 年的数据为 85.43 万，疑似有误，此处应该为 86.43 万，另外，原文的数据单位（миллионы）亦有误，应为 тысяча，笔者提出这些疑问的根据是俄罗斯联邦新闻出版与大众传媒署 2017 年公布的数据，См.：Федеральное агентство по печати и массовым коммуникациям. Интернет в России в 2016 году：Состояние，тенденции и перспективы развития. Москва：2017. с. 52.

② Кривошапко Ю. В зонах .ru и .рф стало меньше доменов//Российская газета. 15 мая 2018 г. № 103.

③ Самсонова А. РФ не популярен в стране，но крупнейший кириллический домен в мире，https：//www.comnews.ru/content/207063/2020-05-13/2020-w20/rf-nepopulyaren-strane-no-krupneyshiy-kirillicheskiy-domen-mire.

莫斯科市（占该域名注册总量的24.5%），以下依次是莫斯科州（占9%）、圣彼得堡市（占8%）、克拉斯诺达尔边疆区（占3.5%），此外，斯维尔德洛夫斯克州和新西伯利亚州也进入了排行榜前10。.рф域名除俄罗斯外在其他国家或地区也被注册，注册数量最多的是独联体国家的俄语用户，以下依次是美国（833个）、德国（682个）、芬兰（182个）、加拿大（54个）、秘鲁（75个）、墨西哥（50个）、玻利维亚（13个）、阿根廷（12个）。

（三）俄罗斯对其他国家域名以及国际域名的需求

除.ru和.рф国家顶级域名外，俄罗斯对国际顶级域名、专业域名以及其他国家的域名也有广泛的需求。很多俄罗斯用户选择上述域名并不是因为其归属地，而是因为常见的附加解释。例如，科技公司有时会选择意大利的域名（.it）或英属印度洋领地的域名（.io），其中.it域名的优势在于，其可以理解为IT行业，该域名多用于科技公司和网络公司所在的行业；.io域名是互联网上用来表示信息及知识的最直接、最直观的符号，.io域名还可被理解为输入输出设备（IO设备），上述两个国家域名在俄罗斯的商业价值正在与日俱增。而很多俄罗斯电视公司会使用太平洋岛国图瓦卢的国家域名（.tv），这一国家域名具有明确的目标市场，在俄罗斯视频市场十分受欢迎。

目前，在俄罗斯经常使用的不同国家的域名有50多个，截至2019年末，这些国家顶级域名注册的数量达2.3万。其中最受欢迎的10个国家顶级域名包括帕劳域名（.pw）、哈萨克斯坦域名（.kz）、黑山域名（.me）、欧盟官方域名（.eu）、图瓦卢域名（.tv）、英属印度洋领地域名（.io）、波兰域名（.pl）、印度域名（.in）、德国域名（.de）和美国域名（.us）。帕劳域名（.pw）、哈萨克斯坦域名（.kz）、黑山域名（.me）需求量最大。排名居首位的帕劳国家域名（.pw）是太平洋地区帕劳共和国的国家顶级域名，2013年3月26日正式开放注册，pw代表"专业网"（professional web, pw）和"隐私网"（personal website, pw），易于使用，识别性强，很多俄罗斯IT公司、网络工作室、各种互联网项目以及与信息安全或个人数据处理有关的网站都会选择.pw 域名（注册数量达 9350 个）。① .pw 域名具有与国际通用顶级域名.com、.net、.org 完全一样的性质，完全可以替代上述域名使用。

（四）俄罗斯域名使用安全问题

俄罗斯互联网安全已被纳入国家安全战略的整体框架中，俄罗斯互联网域名管理日益走上正规化、法制化和自主化的轨道。2006 年 7 月 27 日制定的《俄罗斯联邦信息、信息技术和信息保护法》第 14 条第 2 款明确规定，为了确保在俄罗斯联邦境内可持续和安全地使用域名，应建立国家域名系统，并对域名的使用、控制、监督进行明确规定。② 2021 年 2 月 8 日，俄罗斯.ru/.рф 协调中心（КЦ）与俄罗斯公共网络发展研究所（РосНИИРОС，域名.ru 注册商）签署了一份关于打击非法信息传播的合作备忘录，该备忘录规定双方在打击非法信息传播（滥用）领域进行合作和交流，这些非法信息包括垃圾邮件、网络钓鱼、儿童色情、僵尸网络等。③ 2019 年，俄罗斯在与钓鱼相关的域名非法信息传播方面占据首位（点击次数为 5681 次）。与此相关的域名有些是非法的，但也有一些是合法注册的，不法分子通过盗取合法域名要么窃取用户的钱财和银行卡数据，要么发送带有恶意附件的邮件或者用银行木马、间谍软件和加密型病毒利用被入侵网站感染访问者。俄罗斯安全专家警告说，现在俄罗斯域名被盗案件越来越多，主要包括不法分子利用停止使用但未注销的域名发布调查问卷或具有诱导性的广告，以吸引用户回答简单的问题，最后使得用户不得不输入自己的银行卡数据，导致个人财产损失。这种情况颇具隐秘性，有时，即使是域名所有者也不知情。俄罗斯有关

---

① Не. RU единым: топ – 10 национальных доменов в России, https://www.cnews.ru/news/line/2020 – 07 – 14_ ne_ ru_ edinym_ top10_ natsionalnyh.

② Статья 14. 2. Обеспечение устойчивого и безопасного использования на территории Российской Федерации доменных имен (введена Федеральным законом от 01. 05. 2019 N 90 – ФЗ), http://www.consultant.ru/document/cons_ doc_ LAW_ 61798/2f79504f60fb8bce072d387a15e88b419dc19597/.

③ Российские домены будут бороться с распространением незаконных данных, https://news.rambler.ru/internet/45770714/? utm_ content = news_ media&utm_ medium = read_ more&utm_ source = copylink.

部门除采取封杀等手段外，还向所有发现类似漏洞的主机提供商和地区性互联网注册商发出警告，提醒他们注意这个问题，以防止类似域名被盗用，从而减少钓鱼内容以及恶意软件和垃圾信息在互联网上的传播。[1]

## 二 俄罗斯的搜索引擎

今天的互联网是一个巨大的信息空间，如果没有搜索引擎，根本无法想象。搜索引擎（Поисковая система）也被称为信息检索系统（ИПС），能够根据用户的特定需求在互联网上进行信息搜索，最终目标是获取用户的搜索请求，并将有价值的信息返回给用户。根据检索和维护的方法，搜索引擎分为四种类型：机器人检索系统、人工检索系统、混合系统、元系统（метасистемы）。[2] 搜索引擎的历史可以追溯到1945年，当时，美国科学家瓦尼弗·布什（Вэнивар Буш）在自己的一篇文章中首次提出了超文本的概念，随后，他参与创建了第一个搜索引擎原型。现代搜索引擎的真正雏形出现在20世纪90年代中期，美国斯坦福大学两名博士生创建了超级目录索引，自此搜索引擎进入快速发展期。

俄罗斯拥有十几个搜索引擎，但其中有一些并不常用，这既受搜索引擎本身特性的影响，也是由于Yandex、谷歌（Google）、邮件（Mail）等搜索引擎在俄罗斯超然的地位决定的。俄罗斯是世界上少数几个拥有本国搜索引擎服务的国家，并且其搜索引擎在全球搜索引擎排行榜中亦有不俗的表现（见表3-3）。在全球搜索引擎市场份额的数据统计中，俄罗斯搜索引擎Yandex作为本土最大的网络门户在全球搜索引擎排行榜中一直有不错的表现，其最佳排名是全球第5位，一度成为谷歌、必应（Bing）、雅虎（Yahoo!）、百度（Baidu）之后全球第五大搜索引擎。近年来，俄罗斯搜索引擎在全球的排名略有下降，但仍保持在排行榜前10。

---

[1] См.: Черноусов И. Специалисты предупредили о новой схеме мошенничества с доменами//Российская газета. 19 ноября 2020 г, https://rg.ru/2020/11/19/specialisty-predupredili-o-novoj-sheme-moshennichestva-s-domenami.html.

[2] Сатарова И. Д. Современные информационно-поисковые системы//Международный школьный научный вестник. 2019. № 2. с. 47-58.

表3-3 截至2017年8月全球搜索引擎排行榜前10

单位：亿人次

| 排名 | 名称 | 月独立访问者 |
|---|---|---|
| 1 | 谷歌（Google） | 18 |
| 2 | 必应（Bing） | 5 |
| 3 | 雅虎！（Yahoo!） | 4.9 |
| 4 | 百度（Baidu） | 4.8 |
| 5 | 询问（Ask） | 3 |
| 6 | 美国在线（Aol） | 2 |
| 7 | 鸭鸭精准（Duck Duck Go） | 1.5 |
| 8 | 沃尔夫阿尔法（Wolfram Alpha） | 0.35 |
| 9 | 另一个索引（Yandex） | 0.3 |
| 10 | 网络爬虫（Web Crawler） | 0.25 |

资料来源：《全球搜索引擎Top10可惜很多人只用过第4个》，中关村在线，https://tech.huanqiu.com/article/9CaKrnK4ELG。

表3-4是2010~2019年俄罗斯居民最常用的搜索引擎市场占有率的相关数据。其中既有俄罗斯本土的网络服务门户，也有国际著名的网络服务门户。在俄罗斯，最受欢迎的搜索引擎是Yandex（Яндекс）和谷歌，此外邮件（Mail）、漫步者（Рамблер）、必应、雅虎、询问（Ask）、齐普（QIP）、尼格马（Нигма）等搜索引擎在2010~2019年也进入了俄罗斯搜索引擎市场前9名。

表3-4 2010~2019年俄罗斯搜索引擎市场占有率

单位：%

| 搜索引擎 | 总计占比 | 2010年 | 2011年 | 2012年 | 2013年 | 2014年 | 2015年 | 2016年 | 2017年 | 2018年 | 2019年 |
|---|---|---|---|---|---|---|---|---|---|---|---|
| 另一个索引 | 50.28 | 54.39 | 55.42 | 52.78 | 54.50 | 53.81 | 50.65 | 49.35 | 46.56 | 43.91 | 41.74 |
| 谷歌 | 41.00 | 34.33 | 34.36 | 34.76 | 32.66 | 35.05 | 40.58 | 43.35 | 48.27 | 51.49 | 55.24 |
| 邮件 | 5.77 | 7.17 | 6.55 | 8.34 | 8.80 | 7.74 | 6.42 | 4.90 | 3.35 | 2.44 | 2.11 |
| 漫步者 | 1.22 | 2.42 | 1.55 | 1.39 | 1.52 | 1.69 | 1.71 | 0.83 | 0.46 | 0.36 | 0.26 |
| 必应 | 0.61 | 0.79 | 0.79 | 0.72 | 0.76 | 0.76 | 0.73 | 0.42 | 0.31 | 0.32 | 0.49 |
| 雅虎 | 0.20 | 0.24 | 0.16 | 0.11 | 0.16 | 0.23 | 0.21 | 0.25 | 0.25 | 0.18 | 0.19 |
| 询问 | 0.15 | 0.07 | 0.12 | 0.34 | 0.35 | 0.17 | 0.25 | 0.09 | 0.03 | 0.02 | 0.01 |
| 齐普 | 0.13 | 0.41 | 0.33 | 0.17 | 0.08 | 0.04 | 0.06 | 0.05 | 0.05 | 0.04 | 0.01 |
| 尼格马 | 0.12 | 0.39 | 0.27 | 0.17 | 0.13 | 0.09 | 0.06 | 0.05 | 0.03 | 0.01 | 0.04 |

注：所有数据保留小数点后两位。

资料来源：笔者依照俄罗斯SEO-AUDITOR网站提供的数据整理并计算得出，Рейтинг поисковых систем, https://gs.seo-auditor.com.ru/sep/。

表3-5　2010~2019年俄罗斯搜索引擎市场占有率综合排名

| 搜索引擎 | 总排名 | 2010年 | 2011年 | 2012年 | 2013年 | 2014年 | 2015年 | 2016年 | 2017年 | 2018年 | 2019年 |
| --- | --- | --- | --- | --- | --- | --- | --- | --- | --- | --- | --- |
| 另一个索引 | 1 | 1 | 1 | 1 | 1 | 1 | 1 | 1 | 2 | 2 | 2 |
| 谷歌 | 2 | 2 | 2 | 2 | 2 | 2 | 2 | 2 | 1 | 1 | 1 |
| 邮件 | 3 | 3 | 3 | 3 | 3 | 3 | 3 | 3 | 3 | 3 | 3 |
| 漫步者 | 4 | 4 | 4 | 4 | 4 | 4 | 4 | 4 | 4 | 4 | 5 |
| 必应 | 5 | 5 | 5 | 5 | 5 | 5 | 5 | 5 | 5 | 5 | 4 |
| 雅虎 | 6 | 8 | 8 | 9 | 7 | 6 | 7 | 6 | 6 | 6 | 6 |
| 询问 | 7 | 9 | 9 | 6 | 6 | 7 | 6 | 7 | 9 | 8 | 9 |
| 齐普 | 8 | 6 | 6 | 8 | 9 | 9 | 8 | 8 | 7 | 7 | 8 |
| 尼格马 | 9 | 7 | 7 | 7 | 8 | 8 | 9 | 9 | 8 | 9 | 7 |

注：此表排名系根据表3-4得出，表3-4数据来源于俄罗斯网站10年大数据，在计算过程中仅保留小数点后两位，而实际数据排名还是有先后的，因此出现占有率相同，但排名不同的现象。

资料来源：笔者依照俄罗斯SEO-Auditor网站提供的数据整理并计算得出，Рейтинг поисковых систем，https：//gs.seo-auditor.com.ru/sep/。

俄罗斯现有的搜索引擎依照市场占有率基本分为三个梯队，其中第一梯队为市场占有率超过30%的搜索引擎，第二梯队为市场占有率介于1%~10%的搜索引擎，第三梯队为市场占有率不足1%的搜索引擎。

（一）第一梯队

在第一类中，俄罗斯本土搜索引擎的代表是Yandex。

Yandex是目前俄罗斯国内最权威的搜索引擎，也是俄罗斯目前最大的俄语搜索引擎，索引了超过100亿个网页，其拥有同名网络搜索引擎和网络服务门户。Yandex的历史可以追溯到20世纪80年代末，当时，阿尔卡季（Аркадия）公司（1993年，Аркадия公司并入CompTek公司）开发出两种用于专利和产品分类的信息检索系统。Yandex是由CompTek公司创始人阿尔卡季·沃洛日（Аркадий Волож）和伊尔亚·塞加洛维奇（Илья Сегалович）创造的搜索引擎Yet Another Indexer（中文译名"另一个索引"）的缩写。Yandex的第一个工作版本于1993年问世，1997年9月23日，俄罗斯搜索引擎Yandex在莫斯科"资讯技术与教育"（Softool）展览会上公开亮相。Yandex问世后显示了其作为俄文搜索引擎的本土化特点，充分考虑了俄语文字的形态特点以及词间距，并根据访问者所提问题的相关性对材料进行排序。2000年，阿尔卡季·沃洛日在莫斯科成立了独立运营的

Yandex 公司，成立之初，Yandex 团队共有 25 名成员。Yandex 的收入主要来自广告，2001 年，公司创建了关键词广告"yandex.Директ"，① 这是一个自动广告发布系统，任何人都可以借助关键词而不通过中介直接在 Yandex 上发布广告。从成立至今，Yandex 一直位居俄罗斯搜索引擎市场前列，2010 年初至 2019 年 6 月，其在俄罗斯搜索引擎市场所占份额均超过 40%。2005 年 Yandex 走出国门，② 2006 年其在俄罗斯的莫斯科市、圣彼得堡市、叶卡捷琳堡市、新西伯利亚市、喀山市、罗斯托夫市，以及乌克兰、白俄罗斯、哈萨克斯坦、美国、土耳其和瑞士等国家设立了代表处。2007 年，Yandex 开设了一所免费培训网络数据分析师与检索专家的数据处理与分析学校。2009 年，该公司引入了一种新型的矩阵学习技术，这使得用户搜索更多的因素和组合成为可能。③ 2012 年 Yandex 网站每日访问人数达 19.1 万人次，首次超过俄罗斯第一频道的 18.2 万人次。2013 年，Yandex 在全球搜索引擎市场份额的排行榜中居第 4 位，仅次于谷歌、百度和雅虎。Yandex 目前所提供的服务包括搜索、新闻、翻译、地图、百科、旅游、交通、电子信箱、电子商务、互联网广告、酒店、工作、社区、电视节目等。Yandex 的主要网页格式为 html，此外，该搜索引擎还为便携式文档格式（PDF）、富文本格式（RTF）、文本文档（Word）、电子表格（Excel）、演示文稿（PowerPoint）、简易信息聚合（RSS）等文件编制索引。④

从表 3-4 可以看出，2010～2019 年就总体市场占有率而言，Yandex 是俄罗斯市场占有率最高的搜索引擎网站。从 2010 年 3 月到 2015 年 10 月，Yandex 每月访问人数占比均超过 50%，随后有所下降，自 2017 年 5 月开始，其在俄罗斯搜索引擎市场中的地位被全球最大的搜索引擎公司谷歌超越。从俄罗斯搜索引擎 2010 年到 2019 年 6 月的市场占有率整体变动情况来

---

① Директ 一词源于英文单词 Direct。
② Яндекс открывает представительство в Украине, https://yandex.ru/company/press_releases/2005/0906.
③ Десять лет Школы анализа данных, https://yandex.ru/blog/company/desyat-let-shkoly-analiza-dannykh.
④ Сатарова И. Д. Современные информационно-поисковые системы//Международный школьный научный вестник. 2019. No 2. с. 47-58.

看，2010～2016 年，Yandex 的市场占有率一直居首位，2017 年以来则退居第二位（见表 3－5）。根据中关村在线 2017 年 8 月公布的数据，在全球搜索引擎排行榜 Top10 中，Yandex 是俄罗斯唯一上榜的搜索引擎，排名第 9，是继中国搜索引擎百度之后全球第二大非英语搜索服务器（见表 3－3）。另据俄罗斯数字发展、通信和大众传媒部 2019 年 2 月的统计数据，① 在俄罗斯超百万大城市 12～64 岁居民中，最受欢迎的搜索引擎是 Yandex，占比达 47%；接触（ВКонтакте）居第 2 位，占比为 43%，谷歌居第 3 位，占比为 39%。

2019 年，Yandex 在俄罗斯搜索引擎市场占有率仅次于谷歌，在国际上虽然并非处于超然的地位，但其仍是俄罗斯本土搜索引擎的领跑者，这也决定了俄罗斯搜索引擎市场的特殊性，即集中与垄断，这种优势很难在短期内被突破。其主要竞争优势在于：第一，在俄罗斯互联网市场，Yandex 的受众数量和收入都处于领先地位，从市场占有率角度来看，2010～2019 年，该搜索引擎在俄罗斯国内市场占有率均在 41%～56%，其中最高值出现在 2011 年，为 55.42%，而俄罗斯本土排名第 2 位的搜索引擎 Mail 的市场占有率最高时也没超过 10%，最低时仅为 2% 强；第二，Yandex 运行稳定、速度快，具有即时响应功能，能最大限度地满足用户查询和搜索的需求，在搜索查询中无须输入特殊字符，也不需要区别字母的大小写；第三，Yandex 公司能够与俄罗斯国内一流的技术大学合作，为公司培训必要的程序员。

（二）第二梯队

在第二类中，俄罗斯本土搜索引擎的代表是 Mail。

Mail 始建于 1998 年，是俄罗斯最受欢迎的搜索引擎之一。Mail 是俄罗斯最大的电子邮件服务网站，该搜索引擎既用于邮箱服务又可进行信息交流。2010～2019 年其在俄罗斯市场的占有率一直稳居第 3 位。2013 年以来，尽管 Mail 在俄罗斯的市场占有率从 8.80% 降至 2019 年的 2.11%，但其仍然

---

① Под общей редакцией Казаряна К. Р. Интернет в России В 2018 Году: Состояние, тенденции и перспективы развития. Москва: 2019. с. 23.

是俄罗斯最大的邮件服务商。其优势在于：拥有无限邮箱容量、① 强大的垃圾邮件处理能力和病毒防护能力。Mail 具有云存储（Cloud storage）功能，可以为每个用户提供一个存储和共享任何文件和文档的空间；用户可以利用 Mail.ru 安排会议，可以向同事发出邀请并创建协作日历，可以将同事之间的实时聊天、会议和文档协作集成在一个地方，以满足异地办公的需求。

从安全性角度讲，Mail.ru 使用 HTTPS 协议运行。Mail 路由器对所有邮件传输的数据进行加密，其中包括登录名、密码、文本和附件。Mail 集团承诺，即使在咖啡馆、机场等连接到不安全的 Wi-Fi 网络的公共场所，也能保证客户的隐私。Mail 集团计划完全放弃电子邮件的登录密码，取而代之的将是一次性的代码，该代码通过短信或推送通知的方式发送，以提高电子邮件使用的安全性。此外，该集团还计划在邮件服务方面采取指纹授权认证的方式。② Mail 支持所有现有的电子邮件客户端，无论是 Android、iOS 还是 Windows 系统上均可以安装，无须额外配置。

Mail 在语言选择方面以俄语为主，但其语言选项中也有其他一些语言，如英语、西班牙语、乌克兰语、白俄罗斯语、哈萨克语、摩尔多瓦语、罗马尼亚语、亚美尼亚语和乌兹别克语等。

（三）第三梯队

在第三类中，俄罗斯本土搜索引擎的代表是漫步者（Рамблер），该搜索引擎曾是第二梯队的成员，但 2016 年之后退至第三梯队。

Рамблер③ 是一个媒体服务互联网门户网站，其名称源自英文 Rambler。Рамблер 的历史可以追溯到 1991 年，当时互联网刚刚在俄罗斯兴起，俄罗斯科学院微生物与植物生化生理研究所（Институт биохимии и физиологии

---

① 值得注意的是，Mail 邮箱虽然没有容量方面的限制，但在邮件数量和附件大小方面却是有限制的，如果信件数量达到 35 万件，原有的邮件不删除，就不能收发新的邮件。在邮件附件大小方面，一般不能超过 25MB，超过此大小，文件将自动上传到云端，并以链接的形式发送给收件人，有效时限为 180 天。Плюсы и минусы Mail.ru（Майл ру），https://sravni.cc/reviews/plyusy-i-minusy-mail-ru/.
② Плюсы и минусы Mail.ru（Майл ру），https://sravni.cc/reviews/plyusy-i-minusy-mail-ru/.
③ "漫步者"恰如其分地反映了搜索引擎的实质，互联网的内容在不断地更新、变化，用户在不懈地搜索不同的信息，而搜索引擎本身也在不断地发展。

микроорганизмов РАН）的几位科学家开始研究一个快速交换科技信息的项目。为此，他们在研究所所在地莫斯科州南部的普希诺建立了一个局域网，该局域网最初创建的是邮件和文件传输（FTP）服务器，然后是万维网（www）服务器。该服务器首先与莫斯科市连接，然后与广域网（全球网络）连接。① 1996 年，Рамблер 搜索引擎服务器开始创建，同年 10 月 8 日，经过测试，Рамблер 作为搜索引擎开始在俄罗斯运营，其创建之初的目标是优化互联网空间的信息交流和搜索。② Рамблер 搜索引擎发展的顶峰出现在 2006~2007 年。总之，1996~2011 年，Рамблер 是俄罗斯搜索引擎市场的领先者。2011 年，Рамблер 与 Yandex 达成协议，改用 Yandex 的搜索引擎，即 Рамблер 的搜索结果实际上是 Yandex 的搜索结果，自此，Рамблер 不再是一个独立的搜索引擎，其用户也逐渐流失。Рамблер 在俄罗斯搜索引擎市场上的占有率在 2010 年曾达 2.42%，2012 年降至 1.39%，随后虽有提升并在 2015 年达到 1.71%，但 2016~2019 年呈持续下降态势，截至 2019 年末为 0.26%。

## 第三节　俄罗斯网络媒体用户状况

### 一　俄罗斯互联网用户上网的目的

互联网是许多俄罗斯人生活中不可或缺的一部分，其作为新媒体，与电视、广播、报刊等大众传播手段相比，无疑具有优势，在信息传递速度、信息量和娱乐方式的多样性上都领先于它们。互联网具有多功能性，它不仅是新型传播媒介、海量信息的储存库、人际交流③和多用户互动交往的平台（社交网络、网络游戏等），也是传统媒体创新科技传播的生存方式。④ 如今

---

① Востров А. Краткая история «Рамблера», http：//www.seoded.ru/istoriya/internet－history/rambler.html.
② История Rambler：факты, о которых вы не знали！https：//apollo－8.ru/istoriya－rambler.
③ 互联网改变了人们的生活和思维方式，使人与人之间的关系出现了新的特点。它扩大了人们之间的交往范围，使人际交往能够双向互动或多向互动，交流更直接、更快捷。
④ Полуэхтова И. А. Динамика мотивационной структуры телепотребления россиян//Социология СМИ и массовых коммуникаций. 2018. № 4.

广播、电视、报刊等传统媒体的内容均可以通过互联网传播。

互联网对俄罗斯公民的影响是广泛的，几乎所有领域都在发生变化。在政治上，互联网成为俄罗斯公民发表立场和提出倡议的重要平台；在经济领域，互联网助推电子商务、中小企业迅速发展；在社会领域，互联网有助于改变和简化个人、企业与政府机构的互动；在法律领域，互联网帮助人们养成良好的行为规范和树立正确的法律意识；在专业领域，互联网带来新职业和新的就业形式。[1]

一般来说，俄罗斯人上网主要是查找并阅读信息、浏览新闻、玩网络游戏、扩大知识量、进行网络交流、进行娱乐休闲、表达自我、收寄电子邮件、从事商业活动等。此外，俄罗斯公民还可以随时通过网络了解国家的政策走向，选民通过互联网参与并影响政治决策过程的能力越来越强，网络对俄罗斯政治生活的影响也越来越明显。俄罗斯社会学家发现，活跃的互联网用户比那些只是偶尔上网的用户对政治的兴趣更大。在偶尔访问互联网的用户中，只有34%的人对政治感兴趣，而在活跃的互联网用户中，这个数字高达40%。[2] 俄罗斯社会舆论研究中心2018年的民调结果显示，44%的俄罗斯互联网用户因工作和学习上网；42%的用户认为上网可以找到自己喜欢的音乐、电影、书籍等媒体资源；28%的用户在社交网络上与自己的朋友进行交流；9%的用户喜欢玩在线游戏。[3] 2018年俄罗斯联邦国家统计局亦在全俄范围内进行了问卷调查，来自全国各联邦主体的6万个家庭对该机构的调查问题给予了回答，结果显示，62%的受访者上网的目的是在社交网络中与朋友进行交流，做出这种回答的受访者年龄大多在15~19岁；约50%的受访者表示，其上网的目的是阅读新闻和文章；36%的受访者为了下载电影、音乐和游戏；35%的受访者使用互联网是为了进行金融交易，比如支付服务费或转账；25%的受访者喜欢在网上

---

[1] См.：Звоновский В., Меркулова Д., Соловьева Ю. Сегментация российских пользователей Интернета// Вестник общественного мнения. 2015. № 2.

[2] Новости, покупки и друзья：зачем россияне выходят в Сеть, https://texnomaniya.ru/internet – news/novosti – pokupki – i – druzja – zachem – rossijane – vikhodjat – v – set. html.

[3] 参见《民调：超过60%的俄罗斯人每天上网》，俄罗斯卫星通讯社，http://sputniknews.cn/russia/201809201026398739/。

购买食品、服装和个人用品。①

俄罗斯排名前 100 的俄语网站大都在首页刊登俄罗斯国内外重大事件、要闻等，并在栏目设置上突出政治、经济、科学、文化、突发事件、舆论等网民普遍关注的话题，同时也会设置旅游、休闲、运动、健康、家庭、娱乐等栏目，只不过不同类型的网站在栏目设置上会有所区别。如排名第一的为今日俄罗斯国际新闻通讯社，其网站的主要栏目设置为政治、世界、社会、突发事件、军事、科学、文化、宗教、体育、旅游，其主要工作方向是宣传俄罗斯的国家政策和介绍俄罗斯的国内社会生活。排名第二的《共青团真理报》网络版的栏目设置为卢布汇率、冠状病毒、政治、社会、经济、世界、休闲、运动、健康、我们的权利，并在网站首页左侧明显的位置刊登24 小时新闻。《共青团真理报》《报纸》《论据与事实》《消息报》《俄罗斯商业咨询》《莫斯科共青团员报》《俄罗斯报》《生意人报》《公报》等报刊网络版均进入俄著名网站排名前 30，此外，塔斯社、国际文传电讯社、俄新社等通讯社网络版排名也比较靠前。

综合来看，俄罗斯人最常用的网络资源包括社交网络、即时通信工具、网络商店、搜索服务、视频服务和网上银行，但不同城市居民的选择各不相同：人口在 70 万以上的城市的居民更喜欢使用地理位置定位服务、导游、旅游指南、海报和预订服务；人口在 10 万~70 万的城市的居民关注互联网优惠券和折扣；莫斯科的居民关注网络门票和网上旅游、国家网络服务和财政资源；圣彼得堡的居民关注旅游指南、导游、海报、咨询、百科全书和教育资源。②

## 二 俄罗斯互联网用户的主要上网设备

根据俄罗斯《报纸》2019 年 12 月 23 日公布的统计数据，到 2019 年

---

① Емельяненко В. Росстат рассказал, для чего россияне чаще всего используют интернет// Российская газета. 5 мая 2019 г.; В Росстате рассказали, зачем россияне выходят в интернет, https://klops.ru/news/2019 - 05 - 05/192847 - v - rosstate - rasskazali - zachem - rossiyane - vyhodyat - v - internet.

② Под общей редакцией Казаряна К. Р. Интернет в России В 2018 Году: Состояние, тенденции и перспективы развития. Москва: 2019. с. 23.

底，全球智能手机用户数量将达 32 亿人，俄罗斯将达到 9530 万人。① 手机已经成为俄罗斯人上网的主要设备，台式电脑退居次要地位。近年来，俄罗斯移动互联网用户数量持续增长，移动互联网的发展和个人移动设备的大量普及，使得很大一部分人可以永久性地接入互联网。② 2017 年底，俄罗斯移动互联网用户数量为 6700 万人，首次超过通过台式电脑上网的人数。③ 2018 年依然保持了这一趋势，在俄罗斯互联网用户上网使用的设备中，智能手机占比比 2015 年增长了 22%，电脑占比下降了 3%，平板电脑占比下降了 4%，智能电视占比增长了 5%。其中，使用智能手机上网的互联网用户数量占俄罗斯人口总数（互联网渗透率）的 61%，与之相对应电脑的为 52%，平板电脑的为 16%，智能电视的为 13%；使用智能手机上网的用户数量在 2018 年首次超过使用电脑上网的用户。2019 年，俄罗斯移动互联网用户达 8520 万，人口在 100 万以上的城市的移动互联网用户数量达 4710 万；人口在不足 100 万的城市中的移动互联网用户数量达 3740 万。在小城镇使用移动设备上网的用户比例达 41%，高于大城市的 27%。④

2020 年，俄罗斯日均移动互联网受众达 7980 万人，占全国总人口的 65.2%，其中仅通过移动设备每月至少上网 1 次的用户达 3320 万人，占人口总数的 27.1%；日均仅通过移动设备上网的人数达 2930 万人，占全国总人口的 23.9%；所有使用移动设备上网的用户达 8660 万人，占全国总人口的 70.8%。⑤ 在各年龄段人口中，12~24 岁的居民使用手机上网的比例最高，达 95.9%，其中仅通过手机上网的人数占 26.4%；其次为 25~34 岁的

---

① К 2020 году количество россиян со смартфонами достигнет 95，3 млн，https：//www. gazeta. ru/tech/news/2019/12/23/n_ 13848662. shtml.
② Полуэхтова И. А. Динамика мотивационной структуры телепотребления россиян//Социология СМИ и массовых коммуникаций. 2018. № 4.
③ Mediascope：Аудитория Рунета на мобильных устройствах обогнала десктопную // Mediascope：https：//mediascope. net/news/819428/.
④ Рунет 2019：Что произошло с российским сегментом интернета в этом году，https：//zen. yandex. ru/media/id/5c431285b5d4ce00ae73a9b9/runet‐2019‐chto‐proizoshlo‐s‐rossiiskim‐segmentom‐interneta‐v‐etom‐godu‐5e072537a3f6e400b011c5a0？utm_ source = serp.
⑤ Аудитория интернета в России в 2020 году，https：//mediascope. net/news/1250827/.

居民（93.1%），其中仅使用手机上网的人数占36.1%；再次为35～44岁的居民（88.9%），其中仅使用手机上网的人数占34.4%；然后是45～54岁的居民（74.8%），其中仅使用手机上网的人数占30.9%；最后是55岁以上的居民（36.8%），其中仅使用手机上网的人数占17.2%。在俄罗斯各年龄段中，使用台式电脑上网的用户比例均低于使用手机的比例，12～24岁的居民中使用台式电脑上网的用户比例比使用手机的比例低25.4个百分点，25～34岁的居民中前者比后者低33.5个百分点，35～44岁的居民中前者比后者低29.7个百分点，45～54岁的居民中前者比后者低21.9个百分点，55岁以上的居民中前者比后者低4.5个百分点。①

俄罗斯互联网用户更喜欢用手机上网的主要原因是这种上网方式方便、快捷，伴随人们生活节奏的逐渐加快，人们的大部分时间都在移动中，手边没有电脑。而近年来，俄罗斯移动互联网用户数量增长迅猛的主要原因则在于，年龄超过64岁的居民越来越多地选择用智能手机上网，仅在2019年，其总人数达750万（2018年12月至2019年5月统计数据）。近年来，俄罗斯12～34岁青少年的移动互联网渗透率已经超过90%，因此这一群体总体上网用户数量变化不大，对俄罗斯移动互联网用户的增长没有实质上的影响。为了引导移动互联网的发展，俄罗斯政府有关部门采取了多种措施，如俄罗斯联邦反垄断局已向政府提交了一份决议草案，要求从2020年7月1日起俄罗斯智能手机必须首先预置本国搜索引擎和导航系统；预置本国抗病毒软件、电邮服务、国家服务门户网站登录、即时消息软件、社交网络平台、支付系统；从2022年7月1日起，将开始提供免费使用第一频道和第二频道的视听服务。② 随着信息网络技术迅猛发展和移动智能终端广泛普及，俄罗斯手机运营商将为企业打造更符合其要求的客户端，提供越来越现代化的服务平台；俄罗斯手机运营商将为客户提供越来越多更有吸引力的服务，通过移动智能终端上网的成本将越来越低。移动互联网的持续发展与完善将

---

① 这一部分所出现的比值系笔者依照俄罗斯mediascope网站公布的数据计算得出，参见 Аудитория интернета в России в 2020 году, https://mediascope.net/news/1250827/.
② Кривошапко Ю., Черноусов И. Предустановка российского//Российская газета. 18 февраля 2020 г.

为用户带来更多的新体验，比如可以随时随地与远在异国他乡的亲人进行视频聊天、手机网购、手机在线支付账单、罚款和生活缴费等。俄罗斯移动互联网的优势将越来越突出，移动互联网渗透率亦将进一步增长。

尽管智能手机在俄罗斯越来越普及，但台式电脑、笔记本电脑和平板电脑在俄罗斯人上网设备中依然占据比较重要的地位。此外，一些人还会选择通过智能手表、智能眼镜、智能钥匙扣、个人电子助手、智能电视或虚拟现实头盔（亦称 VR 头显）等上网。[1]

### 三 俄罗斯互联网渗透率

互联网渗透率是指使用互联网的网民数量与总人口数之比，用于表达互联网渗透到普通民众生活的程度。

根据《2019 全球互联网用户调查报告》（*Digital* 2019：*Global Internet Use Accelerates*），截至 2019 年 1 月 1 日，全球互联网用户数量为 43.8 亿人，互联网渗透率达 67%。在世界各大洲中，欧洲互联网渗透率最高（80%），亚洲最低（42%）。全球互联网渗透率超过 90% 的地区有北美（95%）、北欧（95%）和西欧（94%），包括俄罗斯在内的东欧地区的互联网渗透率为 80%，南亚（42%）、西非（41%）、东非（32%）、中非（12%）均在 50% 以下（见表 3-6）。

表 3-6　2018 年全球各地区互联网渗透率

单位：%

| 排名 | 地区 | 互联网渗透率 | 排名 | 地区 | 互联网渗透率 |
| --- | --- | --- | --- | --- | --- |
| 1 | 北美 | 95 | 11 | 东亚 | 60 |
| 2 | 北欧 | 95 | 12 | 南非 | 51 |
| 3 | 西欧 | 94 | 13 | 加勒比地区 | 51 |
| 4 | 南欧 | 88 | 14 | 北非 | 50 |
| 5 | 东欧 | 80 | 15 | 中亚 | 50 |
| 6 | 南美 | 73 | 16 | 南亚 | 42 |

---

[1] Google назвал главные интернет-привычки россиян，https：//tass.ru/obschestvo/5006728.

续表

| 排名 | 地区 | 互联网渗透率 | 排名 | 地区 | 互联网渗透率 |
| --- | --- | --- | --- | --- | --- |
| 7 | 大洋洲 | 69 | 17 | 西非 | 41 |
| 8 | 西亚 | 66 | 18 | 东非 | 32 |
| 9 | 东南亚 | 63 | 19 | 中非 | 12 |
| 10 | 中美 | 63 | — | — | — |

资料来源：*Digital* 2019：*Global Internet Use Accelerates* // We are social；https://wearesocial.com/blog/2019/01/digital-2019-global-internet-use-accelerates。

21世纪初，俄罗斯互联网用户数量每年以9%的速度递增，截至2014年10月，俄罗斯国内18岁以上互联网用户数量达7630万人，每天访问互联网的人数达5360万人。① 其中，56%的网民来自人口逾10万以上的城市，约25%的网民来自人口超100万的城市，生活在人口不足10万的城市中的网民数量占26%，还有近20%的网民生活在农村。截至2018年底，俄罗斯互联网用户数量达9300万，与2015年相比增长7%。随着俄罗斯互联网用户数量的增加，俄罗斯互联网渗透率呈逐年上升态势，2017~2019年俄罗斯12岁以上居民的互联网渗透率分别为70.9%、74.0%和78.1%。② 根据俄罗斯国家统计局的数据，2019年，俄罗斯15~74岁居民的互联网渗透率为83%，比2013年增长19个百分点。③ 2019年，俄罗斯互联网渗透率高于全国平均水平的联邦主体有27个，位列前3位的是亚马尔-涅涅茨自治区（94%）、汉蒂-曼西斯克自治区（93%）和楚科奇自治区（92%）。互联网渗透率达到90%的联邦主体还有莫斯科市（90%）和摩尔曼斯克州（90%）；互联网渗透率介于80%~89%的联邦主体有42个，有39个联邦主体的

---

① 根据全俄社会舆论研究中心（ВЦИОМ）2014年10月4~5日的调查统计。
② Рунет 2019：Что произошло с российским сегментом интернета в этом году，https://zen.yandex.ru/media/id/5c431285b5d4ce00ae73a9b9/runet-2019-chto-proizoshlo-s-rossiiskim-segmentom-interneta-v-etom-godu-5e072537a3f6e400b011c5a0?utm_source=serp.
③ Волуйская М. Численность пользователей сети Интернет в регионах. Инфографика// Аргументы и факты. 17 августа 2020 г.

互联网渗透率不足80%，其中最低的是梁赞州（69%）。① 俄罗斯电子通信协会（Российская ассоциация электронных коммуникаций）首席分析师卡连·卡扎良认为，俄罗斯北方地区和小城镇居民的互联网渗透率往往高于大城市，主要原因在于，互联网是当地人们为数不多的休闲方式之一。②

俄罗斯各年龄段人口的互联网渗透率表现出不同的特点，越年轻的人口互联网渗透率越高，75后是俄罗斯互联网用户中最年轻最有活力的群体，其互联网渗透率明显高于整体人群。2020年，俄罗斯12~24岁人口的互联网渗透率接近100%；俄罗斯44岁以下人口的互联网渗透率超过90%；与之相比较，45~54岁人口的互联网渗透率为84.2%，55岁以上居民的互联网渗透率则仅有49.7%。③

## 第四节　俄罗斯社交媒体发展现状与特点

### 一　俄罗斯社交媒体的发展现状

从严格意义上来说社交媒体是网络媒体的重要组成部分。

社交媒体亦称社交网络，是人们交友、与兴趣相投或线下关系相近的人建立社交关系、与他人一起娱乐和工作的在线平台，也是人们用来分享意见、见解、经验和观点的工具。社交媒体又不仅是社交网络，它也是所有可以以文字、图形、音乐、视频形式分享信息的互联网资源。用户可以与平台的其他参与者进行互动，也可以发布个人信息或浏览信息。社交媒体有多种多样的形式，如论坛、博客、社交网络，以及图片和视频托管、协作创作的平台等。俄罗斯居民花在社交媒体上的时间比其他国家的人都要多，同时也

---

① Волуйская М. Численность пользователей сети Интернет в регионах. Инфографика// Аргументы и факты. 17 августа 2020 г.
② Росстат назвал регионы с наибольшей долей интернет - пользователей, https://news.rambler.ru/other/44461906/?utm_content=news_media&utm_medium=read_more&utm_source=copylink.
③ Аудитория интернета в России в 2020 году, https://mediascope.net/news/1250827/.

比花在其他网络上的时间多，这种状况使得社交媒体成为俄罗斯企业进行营销推广的重要工具。通过与潜在受众直接沟通，企业可以在不花费大量资金的情况下，向他们介绍自己的产品和服务。社交媒体已经成为推动俄罗斯网络普及的主要力量。

根据品牌分析（Brand Analytics）机构的调查统计数据，截至2020年10月，俄罗斯比较活跃的社交媒体包括接触（Вконтакте，VK）、同班同学（Одноклассники）、照片墙（Instagram）、优图（YouTube，亦称"油管"）、脸书（Facebook）、推特（Twitter）和抖音国际版（Tiktok）等。

近年来，俄罗斯社交媒体的活跃用户数量不断增长，根据品牌分析每年对俄罗斯活跃的社交媒体的受众进行的年度调查，2019年11月，俄罗斯社交媒体活跃用户数量为4900万人，其每月发布的信息（其中包括帖子、转发和评论）约13亿条，每天发布的图片约2500万张；[①] 2020年10月，俄罗斯社交媒体活跃用户发布的信息数量与上年同期相比有所下降（12亿条），但活跃作者的数量明显增加，达6400万人，增加30.61%。[②]

从2019~2020年俄罗斯主要社交媒体活跃用户数量、信息和照片发布的情况来看，居前3位的始终是接触、照片墙和同班同学（见表3-7）。2020年，抖音国际版首次被纳入品牌分析的研究范围，当年其活跃受众数量达530万人，在活跃用户数量方面高于脸书和推特，仅比同班同学少130万人，在消息发布数量方面则成功地超越优图。另据列瓦达研究中心的数据，2021年初，俄罗斯人最喜欢的社交媒体是VK（占受访者总数的43%），其次是优图（35%）和同班同学（31%），抖音国际版（14%）在俄罗斯受欢迎程度升至第4位。[③]

---

① Федеральное агентство по печати и массовым коммуникациям. Интернет в России в 2019 году: Состояние, тенденции и перспективы развития. Москва：2020. с. 19.
② Социальные сети в России：цифры и тренды，https：//vc. ru/social/182436 - socialnye - seti - v - rossii - cifry - i - trendy.
③ TikTok вошел в топ - 5 соцсетей у россиян，https：//yandex. ru/turbo/adindex. ru/s/news/tendencies/2021/02/24/291440. phtml？utm_ source = turbo_ turbo.

表 3-7　2019~2020 年俄罗斯主要社交媒体情况

单位：亿条，万人

| | | 2019 年 | 2020 年 |
|---|---|---|---|
| 每月消息发布数量 | 全部 | 13 | 12 |
| | 接触 | 5.56380 | 4.962 |
| | 照片墙 | 1.69829 | 2.652 |
| | 同班同学 | 1.19470 | 1.086 |
| | 脸书 | 0.52859 | 0.562 |
| | 推特 | 0.32214 | 0.325 |
| | 优图 | 0.33739 | 0.220 |
| | 抖音国际版 | — | 0.290 |
| 活跃用户数量 | 全部 | 4900 | 6400 |
| | 接触 | 3037.2 | 4280 |
| | 照片墙 | 2768.7 | 2870 |
| | 同班同学 | 652.1 | 660 |
| | 脸书 | 175.6 | 160 |
| | 推特 | 65.0 | 70.0 |
| | 优图 | 56.3 | 770 |
| | 抖音国际版 | — | 530 |

注：—为数据不详。

资料来源：Федеральное агентство по печати и массовым коммуникациям. Интернет в России в 2019 году：Состояние，тенденции и перспективы развития. Москва：2020. с. 19；Социальные сети в России：цифры и тренды，https：//vc. ru/social/182436 - socialnye - seti - v - rossii - cifry - i - trendy。

2020 年，在新冠肺炎疫情的背景下，俄罗斯社交媒体呈现鲜明的传播特征，促使用户使用社交媒体的概率出现增长。2020 年初，俄罗斯用户平均每天用在社交媒体上的时间约为 2 小时 24 分钟，而现在这个数字更高。根据研究，2020 年 7 月，43% 的 16~64 岁的社交媒体用户认为，他们每天使用社交媒体的次数明显增加。新冠肺炎疫情成为俄罗斯社交媒体向电商平台转型的一大动力，如照片墙推出"点餐"贴纸（стикер "Заказ еды"），并在账号简介中设立购买按钮，VK 推出电商平台 Shop 2.0 等。① 总之，为了应对新冠肺炎疫情，俄罗斯社交媒体越来越多地测试和引入新的功能，同时调整用户和广告商之间的关系，这些举措明显改变了俄罗斯的数字环境，对社交媒体的发展起到了促进的作用。伴随着俄罗斯社交媒体上的购物、点

---

① Социальные медиа в 2020，https：//vc. ru/marketing/160571 - socialnye - media - v - 2020.

餐、预约就医、观看视频等功能的进一步发展，俄罗斯用户在社交媒体上的活跃度不断增加，作者创作的原创文字内容在社交媒体上也越来越受欢迎。即时通信软件电报（Telegram）在俄罗斯社交媒体引用数量方面一直处于首屈一指的地位，截至 2020 年 7 月，其引用数量从 830 万次增至 890 万次。① 国际簿记师协会（IAB）2019 年的调查显示，定向广告（таргетированная реклама）已成为社交媒体上增长最快的互动工具。②

## 二 俄罗斯社交媒体的特点

社交媒体作为通过互联网进行的一种大众传播方式，与传统的大众传媒有许多显著的不同之处：第一，信息无障碍传播，这些信息大多位于公共空间，可以接受监督；第二，最小的个人空间，之前俄罗斯社交媒体中大多数"个人空间"是公开的，没有特定限制的账号和页面，但 2017 年以来，俄罗斯社交媒体出现大规模的"个人空间"关闭现象，越来越多的俄罗斯人倾向于不对外开放或小范围开放自己的个人页面，以严防诈骗，保护个人隐私或防止被不怀好意的人攻击；③ 第三，社交媒体没有时间和空间的限制，无论用户身处何地，在何时进入网络，都可以进行通信、搜索信息、发布信息；第四，社交媒体信息发布效率高，平台允许用户在线发布信息，所以所有的信息发布都是实时的；第五，社交媒体有助于企业推广自己的网站，提高品牌知名度，扩大客户数量，增加受众的信任度。

从俄罗斯社交媒体的运行状况来看，其特点主要表现为以下几个方面。

第一，俄罗斯社交媒体用户以青少年为主。

迅速发展的互联网技术和社交媒体对俄罗斯年轻人来说，已经不仅是一种便利的工具，而且成为一种重要的必需品。根据俄新社的调查报告，在目前俄罗斯年轻人最喜欢的休闲活动排名中，社交媒体居首位，看电影和看书次之。许多年轻人休闲在家时喜欢在社交网络或通信工具上进行交流（占

---

① Социальные медиа в 2020，https：//vc.ru/marketing/160571 - socialnye - media - v - 2020.
② Социальные медиа в 2020，https：//vc.ru/marketing/160571 - socialnye - media - v - 2020.
③ 参见《俄罗斯社交媒体个人空间出现大规模关闭》，搜狐网，https：//www.sohu.com/a/125428725_ 115496。

受访年轻人总数的54%）、在电脑上看视频和电影（占50%）、阅读图书和杂志（占46%）。① 俄罗斯年轻人对社交媒体的信任度高于其他媒体。由于俄罗斯互联网受众数量的持续增长，互联网对俄罗斯受众，尤其是年轻受众的影响越来越大。2011~2019年，俄罗斯经常使用社交媒体的用户占比从22%增至56%，增长了1.5倍，而年轻人是社交媒体用户中最活跃的群体，有85%的年轻人经常访问社交媒体。从俄罗斯主要的社交媒体用户年龄结构来看，VK、同班同学、照片墙、优图、脸书的用户主要集中在25~34岁，也有一些年龄偏大的用户喜欢访问同班同学，这部分用户主要是35~44岁的人，而Tiktok的用户主要是25岁以下的青少年。② 目前，在俄罗斯社交媒体中，视频博客正在成为一种新现象，其中一些人气博主的名气堪比知名艺人，这些人本身就很年轻，能够更好地感受年轻人的认知风格和情绪。③

第二，经常访问社交媒体的俄罗斯女性多于男性。

在俄罗斯主要社交媒体用户中，女性普遍多于男性。根据俄罗斯商业咨询网站提供的数据，2020年10月，在俄罗斯主要社交媒体中，照片墙的女性用户占比最高（77.1%），以下依次是脸书（59.8%）、Tiktok（55.4%）、VK（54.7%），推特和优图女性用户占比则低于男性，其中推特占39.7%、优图占42%。④

俄罗斯女性更喜欢社交媒体的原因包括：其一，很多女性喜欢将生活中的点点滴滴都放在社交媒体上发布，如孩子的照片、美味佳肴等；其二，女性更喜欢社交媒体上的美容、健康、养育孩子、美味食谱等内容，而这些正是VK等社交媒体的主推业务；其三，很多俄罗斯男性更愿意将时间用在狩猎、钓鱼、汽车、体育等专门网站上。

---

① Исследование: российская молодежь предпочитает соцсети и просмотр кино дома, https://ria.ru/20171220/1511300915.html.
② См.: Аудитория шести крупнейших соцсетей в России в 2020 году: изучаем инсайты, https://yandex.ru/turbo/ppc.world/s/articles/auditoriya-shesti-krupneyshih-socsetey-v-rossii-v-2020-godu-izuchaem-insayty/.
③ См.: Костиков В. Конец голубой эпохи. Почему снижается интерес к отечественному телевидению? //Аргументы и Факты. 11 декабря 2019 г. № 50.
④ Макаренко В. Названы самые популярные соцсети среди россиян, https://4pda.ru/2020/11/30/378841/.

第三，在俄罗斯社交媒体中本国资源更受欢迎。

在 2020 年 10 月俄罗斯比较活跃的社交媒体排名中，居前 7 位的虽然仅有两个是俄罗斯本土的社交媒体，但它们却分别占据了第 1 与第 2 的位置。其中排名第 1 的 VK 是俄罗斯最受欢迎的十大网络资源之一，企业总部位于圣彼得堡市，其可能不仅是俄罗斯最大的社交网络，而且是欧洲最大的社交网络。VK 的创始人帕维尔·杜罗夫是圣彼得堡国立大学的毕业生，也是全俄罗斯最著名的社交媒体优化（Social Media Optimization，SMO）专家之一。杜罗夫最初计划在 2006 年为学生创造一个网上交流的场所。但在 VK 上线运营一段时间后，它不再只是针对某一类特定人群的社交媒体。① 截至目前，VK 已成为全球十大社交网站之一，用户以俄罗斯年轻人为主，每天有数千万人使用，在全球的用户数量超过 1 亿人。根据俄罗斯媒体市场调研公司的数据，每天有约 50% 的俄罗斯互联网用户访问 VK，月访问用户数量可达俄罗斯互联网用户总数的 78%。2020 年 6 月，VK 在俄罗斯的用户数量达 7300 万人，比 2019 年同期增长近 5%，在全球的用户数量达 9700 万人，用户平均每天花在 VK 上的时间约为 35 分钟。

排名第 2 的同班同学是俄罗斯十大互联网资源之一，在俄罗斯所有网络媒体中排名第 9。该社交媒体的大多数用户是俄罗斯人，但白俄罗斯、哈萨克斯坦、德国、亚美尼亚、格鲁吉亚等国居民也会访问使用该社交媒体。俄罗斯官方数据显示，2020 年初，同班同学在俄罗斯的用户数量为 4300 万人。据俄罗斯媒体市场调研公司的调查，2020 年 5 月同班同学在俄罗斯的月用户数量为 5020 万人，每天用户数量为 2080 万人，俄罗斯用户用在同班同学上的时间约为 22 分钟。②

第四，俄罗斯用户更喜欢在移动设备上访问社交媒体。

俄罗斯用户更喜欢在移动设备上使用 VK，截至 2020 年 6 月，有 6000

---

① Соцсети России, https://zarabotat-na-sajte.ru/obzor/socseti/socseti-rossii.html.
② Аудитория шести крупнейших соцсетей в России в 2020 году: изучаем инсайты, https://yandex.ru/turbo/ppc.world/s/articles/auditoriya-shesti-krupneyshih-socsetey-v-rossii-v-2020-godu-izuchaem-insayty/.

多万用户①使用移动设备登录 VK。新冠肺炎疫情暴发以来，在自我隔离和强制隔离期间，俄罗斯 VK 用户对交流、新闻、教育和娱乐等在线服务的兴趣有所增加。2020 年 4 月与上一月相比，每天通话量增加 20%，信息发送量增加 13%；2020 年 4 月与 2019 年同期相比，每天通话量增加 45%，信息发送量增长 17%，视频浏览量增加 41%。②

第五，国外社交媒体在俄罗斯的地位不断提升。

照片墙是一款运行在移动端上的社交应用，该社交媒体以一种快速、美妙和有趣的方式将用户随时抓拍的图片分享给其应用的好友。俄罗斯官方资料认为，照片墙应用最早于 2013 年 8 月出现在俄罗斯，而实际上，适用于安卓系统的照片墙俄罗斯化版本在 2012 年就已经在旅居国外的俄罗斯人中使用了。③ 根据照片墙公司 2017 年 4 月公布的该公司俄罗斯用户的相关统计数据，有约 10% 的俄罗斯人使用这项照片和视频分享服务，全俄罗斯照片墙用户主要集中在莫斯科市（该市 25% 的居民拥有照片墙账号）和圣彼得堡市（该市 20% 的居民拥有照片墙账号）。统计报告显示，俄罗斯百万人口城市居民的数量约占全国总人口的 22.5%，这些城市拥有俄罗斯近 52% 的照片墙用户。④ 照片墙进入俄罗斯市场后，在俄罗斯用户中的受欢迎程度迅速增长，根据照片墙和脸书在俄罗斯的官方经销商塔吉特（人工智能）公司（Aitarget）的统计数据，截至 2018 年底，俄罗斯的照片墙活跃用户人数在全球居第 6 位，在欧洲居第 1 位，但从俄罗斯国内社交媒体用户比例来看，其在俄罗斯的用户比例并未占该国首位。⑤

---

① VK 网站有关该社交媒体的移动受众为 6700 万，而 Mediascope 估计为 6160 万人。
② Аудитория шести крупнейших соцсетей в России в 2020 году: изучаем инсайты, https://yandex.ru/turbo/ppc.world/s/articles/auditoriya – shesti – krupneyshih – socsetey – v – rossii – v – 2020 – godu – izuchaem – insayty/.
③ Когда появился Инстаграм: самые значимые даты истории, https://mirdostupa.ru/kogda – poyavilsya – instagram – samye – znachimye – daty – v – istorii/.
④ Исследование аудитории Instagram: сервисом пользуется каждый десятый в России, большинство – женщины, https://www.forbes.ru/tehnologii/343331 – issledovanie – auditorii – instagram – servisom – polzuetsya – kazhdyy – desyatyy – v – rossii.
⑤ 2018: Кратный рост популярности Instagram среди российских пользователей, https://www.tadviser.ru/index.php/%D0%9A%D0%BE%D0%BC%D0%BF%D0%B0%D0%BD%D0%B8%D1%8F: Instagram.

2005年2月15日，优图作为视频托管服务网站在美国加利福尼亚州被注册，其目的是让用户下载、观看及分享影片或短片。2007年，优图在俄罗斯推出俄文版网站。根据俄罗斯媒体市场调研公司的统计数据，2019年，有980多万俄罗斯人每天使用优图，在人口超10万的城市的12~64岁的俄罗斯人中，优图每日用户数量超过980万人，每月用户数量超2890万人，俄罗斯用户每天用在优图上的时间约为35分钟，排在《梦幻花园》（*Gardenscapes*）游戏（46分钟）、《梦幻家园》（*Homescapes*）游戏（41分钟）和电子书阅读器（40分钟）之后。2020年，优图成为继俄罗斯谷歌和Yandex之后的第三大网络资源，每月用户数量达8280万人，日访问量为3560万人。①

2008年脸书进入俄罗斯市场，自此开始了俄罗斯化的进程。2010年夏天，脸书创始人马克·艾略特·扎克伯格（Mark Elliot Zuckerberg）将俄罗斯确定为公司的主要发展地区之一，并任命叶卡捷琳娜·斯科罗博加托娜（Екатерина Скоробогатова）为俄罗斯发展总监。自此，脸书的俄罗斯用户的数量迅速增长，2008年2月，在脸书上注册账号的俄罗斯用户数量为11.7万人，到2009年达47.8万人，增长309%；2010年1~8月，脸书的俄罗斯用户数量从120万人增至450万人，到2011年9月，达到930万人。② 根据俄罗斯媒体市场调研公司的统计数据，截至2020年5月，每月约有3970万俄罗斯人（同比增长1%）访问脸书，每天约有930万活跃用户。③

抖音国际版作为社交媒体正在全球迅速普及，这一社交平台在全球每月拥有约6.89亿用户，2019年，抖音国际版应用的下载量为7.38亿次。在俄罗斯，抖音国际版尚未跻身访问量最大的网络资源之列，但该社交平台的

---

① Аудитория шести крупнейших соцсетей в России в 2020 году: изучаем инсайты, https://yandex.ru/turbo/ppc.world/s/articles/auditoriya-shesti-krupneyshih-socsetey-v-rossii-v-2020-godu-izuchaem-insayty/.

② Facebook в России, https://www.tadviser.ru/index.php/%D0%9A%D0%BE%D0%BC%D0%BF%D0%B0%D0%BD%D0%B8%D1%8F:Facebook_%D0%B2_%D0%A0%D0%BE%D1%81%D1%81%D0%B8%D0%B8.

③ Аудитория шести крупнейших соцсетей в России в 2020 году: изучаем инсайты, https://yandex.ru/turbo/ppc.world/s/articles/auditoriya-shesti-krupneyshih-socsetey-v-rossii-v-2020-godu-izuchaem-insayty/.

知名度已经相当高。根据俄罗斯媒体市场调研公司的统计数据，截至2020年5月，抖音国际版在俄罗斯的每月用户数量达2040万人，每天用户数量达630万人，俄罗斯用户平均每天花在该平台上的时间为27分钟。①

2006年推特一经推出，便迅速席卷全球，也包括俄罗斯。但近几年，推特在俄罗斯受众中的受欢迎度呈下降态势，已经逐渐被以图片和短视频等内容为格式的平台取代。对用户来说，观看短视频比阅读一条短新闻更有趣，更具娱乐性，信息量也更大。截至2019年11月，俄罗斯只有0.44%的居民使用推特，相比之下，VK用户在俄罗斯人中占20.97%，照片墙用户占18.89%。虽然在2020年新冠肺炎疫情背景下，推特用户数量有所增加，但该社交平台受欢迎的高峰期已经过去。②

第六，俄罗斯社交媒体用户主要集中于其国土的欧洲部分。

俄罗斯大多数社交媒体用户集中在中央联邦区和伏尔加河沿岸联邦区，其数量占俄社交媒体用户总数的50%，社交媒体用户数量最少的是远东联邦区。同班同学的用户主要集中在南部联邦区和西伯利亚联邦区，而约1/3的脸书和推特的用户居住在中央联邦区。截至2015年末，俄罗斯社交媒体用户数量排名前10的联邦主体中除排名第9的车里雅宾斯克州位于俄罗斯的亚洲部分外，其他9个联邦主体均位于俄罗斯的欧洲部分，其中居首位的是圣彼得堡市（其社交媒体渗透率为31.72%），以下依次是莫斯科市（23.15%）、摩尔曼斯克州（19.39%）、加里宁格勒州（19.26%）、卡累利阿共和国（18.26%）、沃洛格达州（16.90%）、鞑靼斯坦共和国（16.75%）、车里雅宾斯克州（16.41%）、阿尔汉格尔斯克州（16.39%）。③ 表3-8显示的是2021年2月俄罗斯排名首位的社交媒体VK活跃用户的地区分布情况，社交网络渗透率超过25%的联邦主体共有17

---

① Аудитория шести крупнейших соцсетей в России в 2020 году: изучаем инсайты, https://yandex.ru/turbo/ppc.world/s/articles/auditoriya - shesti - krupneyshih - socsetey - v - rossii - v - 2020 - godu - izuchaem - insayty/.

② Селиверстова Н. Эксперты оценили перспективы Twitter в России, https://ria.ru/20200519/1571646204.html.

③ Социальные сети в России, зима 2015 - 2016 Цифры, тренды, прогнозы, https://adindex.ru/publication/analitics/100380/2016/01/14/131310.phtml.

个，其中排名靠前的有圣彼得堡市（48.62%）、卡累利阿共和国（38.58%）、沃洛格达州（37.41%）、摩尔曼斯克州（37.39%）、阿尔汉格尔斯克州（35.94%）、下诺夫哥罗德州（31.67%）、科米共和国（31.45%）、彼尔姆边疆区（30.70%）和普斯科夫州（29.64%），这些联邦主体均位于俄罗斯欧洲部分；从活跃用户数量来看，居前10位的联邦主体中，除斯维尔德洛夫斯克州、车里雅宾斯克州外，莫斯科市、圣彼得堡市、彼尔姆边疆区、巴什科尔托斯坦共和国、萨马拉州、莫斯科州、鞑靼斯坦共和国、下诺夫哥罗德州均位于俄罗斯的欧洲部分，其中除莫斯科州外，其他几个联邦主体的渗透率均高于全俄平均水平（18.69%）。

表3-8 2021年2月俄罗斯社交媒体"接触"活跃用户地区分布

单位：人，%

|  | 联邦主体 | 活跃用户 | 人口 | 渗透率 |
| --- | --- | --- | --- | --- |
|  | 全俄 | 27396199 | 146544710 | 18.69 |
| 1 | 莫斯科市 | 3264101 | 12330126 | 26.47 |
| 2 | 圣彼得堡市 | 2540837 | 5225690 | 48.62 |
| 3 | 斯维尔德洛夫斯克州 | 986363 | 4330006 | 22.78 |
| 4 | 车里雅宾斯克州 | 970603 | 3500716 | 27.73 |
| 5 | 彼尔姆边疆区 | 808765 | 2634409 | 30.70 |
| 6 | 巴什科尔托斯坦共和国 | 796196 | 4071064 | 19.56 |
| 7 | 萨马拉州 | 783519 | 3205975 | 24.44 |
| 8 | 莫斯科州 | 769155 | 7318647 | 10.51 |
| 9 | 鞑靼斯坦共和国 | 750650 | 3868730 | 19.40 |
| 10 | 下诺夫哥罗德州 | 733007 | 3260267 | 22.48 |
| 11 | 克拉斯诺达尔边疆区 | 732768 | 5513804 | 13.29 |
| 12 | 新西伯利亚州 | 550317 | 2762237 | 19.92 |
| 13 | 罗斯托夫州 | 544648 | 4236000 | 12.86 |
| 14 | 克拉斯诺亚尔斯克边疆区 | 525360 | 2866490 | 18.33 |
| 15 | 沃洛格达州 | 444280 | 1187685 | 37.41 |
| 16 | 沃罗涅日州 | 435961 | 2333477 | 18.68 |
| 17 | 阿尔汉格尔斯克州 | 406195 | 1130240 | 35.94 |
| 18 | 乌德穆特坦共和国 | 388690 | 1517164 | 25.62 |
| 19 | 克麦罗沃州 | 377653 | 2717627 | 13.90 |
| 20 | 雅罗斯拉夫尔州 | 370251 | 1271912 | 29.11 |

续表

|  | 联邦主体 | 活跃用户 | 人口 | 渗透率 |
|---|---|---|---|---|
| 21 | 鄂木斯克州 | 355626 | 1978466 | 17.97 |
| 22 | 基洛夫州 | 355516 | 1297474 | 27.40 |
| 23 | 秋明州 | 343040 | 1454626 | 23.58 |
| 24 | 伏尔加格勒州 | 339074 | 2545937 | 13.32 |
| 25 | 萨拉托夫州 | 314095 | 2487529 | 12.63 |
| 26 | 伊尔库茨克州 | 306744 | 2412800 | 12.71 |
| 27 | 汉蒂-曼西自治区 | 304265 | 1626755 | 18.70 |
| 28 | 奥伦堡州 | 302892 | 1994762 | 15.18 |
| 29 | 摩尔曼斯克州 | 284995 | 762173 | 37.39 |
| 30 | 加里宁格勒州 | 283472 | 976439 | 29.03 |
| 31 | 列宁格勒州 | 281042 | 1778857 | 15.80 |
| 32 | 别尔哥罗德州 | 275158 | 1550137 | 17.75 |
| 33 | 特维尔州 | 273933 | 1304744 | 21.00 |
| 34 | 科米共和国 | 269467 | 856831 | 31.45 |
| 35 | 图拉州 | 252928 | 1506446 | 16.79 |
| 36 | 卡累利阿共和国 | 242988 | 629875 | 38.58 |
| 37 | 阿尔泰边疆区 | 226954 | 2376774 | 9.55 |
| 38 | 库尔斯克州 | 226418 | 1120019 | 20.22 |
| 39 | 弗拉基米尔州 | 225150 | 1397168 | 16.11 |
| 40 | 乌里扬诺夫斯克州 | 208384 | 1257621 | 16.57 |
| 41 | 梁赞州 | 198397 | 1130103 | 17.56 |
| 42 | 下诺夫哥罗德州 | 194970 | 615692 | 31.67 |
| 43 | 利佩茨克州 | 194825 | 1156093 | 16.85 |
| 44 | 普斯科夫州 | 191611 | 646374 | 29.64 |
| 45 | 斯塔夫罗波尔边疆区 | 191053 | 2801597 | 6.82 |
| 46 | 布良斯克州 | 189964 | 1225741 | 15.50 |
| 47 | 奔萨州 | 188482 | 1348703 | 13.98 |
| 48 | 楚瓦什共和国 | 182159 | 1236628 | 14.73 |
| 49 | 卡卢加州 | 168771 | 1009772 | 16.71 |
| 50 | 托木斯克州 | 164885 | 1076762 | 15.31 |
| 51 | 滨海边疆区 | 158551 | 1929008 | 8.22 |
| 52 | 斯摩棱斯克州 | 157889 | 958630 | 16.47 |
| 53 | 伊万诺沃州 | 155881 | 1029838 | 15.14 |
| 54 | 库尔干州 | 153837 | 861896 | 17.85 |
| 55 | 坦波夫州 | 144180 | 1050295 | 13.73 |
| 56 | 奥廖尔州 | 141083 | 759721 | 18.57 |

续表

|  | 联邦主体 | 活跃用户 | 人口 | 渗透率 |
|---|---|---|---|---|
| 57 | 科斯特罗马州 | 131568 | 651450 | 20.20 |
| 58 | 哈巴罗夫斯克边疆区 | 126614 | 1334552 | 9.49 |
| 59 | 外贝加尔边疆区 | 122864 | 1083012 | 11.34 |
| 60 | 布里亚特共和国 | 121120 | 982284 | 12.33 |
| 61 | 马里埃尔共和国 | 117321 | 685865 | 17.11 |
| 62 | 莫尔多瓦共和国 | 111768 | 807453 | 13.84 |
| 63 | 阿斯特拉罕州 | 101860 | 1018626 | 10.00 |
| 64 | 亚马尔-涅涅茨自治区 | 95790 | 534104 | 17.93 |
| 65 | 哈卡斯共和国 | 83443 | 536781 | 15.55 |
| 66 | 达吉斯坦共和国 | 70728 | 3015660 | 2.35 |
| 67 | 阿穆尔州 | 62920 | 805689 | 7.81 |
| 68 | 萨哈林州 | 57857 | 487293 | 11.87 |
| 69 | 萨哈（雅库特）共和国 | 57207 | 959689 | 5.96 |
| 70 | 图瓦共和国 | 48650 | 315637 | 15.41 |
| 71 | 北奥塞梯共和国 | 38616 | 703745 | 5.49 |
| 72 | 车臣共和国 | 29492 | 1394172 | 2.12 |
| 73 | 卡巴尔达-巴尔卡尔共和国 | 28327 | 862254 | 3.29 |
| 74 | 阿尔泰共和国 | 25537 | 215161 | 11.87 |
| 75 | 卡尔梅克共和国 | 22486 | 278733 | 8.07 |
| 76 | 堪察加边疆区 | 21248 | 316116 | 6.72 |
| 77 | 阿迪格共和国 | 21087 | 451480 | 4.67 |
| 78 | 卡拉恰伊-切尔克斯共和国 | 13550 | 467797 | 2.90 |
| 79 | 马加丹州 | 12005 | 146345 | 8.20 |
| 80 | 涅涅茨自治区 | 11533 | 43838 | 26.31 |
| 81 | 犹太自治州 | 8522 | 166120 | 5.13 |
| 82 | 印古什共和国 | 6527 | 472776 | 1.38 |
| 83 | 楚科奇自治区 | 3928 | 50157 | 7.83 |

资料来源：Статистика социальных сетей，https：//br-analytics.ru/statistics/am/? hub_ id = 3&date = 202102&period_ type = month。

# 第四章
# 俄罗斯大众传媒的综合评价

在对俄罗斯大众传媒进行评价时,首先要考虑的是媒体必须遵守的法律法规和对媒体实施行之有效的行政、经济等管理;而媒体的分类,受众的数量、地域分布,报道的方向性、独家性、客观性、可靠性等也是不可或缺的重要方面。以上所列部分内容在本书的前面章节已有涉猎,在此章,笔者主要从俄罗斯大众传媒的法律基础与注册管理体系、俄罗斯大众传媒公信力、新媒体时代俄罗斯传统媒体面临的挑战以及创新与转型等方面对俄罗斯大众传媒进行综合评价。

## 第一节 俄罗斯大众传媒的法律基础与注册管理体系

目前,世界各国为了对大众传媒进行有效的监督与调控,采取了众多方法和手段,其中法律法规成为规范大众传媒活动的前提与基础,成为各国大众传媒运营过程中不可或缺的重要组成部分。世界上并非所有国家都对媒体实行注册制,这类国家仅是少数。

### 一 俄罗斯大众传媒的法律基础

"有关规范大众传播活动或传媒活动的法律,通常(被)称为媒介法(Media Law)、传播法(Communication Law)、大众传播法(Mass Communication Law)、新闻法(Press Law)。在所有国家,媒介法都不是采取单一的法律文件的形式,至今没有一个国家制定过一部规范媒介活动中的一切社会关系的法律和法典。这是因为媒介的传播活动涉及社会的政治、经济、文化等各个领域,需要调整的社会关系错综复杂,要由一部法律来囊括其中的所有规范可能是难以做到的,也是没有必要的。各国的媒介法大都要涉及本国法的几乎所有门类,渗透到宪法的、民事的、刑事的、行政的、经济的各种法律部门。"①

转型以来,俄罗斯选择了西方式的新闻自由,其有关大众传媒的核心法律是 1991 年 12 月 27 日颁布的《俄罗斯联邦大众传媒法》,该法是俄罗斯大众传媒法律体系的核心。到 2019 年 12 月,该法已经进行了近 50 次修订,其中最近的一次修订是在 2019 年 12 月 2 日(编号为 № 426 - Ф3)。俄罗斯对《俄罗斯联邦大众传媒法》的每一次修改都使这项法律朝着更有利于政府的方向发展。

俄罗斯针对《俄罗斯联邦大众传媒法》的多次修订都是以特定的事件为背景而进行的。在 2002 年 10 月莫斯科剧院人质事件中,俄罗斯部分媒体关于事件的报道客观上给恐怖分子传递了信息,从而给人质生命和国家安全带来了直接的威胁。这一事件后,俄罗斯出版、电视广播及大众传媒部部长列辛对俄罗斯大众传媒称,政府将要关闭一些报纸以及广播电台。随后,俄罗斯国家杜马与联邦委员会均开始对有关大众传媒的法律进行修订与补充,其中很重要的一项提案是在紧急状况下,如果大众传媒公布或者刊登政府认为有害的消息,那么相关媒体将被视为恐怖分子的帮凶。俄罗斯杜马对上述提案一致通过,而俄联邦委员会也以 145 票赞同,1 票反对通过了上述提案。② 随后,在 2003 年 4 月、2003 年 12 月、2004 年 6 月、2004 年 8 月、2004 年 11 月,俄罗斯对《俄罗斯联邦大众传媒法》进行了多次修订,尤其是 2004 年 11 月的修订案,要求各媒体禁止每天 7∶00~22∶00 播出有血腥和暴力场面的新闻节目以及故事片和纪录片。③ 此间,俄罗斯大众传媒签署

---

① 魏永征、张咏华、林琳:《西方传媒的法制、管理和自律》,中国人民大学出版社,2003,第 3 页。
② Елена Трегубова. "Байки кремлевского диггера". Москва: 2003. с. 912.
③ 《俄限制电视播出凶杀暴力节目》,《卫星电视与宽带多媒体》2005 年第 3 期。

了一份反恐公约,强调了大众传媒要发挥自律精神,遵守救人与人权先于任何公民权利与言论自由的原则。

《俄罗斯联邦大众传媒法》2003年修订后在其第3条中仍保留了在俄罗斯禁止书刊检查的条款,即"禁止对大众传媒进行书刊检查,官员、国家机关、组织、单位或社会团体不得要求预审媒体和编辑部的报道和相关材料(作者或被采访人是公职人员时除外),不得禁止报道、否定相关材料以及其中的部分内容"。《俄罗斯联邦大众传媒法》第4条明确规定:"不许滥用新闻自由",其中包括"不允许利用新闻媒体从事刑事犯罪活动,泄露国家以及其他受法律专门保护的机密,号召夺取政权,强制改变宪法制度和国家统一,挑起民族、阶级、社会、宗教偏见或分裂,进行战争宣传,不许传播宣传淫秽作品,推崇暴力和残忍的作品;禁止在电视、录像、新闻影片节目、纪录片和故事片以及属于特殊大众信息传媒的计算机和文本处理程序中隐藏和使用对人潜意识产生影响、对其健康有害的内容;禁止在大众传媒,包括计算机网络中传播关于制作和使用麻醉品、精神刺激品及其替代品的信息,禁止传播获取麻醉品地点的信息,禁止在针对医务人员和药剂师的传媒中宣传使用麻醉品、精神刺激品及其替代品的任何益处;禁止传播联邦法律明文禁止的其他信息"。① 这项条款在过去一直受到自由媒体的批评,认为其涵盖的范围过大和空泛,设置该条款的目的是给执政者有主观解释的空间,相当不利于大众传媒事业的发展。该条款为政府在任何可能出现意外状况的时候保留了对媒体制裁的一个行政裁量权和司法诉讼的权利。②

到目前为止,俄罗斯已经围绕《俄罗斯联邦大众传媒法》形成了一套较为完整的对媒体进行监督与调控的法律体系,除该法外俄罗斯还有其他一些法律法规、规章制度、规划纲要、总统令以及俄罗斯所要遵守的国际法等,这些也对大众传媒的行为进行了规范,它们在俄罗斯监督和调控大众传媒方面起到了一定的作用。其中包括1991年3月21日颁布的《俄罗斯苏维

---

① 《俄罗斯联邦大众传媒法》(2003年修订版),转引自李玮《转型时期的俄罗斯大众传媒》,上海外语教育出版社,2005,第187页。
② 胡逢瑛、吴非:《俄罗斯通过传媒法修正案》,新华网,http://news.xinhuanet.com/newmedia/2008-06/04/content 8311252.htm。

埃联邦社会主义共和国刑法典》、1991 年 5 月 21 日颁布的《俄罗斯苏维埃联邦社会主义共和国行政违法法典》、1993 年 7 月 21 日颁布的《俄罗斯联邦国家机密法》、1993 年 12 月 12 日颁布的《俄罗斯联邦宪法》、1994 年 10 月 21 日颁布的《俄罗斯联邦民法典》、1994 年 10 月 26 日颁布的《俄罗斯联邦公民选举权利基本保障法》、1994 年 12 月 15 日颁布的《俄罗斯联邦政权机构在国家大众传媒中活动程序的说明法》、1994 年颁布的《关于电视、广播以及电视广播活动有关领域的许可证决议》、1995 年 1 月 20 日颁布的《俄罗斯联邦通信法》、1995 年 1 月 25 日颁布的《俄罗斯联邦信息、信息化和信息保护法》、1995 年 4 月 21 日颁布的《俄罗斯联邦总统选举法》、1995 年 6 月 9 日颁布的《俄罗斯联邦议会国家杜马代表选举法》、1995 年 7 月 13 日颁布的《俄罗斯联邦对地区（城市）报刊经济支持法》、1995 年 6 月 14 日颁布的《俄罗斯联邦广告法》、1995 年 7 月 7 日颁布的《俄罗斯联邦宪法全民公决法》、1995 年 7 月 19 日颁布的《俄罗斯联邦著作权及相关权法》、1995 年 10 月 18 日颁布的《俄罗斯联邦关于海关税法的补充》、1995 年 10 月 18 日颁布的《俄罗斯联邦关于部分所得税法的变更与补充》、1995 年 10 月 18 日颁布的《俄罗斯联邦关于国家支持大众传媒和图书出版法》、1995 年 10 月颁布的《俄罗斯联邦电视传播制度》《俄联邦计算机软件和数据库法律保护法》、1996 年 6 月颁布的《俄联邦国际信息交换法》、1998 年 11 月颁布的《关于个别形式媒体的许可证制度法》、1999 年 6 月颁布的《杜马选举法》、1999 年 12 月颁布的《总统选举法》、2000 年 4 月颁布的《关于确定国家通讯与信息部下属的广播频率委员会、电讯委员会、信息委员会的决议》、2001 年 5 月颁布的《紧急状态法》等。[①] 上述法律和文件也在其全部或者部分条款中对俄罗斯大众传媒进行了相应的规定。此外，一些俄罗斯联邦主体也制定了本地区涉及大众传媒的法律法规，其中阿迪格共和国、巴什科尔托斯坦共和国、卡巴尔达-巴尔卡尔共和国、乌德穆尔特共和国制定了自己的《大众传媒法》，其他多数联邦主体虽然没有制定专门的大众传媒法，但均在关于选举、国家秘密保护、获取地方自治会议信息等法律章程中

---

[①] 参见胡太春《世纪之交的俄罗斯传媒》，中国文史出版社，2003。

对大众传媒行为有所规制。[①]

为了适应新媒体的发展，应对俄罗斯本国网络上出现的一些新问题，俄罗斯通过了一些专门针对网络和新媒体管理的法律法规或者政策条文，如针对个别媒体诱导青少年实施网络犯罪行为通过的《俄罗斯保护儿童免受不良信息危害的网络审查法》（亦称《网络审查法》或《网络黑名单法》），针对盗版横行通过的《反盗版法》，针对影响力日益增强的知名博主通过的《知名博主管理法案》《俄罗斯知名博主新规则法》，为配合国家的反恐行动出台的《禁止极端主义网站法案》等。此外，《俄罗斯联邦著作权法》《俄罗斯联邦知识产权法》《俄罗斯联邦关于著作权和相关权利法》《俄罗斯联邦商品商标、服务商标和商品原产地名称法》《俄罗斯联邦竞争法》《俄罗斯联邦电子图书馆建设者与使用者立法建议》《俄罗斯联邦保密法》《俄罗斯联邦个人信息保护法》等法律法规同样适用于俄罗斯对网络知识产权的保护。除上述法律法规外，俄罗斯政府从国家安全角度出发出台了多部规划纲要，如《俄罗斯联邦国家安全构想》《俄罗斯联邦信息安全学说》《2002~2010年电子俄罗斯联邦专项纲要》《2020年前国家安全战略》《2020年前俄罗斯联邦国际信息安全领域国家政策框架》《俄罗斯联邦网络安全战略构想》《俄罗斯联邦数字经济发展规划》《2030年前俄罗斯国家人工智能发展战略》等，这些文件从战略角度对网络安全进行了规制，从而在一定程度上保护了俄罗斯的"网络边界"。

除上述法律法规外，国际法条款也是俄罗斯法律的组成部分。《俄罗斯联邦大众传媒法》第5条对俄罗斯联邦大众传媒法与国际法的关系进行了规定："如果俄罗斯联邦签署的国际条约中对于大众传媒的组织和活动有不同于本法的规定，则适用国际条约。"可见，在俄罗斯大众传媒法体系中，国际普遍承认的原则和俄罗斯联邦签署的国际法条款及国际条约、协议也是调控俄罗斯大众传媒及其活动的法律依据，并且具有优于国内法的地位。[②]

---

[①] 李玮：《俄罗斯传媒法评述》，《国际新闻界》2007年第1期。
[②] 参见贾乐蓉《当代俄罗斯大众传媒研究》，中国广播电视出版社，2008，第130页。

总之，上述法律法规在一定程度上奠定了俄罗斯大众传媒的法律基础。从上述法律颁布的时间来看，大多数为俄罗斯首任总统叶利钦时期颁布的，并且在接下来很长一段时间内一直依此执行，而其中一些法律法规是针对近些年迅速崛起的新媒体制定的。

## 二 俄罗斯大众传媒的注册管理体系

根据1991年12月生效的《俄罗斯联邦大众传媒法》，俄罗斯针对大众传媒实行注册制，创办人（共同创办人）可以是年满18周岁以上的俄罗斯公民或者是公民团体、企业、单位、组织、国家机关。[①]《俄罗斯联邦大众传媒法》第7～24条对大众传媒注册等相关事宜进行了规定，符合条件的大众传媒创办人可以注册或者重新注册，但不能重复注册，在该法的注册条款中还对免予注册以及不予注册的情况进行了详细的规定。2017年（含）以前，在俄罗斯注册的大众传媒一经获批，有关机关将为其发放纸质证书，但根据《俄罗斯联邦大众传媒法》2017年7月29日生效的修正案，自2018年1月1日起，俄罗斯联邦通信、信息技术和大众传媒监督局（Федеральная служба по надзору в сфере связи, информационных технологий и массовых коммуникаций, Роскомнадзор）不再发放纸质版的大众传媒注册证书，而是自媒体被列入大众媒体登记表相应条目起，即被视为注册。[②] 俄罗斯联邦通信、信息技术和大众传媒监督局对媒体注册费进行了明确的规定，具体费用取决于注册的大众传媒的传播区域，如果选择的传播区域为一个联邦主体，注册费为4万卢布；如果选择的传播区域为两个（含两个）以上联邦主体或全俄，注册费为8万卢布。《俄罗斯联邦大众传媒法》有关"对专门从事传播面向儿童和未成年人、残疾人以及教育和文化教育用途消息和材料的大众传媒，规定征收低于正常的注册费"的规定不变。

根据俄罗斯联邦通信、信息技术和大众传媒监督局网站提供的数据，截

---

① 胡太春：《世纪之交的俄罗斯传媒》，中国文史出版社，2003，第62页。
② В России прекратят выдачу бумажных свидетельств о регистрации СМИ//РИА Новости. 1 Января 2018 г.

至 2021 年 4 月 29 日，俄罗斯注册的大众传媒共计 149336 家，① 2007 年为 79210 家，② 14 年间数量增长了近一倍。俄罗斯大众传媒的名称可以用 10 个阿拉伯数字、24 个英文字母以及 33 个俄文字母开头，到目前为止，除俄文软音符号"ь"外，其他均有使用，其中以硬音符号为开头的媒体仅有一家，即"Ъ（Ять）"，其在 1998 年 5 月 12 日注册，证书编号为 №.017572，传播地区为俄罗斯、独联体、国外，2019 年 5 月 22 日停业，停业原因为法人清算或自然人死亡。此外，以"ы"为开头字母注册的媒体仅有 8 家，主要分布在阿尔汉格尔斯克州、下诺夫哥罗德州、萨哈（雅库特）共和国、楚瓦什共和国、萨马拉州、巴什科尔托斯坦共和国，其中尚在运营的有 3 家，其余 5 家均已停业，停业原因包括依照法院判决而停止运营，创始人自行终止媒体行为，媒体自注册以来根本未运营等。

自 1991 年末至 2021 年 4 月 29 日，在俄罗斯联邦通信、信息技术和大众传媒监督局（或俄联邦新闻出版部）注册的大众传媒目前基本处于正在营业、停业和暂时停业 3 种状态。2019 年正在营业的大众传媒类型及所占比例如下：杂志占 36%，报纸占 27%，其他印刷媒体占 5%，电子媒体占 16%，网络出版物占 8%，定期电子出版物（элект. период. Сми）占 6%，通讯社占 2%。③ 近年来，在俄罗斯注册的大众传媒的数量呈下降态势。据俄罗斯联邦通信、信息技术和大众传媒监督局 2019 年 11 月发布的信息，2019 年第三季度俄罗斯现有已注册的大众传媒的数量与 2018 年同期相比大幅下降，从 73207 家减至 67340 家，其中报纸和杂志数量从 45554 家减至 41038 家，总的来说减少数量超过 5000 家。④ 另据国际文传电讯社 2020 年 1 月 13 日对近 10 年俄罗斯已注册的媒体情况的总结，俄罗斯现有印刷媒体

---

① Перечень наименований зарегистрированных СМИ, https：//rkn. gov. ru/mass – communications/reestr/media/.
② 《俄登记注册的各类媒体已达 8 万家》，俄罗斯卫星通讯社，http：//sputniknews. cn/russia/2007030241710114/。
③ Мониторинг состояния рынка печатных СМИ и полиграфии. Департамент средств массовой информации и рекламы города Москвы. Москва：2019. с. 3.
④ Количество печатных СМИ в России за год сократилось на 5 тысяч，https：//echo. msk. ru/blog/oskin/2537275 – echo/.

42861家，其中在俄罗斯联邦通信、信息技术和大众传媒监督局中央机关注册的占3/4，在地方机关注册的占1/4。① 以2019年为例，在4万多家印刷媒体中，有31410家是在中央机关注册的，有11820家是在地方分支机构注册的。② 俄罗斯联邦通信、信息技术和大众传媒监督局中央机关与地方机关每年均会收到几千份有关注册大众传媒的申请，2019年1~9月共收到2175份申请，其中获批1678份，获批数量比2018年同期（1443份）增长16%，被退返的申请占申请总数的22.9%。③ 2008年以来，俄罗斯印刷媒体数量一直呈下降态势，2008~2018年，在俄罗斯联邦登记注册的印刷媒体数量缩减34%；2009年俄印刷媒体数量为72498家，2018年为47883家，2019年为42861家，截至2019年的10年间，在俄罗斯登记注册的印刷媒体数量下降逾40%，其中减少数量最大的是2019年，达5000余家。④

俄罗斯暂时停业的大众传媒的数量并不多，占比较大的是停业的媒体，在通常情况下，如果大众传媒停业，其注册时所获得的证书随即失效。俄罗斯大众传媒停业的原因包括：第一，在不同的注册机关重复注册；第二，大众传媒编辑部在12个月内多次违反《俄罗斯联邦大众传媒法》第4条的规定，注册机关或俄罗斯联邦新闻出版部因此对创办人和（或）编辑部（总编）多次发过书面警告，以及编辑部不执行法庭关于暂停大众传媒业务活动的判决；⑤ 第三，注册后没有从事出版行为；第四，法院对法人进行清算；第五，自然人死亡；第六，违反有关俄罗斯联邦大众传媒注册的相关要求；第七，不具备申请权利的人作为创始人提交注册申请的；第八，未支付国家相关税费；第九，创始人主动停止大众传媒经

---

① Число газет и журналов в России за десятилетие сократилось на 40%//Независимая газета. 13 января 2020 г.

② Число газет и журналов в России за десятилетие сократилось на 40%//Независимая газета. 13 января 2020 г.

③ В 2019 году число зарегистрированных российских СМИ возросло на 16%，https：//tass.ru/obschestvo/7105322.

④ Число газет и журналов в России за десятилетие сократилось на 40%//Независимая газета. 13 января 2020 г.

⑤ 参见胡太春《世纪之交的俄罗斯传媒》，中国文史出版社，2003，第65页。

营活动；第十，大众传媒从事违法行为；第十一，大众传媒从事违规行为且屡教不改；等等。

## 第二节 俄罗斯大众传媒公信力评价

传媒公信力是指传媒在长期发展过程中形成的赢得公众信任的程度和能力，是衡量传媒权威性、信誉度和社会影响力的标尺，是传媒各项品质的综合反映。①

### 一 俄罗斯传媒公信力总体状况

根据爱德曼（Edelman）咨询公司发布的"2020信任度晴雨表"，俄罗斯是全球媒体市场中公信力最低的国家之一。根据爱德曼咨询公司的调查访问，2020年，28%的受访俄罗斯人信任媒体，比2019年增长2%。② 有关传媒公信力的评估可以从信息来源、传播内容、媒体经营方式、传播对象、传播主体等方面进行评估，其中公众以何种媒体或哪家媒体作为获得信息的主要渠道能比较大地体现传媒公信力。在这方面，俄罗斯报纸、杂志、广播、网络等与电视无法相比，从目前的状况来看，电视仍然是俄罗斯居民的主要信息来源。但近年来，俄罗斯居民对电视的信任度呈下降态势。2010~2016年，将电视作为主要信息来源的受访者占比在87%及以上，2017年以来则降至80%以下，其中2017年6月4日比2010年8月29日下降9.20%；将广播、报纸与杂志作为主要信息来源的受访者占比在2010~2016年没有发生太大变化，其间虽有波动，但总体变化不大；从互联网新闻网站以及社交网络获取信息的受访者占比呈逐年上升态势，其中2017年6月4日与2010年8月29日相比，将互联网新闻网站作为主要信息来源的受访者占比增长223.08%，社交网络增长400.00%（见表4-1）。③

---

① 雷跃捷、刘学义、段鹏、沈浩等：《广播电视传媒公信力研究》，社会科学文献出版社，2013，第1页。
② Самый низкий уровень доверия к СМИ зафиксирован в России，https：//anri.org.ru/2020/01/21/camyj-nizkij-uroven-doverija-k-smi-zafiksirovan-v-rossii/.
③ 此部分出现的增减百分比系笔者依照表4-1中的数据得出。

表 4-1 俄罗斯居民信息来源渠道调查

单位：%

| | 2010年8月29日 | 2011年 | 2012年 | 2013年 | 2014年5月25日 | 2015年4月19日 | 2015年5月24日 | 2016年1月31日 | 2017年2月5日 | 2017年5月2日 | 2017年6月4日 |
|---|---|---|---|---|---|---|---|---|---|---|---|
| 电视 | 87 | 92 | 92 | 86 | 87 | 88 | 88 | 87 | 78 | 78 | 79 |
| 互联网新闻网站 | 13 | 20 | 26 | 26 | 29 | 33 | 35 | 39 | 39 | 41 | 42 |
| 与亲朋熟人对话 | 22 | 17 | 23 | 20 | 22 | 16 | 23 | 25 | 18 | 18 | 23 |
| 社交网络 | 4 | 7 | 9 | 12 | 14 | 11 | 17 | 14 | 16 | 19 | 20 |
| 印刷媒体 | 21 | 27 | 29 | 22 | 18 | 20 | 25 | 17 | 17 | 17 | 20 |
| 广播 | 19 | 21 | 21 | 19 | 18 | 16 | 20 | 17 | 14 | 17 | 18 |
| 其他 | <1 | <1 | <1 | <1 | <1 | <1 | <1 | 1 | 1 | 1 | 1 |
| 很难回答 | 2 | 1 | 1 | 1 | <1 | 1 | 1 | 1 | 1 | 1 | 1 |

资料来源：Об объективности СМИ и тематических предпочтениях граждан，https：//fom.ru/SMI-i-internet/13618。

俄罗斯社会舆论基金会的研究结果则进一步说明近几年俄罗斯传统媒体遭遇的公信力危机。根据调查，2015~2019年，俄罗斯居民对电视、报纸、杂志和广播的信任度从47%降至34%，不信任度从41%升至58%；而对网站和社交网络信息的信任度从15%增至21%。[1] 2021年初64%受访者认为电视是其主要的信息来源，但比2020年初下降了9个百分点；将社交网络作为主要信息来源的受访者比例达42%，比2020年同期增长了3个百分点；将网络出版物视为主要信息来源的受访者占39%，排第3位。[2] 关于电视是俄罗斯居民主要信息来源的观点，在俄罗斯国内也有不同的声音。俄罗斯国内有观点认为，随着新媒体的兴起与发展，俄罗斯电视观众正在放弃线性电视。俄罗斯媒体通信联盟（Медиа-Коммуникационный союз）负责人米哈伊尔·杰明表示，目前在俄罗斯还有很多人看有线电视，但到2022

---

[1] Выжутович В. Дорогая передача//Российская газета. 30 января 2020 г. No. 20.

[2] TikTok вошел в топ-5 соцсетей у россиян，https：//yandex.ru/turbo/adindex.ru/s/news/tendencies/2021/02/24/291440.phtml? utm_source=turbo_turbo.

年，在俄罗斯看线性电视的人数将与完全不看电视的人数相等，到 2037 年，俄罗斯的传统电视可能会失去意义。塔斯社报道称，1963～1983 年出生的电视观众既是传统线性电视的忠实消费者，同时也积极掌握新的媒体消费方式，走向数字媒体平台；1983～2003 年出生的人更习惯使用智能手机、社交网络、搜索引擎、电子邮件，他们几乎不看线性电视；2003 年以后出生的人使用最新的媒体消费技术，他们根本不看线性电视。[1] 传统的电视节目需要在固定的时间、固定的平台播放，受时空约束程度较高，不及网络媒体灵活，以至于人们对电视的依赖性越来越低。但是，在新媒体的背景下，对于传统电视而言，数字化、网络化等重要技术变革变得尤为重要，到目前为止，俄罗斯多数电视台都已经开始或者完成网络化进程，人们借助网络，可以在任何时间、任何地点观看电视节目，打破了时空的束缚。在这种情况下，人们通过传统有线电视观看节目的时间大大减少。电视作为俄罗斯居民了解国内外事件的主要信息来源的地位不断受到网络媒体的冲击。俄罗斯列瓦达中心的调查结果显示，在过去的十年里，俄罗斯电视观众的占比已从 94% 缩至 72%，网络受众的数量则增加了 2 倍，现在已经占全国人口的 1/3；65 岁以上老年人更喜欢看电视（占 93%），25 岁以下的年轻人的主要信息来源则是社交网络。列瓦达中心指出，2018 年，俄罗斯人对电视报道话题（主要是经济话题）的信任度明显下降，50% 以上的人认为电视频道对经济状况的报道"与现实不符"，[2] 还有俄罗斯人认为，一些俄罗斯媒体的报道具有欺骗性。

## 二 俄罗斯地方传媒公信力

在俄罗斯各联邦主体中，民众对媒体的信任程度呈现一定的差异性。据《俄罗斯报》2020 年 1 月 30 日的报道，俄罗斯公民倡议委员会媒体标准基金会（фонд "Медиастандарт" Комитета гражданских инициатив）与锆石

---

[1] См.: Комраков А. Телевидению предрекли страшный 2037 год//Независимая газета. 3 сентября 2019 г.
[2] Жители России стали меньше доверять телевидению, https://regnum.ru/news/society/2678572.html.

（Циркон）研究小组对俄罗斯媒体公信力进行了联合调查，其调查依据是居民对所接受的信息的批判态度、了解信息的愿望、在各种媒体上花费的时间、从网络上获取新闻的程度以及他们对一般媒体以及地方媒体的信任度等。[1] 根据调查结果，俄罗斯大多数联邦主体的居民对媒体的信任度迄今没有低于50%，信任度排前列的是亚马尔-涅涅茨自治区（73%），信任度最低的是印古什共和国、莫斯科市和坦波夫州（58%）；在大多数联邦主体，地方媒体比联邦媒体更受居民的信任，对地方媒体信任度最高的是斯维尔德洛夫斯克州、沃罗涅日州（79%）和车臣共和国（78%）。只有19个地区的居民对联邦媒体的信任度高于地方媒体。[2]

## 第三节　新媒体时代俄罗斯传统媒体面临的挑战

随着新媒体的出现和发展，俄罗斯传统媒体的发展面临诸多挑战，其中包括传统电子媒体受众数量减少与收入下降、印刷媒体发行量与收入下降、传统媒体遭遇信息侵权或盗用等。笔者在本节主要探讨印刷媒体发行量下降与传统电子媒体收入减少的问题。

### 一　俄罗斯印刷媒体发行量持续下降

世界报业和新闻出版协会（WAN-IFRA）的专家指出，2019年全球印刷媒体市场的主要问题是印刷媒体的发行收入与广告收入下降，其主要原因是市场参与者不愿意也不善于正确地利用新技术和创新以获得更多的受众，达到更好的经济效果，即内容和平台的货币化。近年来，俄罗斯印刷媒体市场上一些在现代化经营方面最成功的期刊编辑部正在改进内容，拓展向受众传递内容的方式，改进风格、开本、装帧和优化营商环境等。因此，这类出版物的受众总量即使缩减，也是微不足道的，

---

[1] Выжутович В. Дорогая передача//Российская газета. 30 января 2020 г. № 20.
[2] Выжутович В. Дорогая передача//Российская газета. 30 января 2020 г. № 20.

其广告收入、订阅量和零售量都维持在原来的水平上。① 但俄罗斯印刷媒体市场出现的积极变化并不能从总体上扭转此类媒体发行量下降的局面，印刷媒体发行量甚至随着 2020 年卢布的持续贬值以及新冠肺炎疫情的持续发展而越发走低。

1991 年末到 2008 年，俄罗斯印刷媒体发行量一直呈增长态势，但 2008 年全球经济危机终止了这一态势。这场席卷全球的经济危机对俄罗斯大众传媒市场是一个严峻的考验，最先感受到危机后果的是印刷媒体。自 2009 年开始，俄罗斯印刷媒体无论是发行收入还是发行量都大幅下降，2008 年俄印刷媒体发行收入为 7360 亿卢布，2017 年降为 5870 亿卢布，2018 年降至 5850 亿卢布。② 从 2018 年与 2017 年俄罗斯印刷媒体发行收入对比情况来看，2018 年仅比 2017 年低 20 亿卢布，表面上看这一下降幅度并不大，但如果将 2018 年俄印刷媒体出版物总体价格上涨 20% 的因素考虑进去，那么，2018 年俄印刷媒体发行总收入实际比 2017 年要低很多。③ 2014～2019 年，俄罗斯的报刊发行量下降 45%，平均每年下降 9%。塔斯社援引行业代表的资料指出，在此期间计算机和汽车领域报刊的发行量损失最大，平均每年下降15%～16%；新闻资讯类、收藏类杂志、室内设计类杂志的发行量平均每年下降 12%～14%；女性、娱乐、烹饪、电视指南类出版物的发行量平均每年减少 7%～9%；发行量最稳定的是儿童类报刊以及园林、菜园和花卉等类别的报刊，上述报刊发行量平均每年下降 2%～5%。④

俄印刷媒体发行量下降导致一些杂志和报纸被迫关闭，2019 年因发行量下降而关闭的印刷媒体的名单进一步扩大，如《汽车世界》（«Автомир»）、

---

① Федеральное агентство по печати и массовым коммуникациям. Российская периодическая печать：Состояние，тенденции и перспективы развития. Москва：2020. c. 7.

② Федеральное агентство по печати и массовым коммуникациям. Российская периодическая печать：Состояние，тенденции и перспективы развития. Москва：2019. c. 59.

③ См.：Федеральное агентство по печати и массовым коммуникациям. Российская периодическая печать：Состояние，тенденции и перспективы развития. Москва：2019. c. 59.

④ Продажи газет и журналов в России упали на 45%．Каждый третий киоск закрыт，https：//eadaily.com/ru/news/2020/01/13/prodazhi－gazet－i－zhurnalov－v－rossii－upali－na－45－kazhdyy－tretiy－kiosk－zakryt.

《智慧》（Quattroruote）①、《我美丽的花园》（«Мой прекрасный сад»）、《丽莎，我的孩子》（«Лиза. Мой ребенок»）、《幸福的父母》（«Счастливые родители»）等，柯尼卡电子传媒集团（Эдипресс – Конлига）②则完全退出传媒市场。而印刷媒体数量的减少反过来又会影响到此类媒体的发行量。为了稳定俄印刷媒体市场，增加发行量，2019年10月，俄总统普京责成俄联邦政府对印刷媒体进行扶持，其中包括稳定新闻纸张价格等措施，这些措施对俄印刷媒体发行量增长起到了促进作用。但2020年以来，俄印刷媒体发行量下降的趋势仍然没有停止，发行量降幅已达40%~50%。俄《议会报》销售员称，到2020年底俄印刷媒体发行量降幅可达75%，因此发行收入将损失300亿~400亿卢布。此外，由于新冠肺炎疫情的影响，城市交通客流量急剧减少，地铁出版物的销量明显下降。俄《论据与事实》报业集团总经理鲁斯兰·诺维科夫则预测，2020年俄印刷媒体发行量将稳中有降。虽然每年俄罗斯都会有新的印刷媒体创刊，但是由于许多报刊缺乏稳定读者群，③俄印刷媒体发行量下降的趋势仍将持续。

造成俄罗斯印刷媒体发行量下降的原因包括以下几个方面。

（一）新媒体快速发展对俄罗斯印刷媒体产生巨大冲击

当今世界，互联网的作用日益明显，数字技术对媒体环境的影响越来越大，在互联网和移动设备的影响下，俄罗斯居民信息需求的来源发生了巨大的变化。网络等新媒体的兴起使报刊等印刷媒体的零售与订阅出现系统性危机，报刊发行量日益萎缩，消费者阅读兴趣不断下降。④俄罗斯民众每天花在报纸、杂志等印刷媒体上的时间越来越少，从2011年的人均每天11.6分钟，降至2019年的7.4分钟，2020年将降至7分钟，而与此相比，2011年俄罗斯人均每天使用网络电视、桌面媒体、移动媒体的时间为118.8分钟，

---

① Quattroruote系意大利语，其含义为"智慧"。
② 2009年柯尼卡电子传媒集团在俄罗斯传媒市场中曾位居前10。
③ Печать теряет место：Ежедневную прессу скоро будет негде купить, газетные киоски закрываются по всей стране//Российская газета. 27 ноября 2018 г.
④ 传统印刷媒体读者数量和发行量下降的原因还在于：第一，读者需要到特定的地点才能买到所需要的报刊，产生很多不便；第二，读者需要为购买报刊额外支付资金，而在互联网上浏览信息不需要这笔开销；第三，一份报刊的信息量是有限的，而网络信息却是海量的。

2018年为239.4分钟。从2017～2020年数据来看，俄罗斯民众用于报纸、杂志、电视、广播的时间呈下降态势；而用于网络电视、移动媒体的时间则越来越长（见表4-2）。随着网民数量的不断增加，俄罗斯印刷媒体发行量下降的趋势将持续下去。① 综合来看，传统印刷媒体发行量下降的主要原因是互联网普及率迅速提升，越来越多的人喜欢使用网络浏览信息，而不是通过纸质报刊等印刷媒体。

表4-2 2011～2020年俄罗斯人均每天使用媒体的时间

单位：分钟

| 年份 | 报纸 | 杂志 | 电视 | 广播 | 电影 | 网络电视 | 桌面媒体② | 移动媒体③ | 合计 |
| --- | --- | --- | --- | --- | --- | --- | --- | --- | --- |
| 2011 | 6.3 | 5.3 | 196.7 | 182.0 | 2.0 | 59.4 | 59.4 | — | 451.7 |
| 2012 | 5.6 | 4.6 | 215.4 | 179.0 | 2.2 | 68.0 | 68.0 | — | 474.8 |
| 2013 | 5.0 | 4.4 | 212.5 | 177.5 | 2.7 | 65.7 | 65.7 | — | 467.7 |
| 2014 | 4.6 | 4.1 | 214.3 | 175.5 | 2.0 | 74.0 | 74.0 | — | 474.4 |
| 2015 | 3.9 | 3.4 | 213.0 | 176.0 | 2.3 | 130.9 | 78.8 | 52.1 | 529.5 |
| 2016 | 3.2 | 2.8 | 213.7 | 179.5 | 2.3 | 130.0 | 67.9 | 62.2 | 531.6 |
| 2017 | 4.4 | 4.2 | 202.2 | 188.1 | 2.9 | 117.5 | 63.8 | 53.7 | 519.3 |
| 2018 | 4.1 | 3.9 | 202.2 | 184.3 | 2.9 | 119.7 | 60.6 | 59.1 | 517.1 |
| 2019 | 3.8 | 3.6 | 200.2 | 182.5 | 2.9 | 122.5 | 57.6 | 65.0 | 515.5 |
| 2020 | 3.6 | 3.4 | 198.2 | 180.7 | 2.9 | 126.2 | 54.7 | 71.5 | 514.8 |

注：—表示资料不详；2020年为预测值。

资料来源：Федеральное агентство по печати и массовым коммуникациям. Российская периодическая печать: Состояние, тенденции и перспективы развития. Москва: 2020. с. 11。

---

① Подписка без господдержки сократилась на 20 процентов//Российская газета. 7 июля 2014 г.

② 桌面媒体是创新的互联网媒体形式，作为一种新出现的网络新媒体形式，它继承了互联网和传统平面媒体的优点，以用户的电脑桌面为载体，通过利用用户闲暇时间提供以图片为核心形式的资讯等服务来创造品牌广告价值。互联网进入web2.0时代为网络服务内容质量的提升创造了可能，使得网络服务的互动性更强，用户从单纯使用者向参与者进行转变，从大众传播方式向个人传播方式变化，在这个过程当中，媒体终端也有了多种平台，比如手机、电脑、IPTV等。

③ 移动媒体是所有具有移动便携特性的新兴媒体的总称，包括手机、平板电脑、掌上电脑、psp、移动视听设备（如MP3、MP4、MP5）等。

俄罗斯社会舆论调查中心民意基金会 2011 年的一项调查显示，只有 1/4 的俄罗斯人愿意付费查看或下载互联网上的信息。① 然而，只有不到一半的网民在观看或下载互联网内容时被版权方警告是非法的，更多的人根本分不清互联网上合法内容和非法内容的区别。

2010 年 11 月，俄罗斯各大互联网资源的负责人就提出了互联网用户问责问题，要求俄罗斯立法者从法律层面划定网络知识产权侵权的责任。从目前的情况来看，俄罗斯网络知识产权所有者更愿意将那些上传非法内容的人，而不是互联网业务提供商绳之以法，但他们通常忽略了这样一个事实，即向数百万用户提供服务的公司既没有法律依据，也没有技术上的可能性来追踪每一个用户的每一个行动并评估其合法性或非法性。②

传统印刷媒体内容的传播媒介从纸质版出版物转向互联网，直接导致受众从传统印刷媒体流向互联网，进而导致这类媒体发行量的锐减和广告收入的持续下降，直接影响了传统印刷媒体的经济效益。独立民调机构佩尤研究中心（Pew Research Center）发现：印刷媒体在数字化方面收益 1 美元，却要在印刷方面流失 10 美元。③ 而与此同时，在俄罗斯，无论是传统媒体还是新媒体，在数字内容收费方面一直都比较艰难。以传统印刷媒体网络版为例，无论其内容多么吸引人、网页设计多么精美，只要是设置"付费墙"，用户就会大量流失。收费策略是"付费墙"运营中的重要环节，如何通过设置合理的价格协调媒体收益与受众数量的关系成为俄罗斯印刷媒体面临的重要问题。当"付费墙"的概念于 21 世纪初在美国出现后，俄罗斯的一些传统媒体就开始了这方面的尝试。俄罗斯专门为国际成功专业人士打造的杂志《上流社会》和《专家》等传统印刷媒体就曾在互联网上尝试过"付费墙"，但最终他们还是放弃了这种运营

---

① Дуленкова А. Осторожно: качка: Больше половины пользователей не могут опознать нелегальный контент в Интернете//Российская газета. 15 августа 2011 г. No 178.

② Дуленкова А. Осторожно: качка: Больше половины пользователей не могут опознать нелегальный контент в Интернете//Российская газета. 15 августа 2011 г. No 178.

③ 《美国传统印刷媒体转型数字化发展步履蹒跚》，多多印新闻网，https://www.duoduoyin.com/yinshuajishuinfo/66206_1.html。

模式，①其原因与用户流失及收益下降有直接的关系。在俄罗斯，使用"付费墙"的成功案例也有很多，如《公报》在2014年时拥有1.4万名付费用户，每年从"付费墙"获得150多万美元的收入。②但有专家认为，一些俄罗斯印刷媒体设置"付费墙"似乎不是为了赚钱，而是为了找到忠实的受众。在这种情况下，如何破解因印刷媒体数字化而带来的纸质版出版物受众流失与经济效益下降的困境，就成为俄罗斯印刷媒体从业者必须面对的问题。总体上看，俄罗斯传统印刷媒体市场面对来自新媒体的竞争表现出越来越多的积极变化，其中利用数字技术实现报刊编辑部工作的现代化则是传统印刷媒体适应数字媒体发展环境的重要表现。报纸、杂志等传统印刷媒体正在迅速被新的信息源取代，传统印刷媒体数量正在迅速减少。而更有专家预判，面对来自网络等新媒体的竞争，俄罗斯传统印刷媒体有可能会消失。

（二）国家取消对订阅的支持，邮政运营商缺乏责任

21世纪初，在德国，一份周报半年的邮发费用为5.76欧元（213卢布），尽管德国的邮局有国家所有的，也有私人所有的，但国家对邮发费用都会给予一定的补贴；法国每年拨付5亿欧元用于补贴报刊发行。而自2014年下半年起，俄罗斯已经从国家层面取消对印刷媒体出版物订阅的支持，这一措施颁布后，俄罗斯报纸和杂志订阅量下降近40%，限制了公民获得信息的途径。俄罗斯印刷品分销商协会（Ассоциация распространителей печатной продукции）认为，这是俄罗斯财政部的严重失误。③ 2017年，俄罗斯印刷媒体出版物订阅量与上年同期相比下降11%，其中下降幅度最大的3个联邦主体是印古什共和国（-47%）、乌德穆尔特

---

① Николаева Ю. Перспективы paywall в России：Сможет ли платная модель насовсем вытеснить рекламу из интернет – СМИ, https：//www.sostav.ru/publication/perspektivy – paywall – v – rossii – 8200. html.

② Николаева Ю. Перспективы paywall в России：Сможет ли платная модель насовсем вытеснить рекламу из интернет – СМИ, https：//www.sostav.ru/publication/perspektivy – paywall – v – rossii – 8200. html.

③ Без господдержки подписка падает，http：//sovetreklama.org/2017/03/bez – gospodderzhki – podpiska – padaet/.

共和国（-37%）和涅涅茨自治区（-36%）；订阅量增长或与上年同期持平的联邦主体包括车臣共和国（+55%）、楚科奇自治区（+6%）、阿尔泰共和国（+2%）、斯塔夫罗波尔边疆区（+1%）、阿穆尔州（0）和斯维尔德洛夫斯克州（0）。

此外，俄罗斯邮政运营商（почтовый оператор）缺乏责任，报纸投递不及时、不规范；由于许多报纸定价不合理，俄罗斯邮政的邮发成本甚至高于报纸本身的成本；在报纸订阅环节，缺乏对邮递员的激励制度；依照非市场化的资金周转规则，俄罗斯邮政每年仅在公司报纸订阅活动结束时，两次向出版商返还部分资金。[1] 上述问题导致一些报纸编辑部不堪重负，或减少报纸发行量，或者停业。

（三）一些印刷媒体经济效益下降

俄罗斯部分印刷媒体经济效益下降主要体现在：收入减少，特别是广告收入减少；成本增加，包括新闻纸价格不断上涨。

近年来，俄罗斯印刷媒体（不含数字印刷媒体广告收入）广告收入一直呈下降态势。其中，2019年俄罗斯报纸广告收入比2018年下降22%，杂志广告收入下降13%。同期，俄罗斯纸质报刊广告收入为151亿卢布，数字报刊广告收入达154亿卢布（增长10%），后者首次超过纸质报刊广告收入。2019年俄罗斯印刷媒体广告总收入为305亿卢布，比2018年下降5%。[2] 2019年，俄罗斯15个大城市（不包括莫斯科市）的印刷媒体广告市场总收入为18.68亿卢布，其中圣彼得堡以较大优势位居第一，为5.59亿卢布；排在第二位的是新西伯利亚市，为2.12亿卢布；位列第三位的是叶卡捷琳堡市，为1.62亿卢布。2019年这15座城市的印刷媒体广告收入较上一年均出现不同程度的下降，其中下降幅度最大的是车里雅宾斯克市和彼尔姆市（25%），叶卡捷琳堡市、喀山市、萨马拉市的降幅均为24%，下降幅度最

---

[1] Федеральное агентство по печати и массовым коммуникациям. Российская рынок периодической печати: Состояние, тенденции и перспективы развития. Москва: 2014. с. 44.

[2] Федеральное агентство по печати и массовым коммуникациям. Российская рынок периодической печати: Состояние, тенденции и перспективы развития. Москва: 2020. с. 77 – 78.

小的是圣彼得堡市（15%）。一般来说，印刷媒体的发行市场和广告市场相互影响、相互促进，发行的目的是为了获得丰厚的广告收入，而丰厚的广告收入则是促进印刷媒体发行量增长的有效动力。从近两年俄罗斯印刷媒体广告收入情况来看，其不断下降的态势成为俄印刷媒体发行量下降的影响因素之一。

2014年以来，俄罗斯印刷媒体所使用的新闻纸价格一直上涨，到2018年累计涨幅已经超过50%。到2018年中，俄罗斯新闻纸平均出口价约为每吨4.3万卢布，而俄罗斯国内市场新闻纸价格最低为每吨3.4万卢布。由于世界市场上纸浆价格上升，俄罗斯制浆造纸企业将生产重点调整为向国外出口制浆原料和新闻纸。2016~2019年，俄罗斯新闻纸出口总量总体呈上升态势（见表4-3），2019年比2016年增长18.3万吨，增幅达17.2%。新闻纸出口量在生产总量中的占比也在不断提升，根据俄森林在线网站统计，2011年，上述占比为68%，到2019年已经上升至82%。

表4-3 2016~2019年俄新闻纸生产与出口情况对比

单位：万吨，%

|  | 2016年 | 2017年 | 2018年 | 2019年 |
| --- | --- | --- | --- | --- |
| 生产总量 | 146.9 | 143.8 | 152.7 | 151.6 |
| 出口量 | 106.3 | 112.5 | 116.4 | 124.6 |
| 出口占比 | 72 | 78 | 76 | 82 |

资料来源：Экспорт газетной бумаги в 2019 г., 01 марта 2020 г, https://www.lesonline.ru/analitic/? cat_ id =12&n =395303。

鉴于此，俄罗斯新闻纸生产企业对供应国内市场的新闻纸实行严格的配额，导致2018年俄新闻纸价格上涨两倍。[1] 对印刷媒体来说，新闻纸成本一直是所有成本中最重要的，俄罗斯国内新闻纸价格的上涨无疑

---

[1] Рост цен на газетную бумагу поднимет стоимость печатных СМИ, https://www.sostav.ru/publication/rost - tsen - na - gazetnuyu - bumagu - podnimet - stoimost - pechatnykh - smi - 34310.html.

让本已处在困境的印刷媒体的生产雪上加霜，一些非主流报刊的发行量和版数不断缩减，有些甚至停刊。除新闻纸价格不断上涨外，俄罗斯印刷市场对传统印刷媒体的发展也有一定的影响，绝大多数俄罗斯传统印刷媒体的出版物都是在印刷公司印刷的，而印刷服务价格的增长速度比产品质量提高的速度要快得多，许多报纸无法利用现代技术印刷彩色的报纸或者调整正确的格式，导致出版印刷质量不高，①在一定程度上影响了报刊的发行量。

对印刷媒体征收环保税也是导致俄罗斯报刊发行量下降的一个主要原因。根据2015年9月24日颁布的第1886-p号政府令，家用电器、服装、各种包装、文具、内衣、地毯、玻璃、电器产品等制造商和进口商必须支付环保税。被列入清单的商品共分为36类，报刊出版被列入第36类，其他纸和纸板制品被列入第13类。②到2017年初，俄罗斯纸制产品环保税征收标准为每吨2378卢布。依照俄政府的相关规定以及俄环保税的征收标准，俄罗斯报刊出版商每购买一吨新闻纸，其价格约增加8%~10%。在经济效益下降，尤其是广告收入日益减少的情况下，俄报刊出版机构不得不通过缩减报刊发行量降低费用。

为振兴俄印刷媒体行业，俄罗斯出版商建议，对新闻纸出口征税，对新闻纸进口实行零关税，取消报刊生产和纸张、纸板销售的增值税，将报刊邮发补贴退还给俄罗斯邮政，取消对印刷媒体征收环保税。

（四）印刷媒体从业人员减少

受多种因素影响，近年来，俄罗斯印刷媒体从业人员数量不断减少，而且这一趋势可能还会持续下去。截至2018年底，俄印刷媒体从业人员数量为27.3万人，2019年为20.8万人，减少24%。③研究人员预测，到2023年，俄罗斯印刷媒体从业人员数量将减至15.7万人，将比2018年减

---

① 参见尤莉娅《俄罗斯平面媒体发展的问题、趋势及前景》，《当代传播》2013年第5期，第62页。

② Геннадий Кудий. Роспечать: Экологический сбор для печати ввели бездарно и кулуарно, https://mediaguide.ru/?p=news&id=58f7b002.

③ Печать сокращения: Бумажные СМИ теряют рабочие места// Коммерсантъ. 17 июля 2019 г.

少约42%。① 俄罗斯印刷媒体从业人员数量减少的原因主要包括：一是电子媒体、网络媒体等的迅速发展，不仅抢占了印刷媒体的市场、读者，同时也造成印刷媒体专业人才的大量流失；二是随着人工智能时代的来临，智能机器人给俄罗斯大众传媒，尤其是印刷媒体带来巨大的影响和冲击，首当其冲的就是俄罗斯印刷媒体从业人员的失业危机，其次是媒体机构的生存危机；三是2020年油气价格暴跌、新冠肺炎疫情大流行、卢布贬值、居民购买力下降等因素导致俄罗斯印刷媒体从业人员收入下降，从业人员进一步流失。

（五）报刊亭数量不断减少

转型前，俄罗斯报刊亭在地铁、公交车站、商业街、公园、地下过街通道、居民区等地随处可见，而现在这种局面正在逐渐消失，俄报刊亭数量正以惊人的速度减少。2004年全俄有6.1万个报刊亭等报刊销售网点，2015年，莫斯科市政府对街头报刊亭进行整顿导致一些报刊亭消失。从2014年到2018年，俄罗斯报刊亭数量从4.1万个减至3.52万个，到2019年底，已经不足1.6万个。② 俄罗斯记者协会主席弗拉基米尔·索洛维约夫称，"俄罗斯平均每天消失10个报刊亭"③，近10年，俄罗斯报刊亭数量减少了58%。俄联邦新闻出版与大众传媒署2018年公布的俄罗斯定期出版物状况报告指出，在保障报刊销售设施方面俄罗斯早就落后于发达国家，在欧洲大多数国家，每个报刊销售设施平均面向700到2000人，④ 而在俄罗斯其报刊销售设施面向的人数则远远落后于这一数值（见表4-4）。俄罗斯政府曾于2016年5月确定了全国居民报刊亭最低保障标准，即每千人拥有1.7个报刊亭或报摊，但实际情况与此有较大的差距。

---

① Печать сокращения： Бумажные СМИ теряют рабочие места//Коммерсантъ. 17 июля 2019 г.
② Продажи газет и журналов в России упали на 45%. Каждый третий киоск закрыт, https://eadaily.com/ru/news/2020/01/13/prodazhi-gazet-i-zhurnalov-v-rossii-upali-na-45-kazhdyy-tretiy-kiosk-zakryt.
③ 《世界报刊亭扫描：法英俄美中德的报刊亭现状究竟如何?》，《参考消息》2018年9月6日。
④ 《世界报刊亭扫描：法英俄美中德的报刊亭现状究竟如何?》，《参考消息》2018年9月6日。

表 4－4  2018～2019 年俄罗斯各联邦区报刊亭分布情况

单位：个，人

| 联邦区 | 报刊亭数 | | 每个报刊亭平均面向居民人数 | | 每万人拥有报刊亭数 | |
| --- | --- | --- | --- | --- | --- | --- |
| | 2018 年 | 2019 年 | 2018 年 | 2019 年 | 2018 年 | 2019 年 |
| 中央联邦区 | 5204 | 2273 | 7553 | 7239 | 1.32 | 1.38 |
| 西北联邦区 | 1847 | 5091 | 7554 | 7735 | 1.32 | 1.29 |
| 乌拉尔联邦区 | 1526 | 1743 | 8097 | 8016 | 1.24 | 1.25 |
| 南部联邦区 | 1801 | 981 | 9129 | 8347 | 1.10 | 1.20 |
| 北高加索联邦区 | 438 | 1406 | 22428 | 8784 | 0.45 | 1.14 |
| 伏尔加河沿岸联邦区 | 2792 | 1825 | 10581 | 9410 | 0.95 | 1.06 |
| 西伯利亚联邦区 | 2281 | 2838 | 8456 | 9975 | 1.18 | 0.97 |
| 远东联邦区 | 685 | 390 | 9000 | 25229 | 1.11 | 0.40 |
| 总计 | 16574 | 16547 | 8862* | 8871* | 1.13* | 1.13* |

\*注：原文如此，应为全俄平均值。

资料来源：Федеральное агентство по печати и массовым коммуникациям. Российская периодическая печать: Состояние, тенденции и перспективы развития. Москва: 2019. с. 59; Федеральное агентство по печати и массовым коммуникациям. Российская периодическая печать: Состояние, тенденции и перспективы развития. Москва: 2020. с. 67。

2018 年，在俄罗斯各联邦区中，中央联邦区与西北联邦区状况最好，每个报刊亭平均分别面向 7553 人和 7554 人，即每万人拥有 1.32 个报刊销售设施；北高加索联邦区状况最差，每个报刊亭平均面向 22428 人，即每万人拥有 0.45 个报刊亭。① 根据俄联邦新闻出版与大众传媒署公布的数据，2018 年，全俄各联邦区中每万人拥有报刊亭数居前 10 的联邦主体包括加里宁格勒州、阿尔泰共和国、布里亚特共和国、阿尔汉格尔斯克州、图拉州、车里雅宾斯克州、库尔斯克州、莫斯科市、奔萨州、利佩茨克州。这 10 个联邦主体每个报刊亭平均面向的居民人数在 3684～6355 人，即每万人拥有 1.57～2.71 个报刊亭；而排名靠后的联邦主体如印古什共和国、萨哈（雅库特）共和国、犹太自治州、库尔干州、车臣共和国、达吉斯坦共和国、

---

① Федеральное агентство по печати и массовым коммуникациям. Российская периодическая печать: Состояние, тенденции и перспективы развития. Москва: 2019. с. 59.

卡拉恰伊-切尔克斯共和国每个报刊亭平均面向 27002~71849 人，即每万人拥有 0.14~0.37 个报刊亭（见表 4-5）。从以上数据来看，俄罗斯报刊设施保障水平远未达到政府预计的基础指标。

表 4-5　2018~2019 年俄罗斯报刊亭分布情况

单位：人，个

|  | 联邦主体 | 联邦区 | 每个报刊亭平均面向居民人数 | | 每万人拥有报刊亭数 | |
| --- | --- | --- | --- | --- | --- | --- |
|  |  |  | 2018 年 | 2019 年 | 2018 年 | 2019 年 |
| 1 | 加里宁格勒州 | 西北联邦区 | 3684 | 4320 | 2.71 | 2.31 |
| 2 | 阿尔泰共和国 | 西伯利亚联邦区 | 3965 | 4926 | 2.52 | 2.03 |
| 3 | 布里亚特共和国 | 西伯利亚联邦区 | 4850 | 5525 | 2.06 | 1.86 |
| 4 | 阿尔汉格尔斯克州 | 西北联邦区 | 5168 | 5405 | 1.94 | 1.85 |
| 5 | 图拉州 | 中央联邦区 | 5525 | 5649 | 1.81 | 1.77 |
| 6 | 车里雅宾斯克州 | 乌拉尔联邦区 | 5802 | 6047 | 1.72 | 1.65 |
| 7 | 库尔斯克州 | 中央联邦区 | 5870 | 6126 | 1.70 | 1.63 |
| 8 | 莫斯科市 | 中央联邦区 | 6194 | 6320 | 1.61 | 1.58 |
| 9 | 奔萨州 | 伏尔加河沿岸联邦区 | 6341 | 6512 | 1.58 | 1.54 |
| 10 | 利佩茨克州 | 中央联邦区 | 6355 | 6526 | 1.57 | 1.53 |
| 11 | 圣彼得堡市 | 西北联邦区 | 6387 | 6537 | 1.57 | 1.53 |
| 12 | 梁赞州 | 中央联邦区 | 6675 | 6670 | 1.50 | 1.50 |
| 13 | 马里埃尔共和国 | 伏尔加河沿岸联邦区 | 6690 | 6712 | 1.49 | 1.49 |
| 14 | 阿穆尔州 | 远东联邦区 | 6883 | 6863 | 1.45 | 1.46 |
| 15 | 萨哈林州 | 远东联邦区 | 7003 | 6937 | 1.43 | 1.44 |
| 16 | 别尔哥罗德州 | 中央联邦区 | 7045 | 7060 | 1.42 | 1.42 |
| 17 | 哈巴罗夫斯克边疆区 | 远东联邦区 | 7065 | 7081 | 1.42 | 1.41 |
| 18 | 下诺夫哥罗德州 | 伏尔加河沿岸联邦区 | 7109 | 7135 | 1.41 | 1.40 |
| 19 | 普斯科夫州 | 西北联邦区 | 7152 | 7201 | 1.40 | 1.39 |
| 20 | 斯维尔德洛夫斯克州 | 乌拉尔联邦区 | 7209 | 7276 | 1.39 | 1.37 |
| 21 | 沃罗涅日州 | 中央联邦区 | 7225 | 7322 | 1.38 | 1.37 |
| 22 | 弗拉基米尔州 | 中央联邦区 | 7254 | 7342 | 1.38 | 1.36 |
| 23 | 阿尔泰边疆区 | 西伯利亚联邦区 | 7390 | 7441 | 1.35 | 1.34 |
| 24 | 雅罗斯拉夫尔州 | 中央联邦区 | 7445 | 7708 | 1.34 | 1.30 |
| 25 | 卡卢加州 | 中央联邦区 | 7473 | 7828 | 1.34 | 1.28 |

续表

| | 联邦主体 | 联邦区 | 每个报刊亭平均面向居民人数 | | 每万人拥有报刊亭数 | |
|---|---|---|---|---|---|---|
| | | | 2018年 | 2019年 | 2018年 | 2019年 |
| 26 | 滨海边疆区 | 远东联邦区 | 7652 | 7879 | 1.31 | 1.27 |
| 27 | 萨马拉州 | 伏尔加河沿岸联邦区 | 7827 | 7966 | 1.28 | 1.26 |
| 28 | 克麦罗沃州 | 西伯利亚联邦区 | 7834 | 8012 | 1.28 | 1.25 |
| 29 | 伊尔库茨克州 | 西伯利亚联邦区 | 7857 | 8203 | 1.27 | 1.22 |
| 30 | 坦波夫州 | 中央联邦区 | 7950 | 8223 | 1.26 | 1.22 |
| 31 | 伏尔加格勒州 | 南部联邦区 | 8004 | 8225 | 1.25 | 1.22 |
| 32 | 诺夫哥罗德州 | 西北联邦区 | 8086 | 8425 | 1.24 | 1.19 |
| 33 | 斯摩棱斯克州 | 中央联邦区 | 8184 | 8780 | 1.22 | 1.14 |
| 34 | 克拉斯诺亚尔斯克边疆区 | 西伯利亚联邦区 | 8219 | 8783 | 1.22 | 1.14 |
| 35 | 罗斯托夫州 | 南部联邦区 | 8391 | 8858 | 1.19 | 1.13 |
| 36 | 乌里扬诺夫斯克州 | 伏尔加河沿岸联邦区 | 8480 | 8892 | 1.18 | 1.12 |
| 37 | 乌德穆尔特共和国 | 伏尔加河沿岸联邦区 | 8548 | 9149 | 1.17 | 1.09 |
| 38 | 新西伯利亚州 | 西伯利亚联邦区 | 8688 | 9219 | 1.15 | 1.08 |
| 39 | 涅涅茨自治区 | 西北联邦区 | 8799 | 9243 | 1.14 | 1.04 |
| 40 | 沃洛格达州 | 西北联邦区 | 8847 | 9318 | 1.13 | 1.07 |
| 41 | 奥廖尔州 | 中央联邦区 | 9341 | 9497 | 1.07 | 1.05 |
| 42 | 哈卡斯共和国 | 西伯利亚联邦区 | 10142 | 9522 | 0.99 | 1.05 |
| 43 | 秋明州 | 乌拉尔联邦区 | 10481 | 9824 | 0.95 | 1.02 |
| 44 | 特维尔州 | 中央联邦区 | 10524 | 9856 | 0.95 | 1.01 |
| 45 | 楚瓦什共和国 | 伏尔加河沿岸联邦区 | 10705 | 10106 | 0.93 | 0.99 |
| 46 | 斯塔夫罗波尔边疆区 | 北高加索联邦区 | 10731 | 10247 | 0.93 | 0.98 |
| 47 | 卡累利阿共和国 | 西北联邦区 | 10732 | 10810 | 0.93 | 0.93 |
| 48 | 奥伦堡州 | 伏尔加河沿岸联邦区 | 10867 | 10953 | 0.92 | 0.91 |
| 49 | 鄂木斯克州 | 西伯利亚联邦区 | 10889 | 11022 | 0.92 | 0.91 |
| 50 | 阿斯特拉罕州 | 南部联邦区 | 11060 | 11540 | 0.90 | 0.87 |
| 51 | 克拉斯诺达尔边疆区 | 南部联邦区 | 11096 | 11651 | 0.90 | 0.86 |
| 52 | 莫斯科州 | 中央联邦区 | 11544 | 11656 | 0.87 | 0.86 |
| 53 | 伊万诺沃州 | 中央联邦区 | 11663 | 11756 | 0.86 | 0.85 |
| 54 | 布良斯克州 | 中央联邦区 | 11872 | 11779 | 0.84 | 0.85 |

续表

| | 联邦主体 | 联邦区 | 每个报刊亭平均面向居民人数 | | 每万人拥有报刊亭数 | |
|---|---|---|---|---|---|---|
| | | | 2018年 | 2019年 | 2018年 | 2019年 |
| 55 | 莫尔多瓦共和国 | 伏尔加河沿岸联邦区 | 12198 | 11976 | 0.82 | 0.83 |
| 56 | 巴什科尔托斯坦共和国 | 伏尔加河沿岸联邦区 | 12426 | 12053 | 0.80 | 0.83 |
| 57 | 科斯特罗马州 | 中央联邦区 | 12614 | 12153 | 0.79 | 0.82 |
| 58 | 汉特-曼西斯克自治区 | 乌拉尔联邦区 | 13032 | 13101 | 0.77 | 0.76 |
| 59 | 马加丹州 | 远东联邦区 | 13099 | 13326 | 0.76 | 0.75 |
| 60 | 萨拉托夫州 | 伏尔加河沿岸联邦区 | 13607 | 13632 | 0.73 | 0.73 |
| 61 | 堪察加边疆区 | 远东联邦区 | 13720 | 13684 | 0.73 | 0.73 |
| 62 | 卡尔梅尔克共和国 | 南部联邦区 | 13771 | 14062 | 0.73 | 0.71 |
| 63 | 列宁格勒州 | 西北联邦区 | 14746 | 14270 | 0.68 | 0.70 |
| 64 | 北奥塞梯共和国 | 北高加索联邦区 | 14931 | 14610 | 0.67 | 0.68 |
| 65 | 基洛夫州 | 伏尔加河沿岸联邦区 | 15097 | 14663 | 0.66 | 0.68 |
| 66 | 外贝加尔边疆区 | 西伯利亚联邦区 | 15326 | 15059 | 0.65 | 0.66 |
| 67 | 彼尔姆边疆区 | 伏尔加河沿岸联邦区 | 15707 | 15226 | 0.64 | 0.66 |
| 68 | 托木斯克州 | 西伯利亚联邦区 | 17116 | 15681 | 0.58 | 0.64 |
| 69 | 亚马尔-涅涅茨自治区 | 乌拉尔联邦区 | 17372 | 16265 | 0.58 | 0.61 |
| 70 | 阿迪格共和国 | 南部联邦区 | 17438 | 17372 | 0.57 | 0.58 |
| 71 | 图瓦共和国 | 西伯利亚联邦区 | 17873 | 18024 | 0.56 | 0.55 |
| 72 | 摩尔曼斯克州 | 西北联邦区 | 21530 | 18743 | 0.46 | 0.53 |
| 73 | 鞑靼斯坦共和国 | 伏尔加河沿岸联邦区 | 22908 | 21373 | 0.44 | 0.47 |
| 74 | 卡巴尔达-巴尔卡尔共和国 | 北高加索联邦区 | 23401 | 23278 | 0.43 | 0.43 |
| 75 | 犹太自治州 | 远东联邦区 | 27002 | 23586 | 0.37 | 0.42 |
| 76 | 库尔干州 | 乌拉尔联邦区 | 36762 | 25945 | 0.27 | 0.39 |
| 77 | 萨哈(雅库特)共和国 | 远东联邦区 | 45920 | 30082 | 0.22 | 0.33 |
| 78 | 达吉斯坦共和国 | 北高加索联邦区 | 52826 | 36291 | 0.19 | 0.28 |
| 79 | 卡拉恰伊-切尔克斯共和国 | 北高加索联邦区 | 58288 | 48123 | 0.17 | 0.21 |
| 80 | 印古什共和国 | 北高加索联邦区 | 69720 | 53209 | 0.14 | 0.19 |
| 81 | 车臣共和国 | 北高加索联邦区 | 71849 | 124348 | 0.14 | 0.08 |

续表

| 联邦主体 | 联邦区 | 每个报刊亭平均面向居民人数 | | 每万人拥有报刊亭数 | |
|---|---|---|---|---|---|
| | | 2018 年 | 2019 年 | 2018 年 | 2019 年 |
| 82 科米共和国 | 西北联邦区 | 140146 | 132450 | 0.07 | 0.08 |
| 83 楚科奇自治区 | 远东联邦区 | — | — | — | — |

注：—表示数据不详。

资料来源：Федеральное агентство по печати и массовым коммуникациям. Российская периодическая печать: Состояние, тенденции и перспективы развития. Москва: 2019. c. 60 - 62; Федеральное агентство по печати и массовым коммуникациям. Российская периодическая печать: Состояние, тенденции и перспективы развития. Москва: 2020. c. 68 - 72。

近一段时期以来俄罗斯报刊亭数量减少也与新冠肺炎疫情暴发有关。受到疫情的冲击，俄罗斯许多本就处于入不敷出状态的报刊亭，因支撑不起日常花销，纷纷关闭。在此种情况下，有人提出可以在报刊亭销售香烟，但是反对者指出，这可能导致疫情感染人数的增加。虽然俄罗斯政府也在努力支持报刊亭的发展，但是效果如何还有待观察。

（六）新冠肺炎疫情影响印刷媒体发行量

2020 年以来，受新冠肺炎疫情以及困难的经济形势的影响，俄罗斯报刊等印刷媒体发行量开始急剧下降。由于行动自由受限，俄罗斯人很少购买报纸和杂志。俄国家杜马信息技术与通信委员会第一副主席谢尔盖·博亚尔斯基称："我们从未经历过这样的挑战。我担心，在自我隔离之后，转向数字化渠道的人数会增加，报刊发行量下降的趋势会进一步加剧。"[1] 近年来，俄罗斯许多纸媒，尤其是关于政治、经济、商业等内容的印刷媒体出版物在咖啡馆、餐厅广泛流行，但是由于疫情原因，人们减少出行，许多咖啡馆、餐厅也处于关闭状态，印刷媒体出版物的流通渠道减少。[2]

为了抑制新型冠状病毒通过纸张传播，俄罗斯政府颁布了关于禁止所有文化活动的禁令，其中包括禁止通过"手递手"的方式售卖印刷媒体出版物

---

[1] Коронавирус убивает газеты, http://distpress.ru/2009 - 01 - 28 - 14 - 46 - 10/290234 - koronavirus - ubivaet - gazety.html.

[2] Коронавирус может убить печать, https://www.rosbalt.ru/moscow/2020/03/27/1835155.html.

等措施。俄罗斯联邦通信、信息技术和大众传媒监督局在其官方网站上不止一次刊登了有关新型冠状病毒在塑料和纸张表面将存活 5 天的消息。① 莫斯科的有关指令导致一些印刷媒体暂时停止运营,俄罗斯一些著名报纸,如《消息报》《公报》《俄罗斯商业咨询》等纷纷在疫情期间宣布停止报纸印刷。② 俄罗斯部分居民对政府的这一指令并不满意,因为一些退休人员不习惯通过网络浏览新闻,他们更希望每天都能通过纸质媒体了解新冠肺炎疫情的情况。

(七)俄罗斯各大超市纷纷缩减报刊销售区域

俄罗斯各大超市纷纷缩减报刊销售区域也是俄印刷媒体发行量下降的原因之一。由于俄罗斯居民购买力下降,莫斯科及其他一些大城市的付费报纸的发行量和读者人数都在下降,居民对昂贵的"光面"杂志兴趣不大。③ 2020 年 3 月,俄罗斯政府批准了生活必需品名单,将印刷媒体出版物列入其中,但此举并没有阻止俄罗斯许多超市缩减报刊销售区域的做法,它们留出更多的地方放置食品等生活必需品,以增加销售收入。

此外,随着生活节奏的加快,很多人不再阅读报纸,人们在堵车、等车时通常迅速通过移动传媒浏览信息。

## 二 俄罗斯传统媒体广告面临的挑战

在新媒体的冲击下,近年来,俄罗斯传统媒体产业举步维艰,俄罗斯印刷媒体发行量呈断崖式下降已是不争的事实。从传统媒体广告收入来看,2011~2019 年,俄罗斯报纸、杂志等印刷媒体的广告收入总体上呈下降态势,2019 年报纸广告收入比 2011 年下降 35.22%,杂志广告收入比 2011 年下降 52.53%;俄罗斯广播、电视等传统电子媒体广告收入则总体上呈上升态势,2019 年与 2011 年相比,广播广告收入增长 35.59%,电视广告收入

---

① Карантин ударил по прессе. Почему Смольный запретил печатать газеты? //Аргументы и Факты. 27 марта 2020 г.
② Бумага стерпит? Коронавирус серьезно ударил по печатным СМИ//Новые известия. 30 марта 2020 г.
③ Федеральное агентство по печати и массовым коммуникациям. Российская рынок периодической печати: Состояние, тенденции и перспективы развития. Москва: 2012. с. 10.

增长33.59%（见表4-6）。如果抛开网络媒体广告收入，单纯分析俄罗斯传统媒体近10年的广告收入，尚无法感知其存在的危机程度，但从多年来传统媒体与网络媒体在俄罗斯媒体广告市场中的占比变化以及2019年与2011年两大类媒体广告收入增长幅度则能发现端倪。首先，俄罗斯传统媒体的广告占比从80.39%减至45.79%；其次，2019年俄罗斯传统媒体广告收入与2011年相比，增长20.25%，而网络媒体广告收入在同一时间段内从418亿卢布增至2440亿卢布，增长幅度达483.73%，后者比前者增长幅度高463.48个百分点。其间，虽然广播、电视广告收入都取得不错的成绩，但与新媒体相比则逊色较多，无法挽回传统媒体广告收入整体下降的颓势。

表4-6　2011～2019年俄罗斯传统媒体与网络媒体广告收入对比

单位：亿卢布，%

|  | 2011年 | 2012年 | 2013年 | 2014年 | 2015年 | 2016年 | 2017年 | 2018年 | 2019年 |
| --- | --- | --- | --- | --- | --- | --- | --- | --- | --- |
| 报纸 | 88 | 95 | 87 | 81 | 65 | 54 | 87 | 72 | 57 |
| 杂志 | 198 | 201 | 185 | 165 | 116 | 107 | 119 | 108 | 94 |
| 广播 | 118 | 146 | 165 | 169 | 142 | 151 | 169 | 169 | 160 |
| 电视 | 1310 | 1432 | 1562 | 1598 | 1367 | 1508 | 1656 | 1870 | 1750 |
| 网络 | 418 | 563 | 717 | 846 | 970 | 1360 | 1663 | 2030 | 2440 |
| 总计 | 2132 | 2437 | 2716 | 2859 | 2660 | 3180 | 3694 | 4249 | 4501 |
| 传统媒体占比* | 80.39 | 76.90 | 73.60 | 70.41 | 63.53 | 57.23 | 54.98 | 52.22 | 45.79 |
| 网络媒体占比* | 19.61 | 23.10 | 26.40 | 29.59 | 36.47 | 42.77 | 45.02 | 47.78 | 54.21 |

注：*传统媒体与网络媒体广告收入占比系笔者通过实际数据计算得出。

资料来源：表中数据系笔者依照俄罗斯联邦新闻出版与大众传媒署2012～2020年发布的俄罗斯广播业行业报告整理并计算得出，см.：Федеральное агентство по печати и массовым коммуникациям. Радиовещание в России (в 2011-2019)：Состояние, тенденции и перспективы развития. Москва：2012-2020。

俄罗斯传统媒体广告细分市场发展极不平衡，自2002年以来，俄罗斯平面广告（印刷媒体广告）市场危机重重，需求量和广告收入不断下降，主要原因在于，平面媒体多为文字或静止的图片，传播效果不如电视广告，不能适应俄罗斯不同群体消费者的需求，不能有效刺激广告观看者的需求。[①]

---

① Шевченко Д. А. Рынок рекламы в России：исторические заметки и современные тенденции//Практический маркетинг. 2015. No 11.

2011~2019年俄罗斯平面媒体广告收入下降幅度较大（见表4-6），其中2016年比2011年下降43.71%，2017年回升27.95%，但2018年又开始下降，2019年则比2011年下降47.20%。相比平面广告，俄罗斯广播电视等传统电子媒体广告更受消费者欢迎，2011~2019年，除2015年和2019年其收入下降外，其他年份均呈上升态势。2014年俄罗斯金融危机是2015年俄广播电视广告收入有不同程度下降的主要原因，但很快俄广播电视广告收入在2016年就止跌回升了。这得益于俄罗斯总统普京在2014年末颁布的法令（该法令自2015年1月1日生效），其允许在当地时间23时至次日7时的电视节目和广播节目中投放、传播由俄罗斯联邦境内种植的葡萄生产的葡萄酒和起泡酒（香槟）的广告，但儿童和青年体育赛事除外。[1] 该法令虽然未能挽救2015年俄罗斯广播电视广告收入下降的态势，但却成功地使其在2016年重新开始增长。

与平面媒体广告相比，近10年俄罗斯网络广告发展迅猛。2011年，其在媒体广告市场中占比仅为19.61%，到2019年已经成功超过传统媒体广告收入，占比达54.21%（见表4-6）。其主要原因包括以下几个方面。第一，大部分广告主不愿意将广告费花在单一的传播渠道上，他们更希望自己投资的广告传播范围更广，取得的效果更明显，在这种情况下，网络逐渐成为广告主的最佳选择。第二，网络媒体依照消费者的性别、年龄、阶层等，在广告主与受众之间创建互动机制。[2] 人工智能与大数据能够根据广告主的需求自动进行成本效益分析，只要广告主输入产品参数，系统就会自动决定通过什么渠道、以什么效率、以什么成本投放广告；同时，网络系统可以将消费者的喜好、行动路线等数据传输给广告主，广告主据此向消费者展示有针对性的广告，而如果消费者对系统推荐的广告做出了回应，购买了相应的产品，系统就会对广告主的报价和广告效果进行评估。[3]

---

[1] Замахина Т. С рекламы российского вина и пива сняли запрет//Российская газета. 23 декабря 2014 г, https://rg.ru/2014/12/23/reklama-site.html.

[2] Кувшинникова Д. Г. Российский рынок интернет-рекламы: особый вектор развития//Вестник университета. 2012. № 4.

[3] См.: Коноплев Д. Э. Интернет-реклама в рунете: технологии и перспективы//Вестник Челябинского государственного университета. 2016. № 9.

新冠肺炎疫情的暴发与流行对俄罗斯广播电台和电视台的运营产生了较大的影响，其中表现最明显的就是俄罗斯广播电视的广告收入明显下降。2020 年上半年，俄罗斯广播电台与电视台的广告收入分别比上一年同期下降了 37% 和 9%。在新冠肺炎疫情背景下，俄罗斯政府对交通、旅游、餐饮、音乐会、体育赛事等采取了诸多限制措施。这些限制措施直接影响俄罗斯广告商从事相关活动。据俄罗斯电视广播网总经理安德烈·罗曼琴科称，俄罗斯全国各地出台的限制性措施导致居民的消费需求急剧下降，从而使广告商的经营活动陷入瘫痪。2020 年 3 月俄罗斯广播公司广告收入同比下降 25%～30%，5 月全国各大广播电台广告收入同比下降 50%。①

新冠肺炎疫情对俄罗斯网络媒体广告也产生了一定的影响。2020 年上半年俄罗斯网络广告收入同比下降 8.26%，这是 10 多年来俄罗斯网络媒体广告收入的首次下降。从现有数据可以看出，2012 年以来，俄罗斯网络媒体广告每年均以两位数的速度增长，其中增长幅度最大一年是 2016 年，比 2015 年增长 40.21%；增长幅度最小的一年是 2015 年，比 2014 年增长 14.66%。②依照俄罗斯网络媒体广告收入近 10 年的增长速度，俄罗斯有关方面对于其 2020 年的增幅预期也是两位数，但实际上，2020 年上半年俄罗斯网络广告收入首次出现下滑。在新冠肺炎疫情的背景下，包括俄罗斯在内的全球网络广告市场遭遇困境，各大品牌都在根据新形势调整广告活动，改变广告支出结构，撤回广告预算。③

## 第四节 俄罗斯传统媒体向新媒体转型与数字化发展

数字化具有巨大的社会意义，在世界范围内，特别是在发展中国家和落后国家，向数字化转型首先要解决的重要任务是消除"数字鸿沟"，即边缘

---

① Белова И. Деньги вышли из эфира: Доходы радиостанций Сочи снизились на 60 процентов//Российская газета (Экономика Юга России). 6 октября 2020 г. № 224.
② 此处数据系笔者依照表 4-6 中的数据计算得出。
③ Насонова И. А. Мировой рынок рекламы 2020: влияние Covid-19//Экономика и бизнес: теория и практика. 2020. vol. 5-2 (63).

与中心、大城市与偏远乡村之间的信息不平等。数字化不仅包括报纸、杂志、广播、电视，还包括整个电信系统。

全球信息网络的形成和虚拟网络空间的构建是人类社会在21世纪取得的主要成就之一。信息和通信技术影响着现代人生活的方方面面。新媒体作为数字技术创新和信息技术发展的产物，发挥着越来越重要的作用。新媒体，即第四媒体，是指在报纸、广播、电视等多种传统大众传播媒体之后出现的一种新的大众传播形式，是利用数字技术，通过计算机网络、无线通信网、卫星等渠道，以及电脑、手机、数字电视机等终端，向用户提供信息和服务的传播形态。从现实情况来看，新媒体即网络媒体，是公民社会和信息社会发展的基础。21世纪初，随着计算机成本的降低和互联网的提速，以网络为主体的新媒体为越来越多的普通俄罗斯民众所接受。新媒体不仅能够收集、处理和传播信息，而且还能够在受众与作者之间搭建沟通与交流的桥梁。俄罗斯新媒体发展的一个重要方面就是传统媒体向新媒体转型。

## 一 俄罗斯印刷媒体的转型与数字化发展

21世纪以来，数字资源的作用越来越重要，获取信息的传播渠道逐年增加，读者对电子媒体和有声读物的兴趣越来越大。[①] 从全球范围来看，传统媒体企业，特别是印刷媒体企业的业务范围正在"缩水"，而广告商们也开始从传统印刷媒体转向新媒体。许多企业尽管开始尝试在网络、移动手机和平板电脑上进行拓展，但仍未找到一个可持续的业务发展模式。[②] 互联网技术的快速发展，给俄罗斯传统印刷媒体带来前所未有的机遇与挑战。在这种情况下，俄罗斯公民特别是年轻人的媒体消费习惯发生了巨大的变化，这就需要重新审视传统印刷媒体的发展模式。为适应时代的要求，使广大受众获得更多、更好的媒体产品，俄罗斯许多大型传统印刷媒体成功转型，它们

---

① Мисливская Г. Матвиенко отметила ценность печатных СМИ в цифровую эпоху// Российская газета. 3 января 2021г.
② 参见《美国传统印刷媒体转型数字化发展步履蹒跚》，多多印新闻网，https://www.duoduoyin.com/yinshuajishuinfo/66206_1.html。

纷纷把发展的目光投向互联网，① 积极采取措施向数字化方向发展。21 世纪初，俄罗斯许多著名出版集团都实行了数字化，其中表现比较突出的是普罗托－莫斯科出版集团旗下的 108 家报纸均实现了数字化。此外，俄罗斯专业媒体管理出版集团（90 家报纸）、《莫斯科共青团员报》报业集团（78 家报纸）、《论据与事实》出版集团（74 家报纸）、《生活》信息投资集团（60 家报纸）、网络媒体集团出版集团（62 家报纸）、俄罗斯州立出版集团（46 家报纸）、俄罗斯《为您服务》出版集团（«РДВ － Медиа»）（36 家报纸）等②也逐渐向数字化发展。2012 年，赫斯特－什库列夫出版集团投入数千万美元扩大其在互联网上的影响力，收购了俄罗斯下诺夫哥罗德州（NN.ru）、彼尔姆边疆区（Prm.ru）和萨马拉州（Samara24.ru）3 个联邦主体的政府门户网站，并在索契启动互联网项目（Sochi － Express.ru），上述举措使赫斯特－什库列夫出版集团当年受众达 1220 万人次。③ 一些报纸则完全转向网络版，其中较为明显的例子是，自 2010 年 4 月 1 日起，俄罗斯《报纸》（«Газета»）纸质版彻底消失，全面实现网络化。该报的所有文章都将独家出现在《报纸》网络版上。《报纸》网络版主题更加多样化，其中包括图片信息、在线视频、社交信息服务等，同时还广泛报道莫斯科等特大城市的大都市生活。

俄罗斯传统印刷媒体向数字化转型，实际上也是其与网络新媒体融合发展的过程，是传统印刷媒体与网络媒体在技术层面的相互渗透。传统印刷媒体利用一切可利用的技术手段生产媒体产品，通过尽可能多的信息渠道发布传媒信息内容。传统印刷媒体向数字化转型是利用传统印刷媒体与网络媒体将不同形式的信息传递给不同人群的媒体组合，是传统印刷媒体与网络媒体

---

① Бондаренко А., Ковалева. А., Петрова Е. Интернет － версии печатных СМИ: опыт классификации// Научно － культурологический журнал. 2014. № 5，http://www.relga.ru/Environ/WebObjects/tgu － www.woa/wa/Main? level1 = main&level2 = articles&textid = 3873.

② Федеральное агентство по печати и массовым коммуникациям. Российская рынок периодической печати: Состояние, тенденции и перспективы развития. Москва: 2005. с. 15.

③ Федеральное агентство по печати и массовым коммуникациям. Российская рынок периодической печати: Состояние, тенденции и перспективы развития. Москва: 2013. с. 12.

这两种媒体产品的结合。

早在 20 世纪 80 年代就出现了多媒体化（мультимедиатизация）一词，但当时这个概念表示的是各种媒体资本的融合，而不是从媒体本质上向多媒体内容的转化。也就是说，媒体资本和传统媒体的所有权、文化产业领域（电影业、图书、唱片公司）、电信领域（有线电视、卫星以及后来的移动运营商）发生了合并。可以说，这是包括报刊在内的传统媒体数字化的开端。

俄罗斯传统印刷媒体转型始于 20 世纪 90 年代末，许多传统印刷媒体在 1997 年就已经开通了网站，但多数网站运行状况欠佳；2001 年秋季以来，《消息报》和《共青团真理报》网站成为俄罗斯互联网上十大在线媒体之一；2002 年，俄罗斯传统印刷媒体网站获得了独特的"重生"（второе рождение）。[①] 这一时期俄罗斯传统印刷媒体网络版的主要内容以重要事件的评论与分析为主，以新闻报道为辅。俄联邦新闻出版与大众传媒署通过对俄罗斯互联网受众行为的长期观察发现，在重大事件中，网民首先会到独立网络媒体网站浏览新闻，因为这类网站常常会在第一时间对相关事件进行报道；但网民在解决了最初的"信息饥饿"（информационный голод）后，往往会访问报纸网站，寻找对相关事件的深层次解读。[②] 由此看来，俄罗斯网民更多的是将独立网络媒体看作是一种传递信息的渠道，而他们更信任的却是传统印刷媒体网络版，尤其是官方媒体网络版发布的消息、报道、分析和评论。

老旧报刊数字化是传统印刷媒体数字化的一个重要表现。老旧报刊数字化是对印刷文化遗产的保护，其主要原因在于以下几点。第一，老旧报刊不仅包含大量信息，还包含报刊出版时代的新闻和历史事件，因此，对老旧报刊进行数字化，就是为了保存历史记忆。第二，老旧报刊使用的机械制浆生产的新闻纸寿命一般只有 50 年，因此对老旧报刊进行数字化非常必要。俄

---

① Федеральное агентство по печати и массовым коммуникациям. Российский рынок периодической печати：Состояние, тенденции и перспективы развития. Москва：2005. с. 10.

② См.：Федеральное агентство по печати и массовым коммуникациям. Российский рынок периодической печати：Состояние, тенденции и перспективы развития. Москва：2005. с. 10.

罗斯历史上的很多老旧报刊存在文字太小、印刷质量差、纸张发黄腐烂等问题，在给老旧报刊数字化工作带来诸多不便的同时，也更激发了有关机构对老旧报刊进行数字化的兴趣，它们通过扫描、文字识别、后期处理，甚至手工输入等方式对老旧报刊进行数字化处理，对于挽救和保存老旧报刊起到了积极的作用。第三，老旧报刊数字化资料，特别是稀有的和过往的资料，能够进一步增加传统印刷媒体的潜在读者数量，扩大读者获取所需信息的渠道。在很多情况下，读者没有必要使用原件。如果需要相关信息的话，其可以在本地或网上查阅数字化的文件，此举的优势在于更方便读者进行全文检索。俄罗斯许多图书馆都对馆藏的老旧报刊进行目录或文献本身的数字化工作，因此，现在在互联网上很容易找到一些老旧报刊的数字化版本，但即便如此，也还有数以万计的老旧报刊需要进行数字化处理。

传统印刷媒体的数字化进程使得这一媒体形式在内容、形式、传播方式等方面都出现了不同程度的创新。

20世纪90年代末，在数字化转型初期，俄罗斯传统印刷媒体在内容方面开始与其他类型的媒体相互渗透。最初，俄罗斯传统印刷媒体网络版是对纸质版的精确拷贝。21世纪以来，当报纸、杂志等在互联网上建立了一个对应的媒体时，其结果就已经不再是简单的复制，而是出现了不同的版本，报刊网络版可以为受众提供越来越多的新信息，而不是简单重复报刊上面的文字。近年来，俄罗斯传统印刷媒体利用"人工智能""大数据""云计算"获取适合自身的新闻素材，其主要变化包括以下几个方面。第一，缩减了报刊的成本，提高了信息流通性，实现了资源共享，同时数字化转型还打破了俄罗斯传统印刷媒体在容量方面的限制，使其不再受版面、字符的约束，并且能够传播更多的信息。第二，传统印刷媒体出版物的内容不断拓展与丰富，在充分保留记者文字的前提下，在问题意识、文字表达、栏目设计上都发生了重大变化。第三，传统印刷媒体新闻和内容的稀缺性进一步被稀释，受众可以在报纸、杂志、广播、电视、互联网等多种媒体上接收到同类甚至同样的信息，纸质报刊的新闻价值进一步降低。第四，俄罗斯传统印刷媒体出版物上出现越来越多的带有主观指导倾向性的付费短文广告，有时传统印刷媒体还会通过赞助社会活动、公益事业等方式提升广告主企业品牌形象和知名度。品牌内容对新闻质量的要求很高，对报刊自身的风格也有清晰的要求，编辑和广告部常常需要良好的配合。一些报刊甚至单独聘请了一批记者来制作这方面内容。①

随着信息技术的发展，以网络媒体为代表的俄罗斯新媒体产业迅速崛起。手机、数字电视、电脑、移动终端、社交网站等逐渐渗透到个人与家庭的生活中，俄罗斯传统印刷媒体在形式上也进行了创新，进一步弥补在发展过程中的不足与缺失。这种形式上的创新，为传统印刷媒体传播信息以及与受众建立联系提供了新的机会，打破了过去出版一份报纸或一本杂志的漫长过程。第一，受众可以通过某一报刊的网络版进入其"过刊"或"档案库"里查找若干年前的文章或资料，如读者通过《俄罗斯森林工业信息》杂志网站（https：//lesprominform.ru/）可以查找到2003年以来出版的杂志的PDF版本，并且可以自由登录，免费下载。第二，接触、脸书等社交媒体拓展了受众获取信息的思路，促进了传统印刷媒体的融合发展，同时读者还可以通过以上平台对报刊等网络终端发布的内容进行反馈、评论，参与投票和问卷调查等；受众还可以通过网络平台的超文本链接，由一个文件链接至另一个文件，从而查看文章的进一步评论、补充材料以及深度分析等。第三，读者有机会订阅某些标题或作者，并在信息更新时收到通知。相较于传统印刷媒体的订阅，由于网络技术的发展，新闻订阅、博客订阅逐渐深入人们的日常生活。为让目标受众能多次关注其信息资源，网站通常通过电子邮件营销、推送通知和订阅聚合内容（RSS feeds）来完成网站更新订阅。② 如果网站缺乏更新通知的功能，受众就会流失，从而出现成千上万的用户只会访问一次，然后就不再光顾的现象。第四，传统印刷媒体依托短视频传播信息。短视频所承载的信息相比传统印刷媒体出版物更加丰富，带给受众的感受也更加直观；短视频上传速度快，也不会占用太大的空间，这意味着它们比长

---

① Борисова С. Г., Бирюков В. А. Инновации в СМИ, https：//izron.ru/articles/o – nekotorykh – voprosakh – i – problemakh – ekonomiki – i – menedzhmenta – sbornik – nauchnykh – trudov – po – itogam – mezh/sektsiya – 2 – ekonomika – i – upravlenie – narodnym – khozyaystvom – spetsialnost – 08 – 00 – 05/innovatsii – v – smi/.

② Как создать подписку на обновления сайта, https：//serpstat.com/ru/blog/kak – nastroit – podpisku – na – obnovlenija – sajta/.

视频更容易被受众所接受。第五，虚拟现实（VR）技术在俄罗斯应用的范围越来越广，包括游戏、娱乐、房地产、教育、建模、汽车工程和医学等领域。① 虚拟现实技术的出现在改变俄罗斯民众生活的同时，也带动了俄罗斯传统印刷媒体的数字化发展，促进其改革和创新。虚拟现实技术所带来的多感官感知与体验，为受众提供了接收信息的新体验。② 这一点在多数俄罗斯报刊网络版上均可以看到实例。

为了适应大众传媒的数字化发展趋势，俄罗斯大型出版集团以及全国性的媒体成功实施了数字化战略。俄罗斯传统印刷媒体数字化给该类媒体带来的最明显变化就是，近几年传统媒体网络版访问量明显高于报刊单期发行量。在俄罗斯传统印刷媒体转型初期，报刊等纸质版出版物发行量在多数情况下都超过了网络版用户数量，但很快就出现了相反的发展趋势。2016年，《俄罗斯记者》（«Русский репортер»）杂志每周出版一次，单期发行量为16.81万份，而该杂志网络版的日访问量为6.7733万人次，按照一周计算，则其网络版每周的访问量为47.4131万人次；《生意人报》的单期发行量约为12.5万份，其网络版日均访问量为50万人次，每周为350万人次；《俄罗斯报》纸质版单期发行量为17.1005万份，网络版日均访问量为95万人次，每周为665万人次；《时尚先生》（Esquire）杂志（月刊）单期发行量为8.5万份，网络版月均访问量为95万人次；《访谈》（Interview）杂志每年出版9期，其单期发行量为10万份，而仅2014年3月其网络版访问量就为15.6981万人次；《女性健康》（Women's Health）杂志每期发行量为8.3万~8.5万份，其网络版每月的访问量逾30万人次；《时尚芭莎》单期发行量为9万份，其网络版月访问量为50万人次。③

俄罗斯许多地方报刊也采取了数字化优先出版（Digital first）的策略，其主要方式为一些报刊编辑部以印刷媒体即将刊登的稿件为出版内容，先于印

---

① Покупатель хочет увидеть//Российская газета. 31 марта 2019 г. No 70.
② Суходолов А. П., Тимофеев С. В. СМИ и виртуальная реальность: новые возможности и перспективы// Научный журнал Байкальского государственного университета. 2018. No 7.
③ См.: Круглова Л. А. Российские печатные СМИ: специфика онлайн – версий// Медиаскоп. 2016. No 4, 其中一些周或者月访问量系笔者依照原作者提供的数据计算得出。

刷媒体出版物在网站上发布（即"优先出版"），然后再在纸质报刊上刊登。俄罗斯地方报刊利用数字出版灵活、快速的特点，打造受众喜爱的新媒体产品，在全媒体时代大众传媒的竞争中，突出传统印刷媒体的特色，大大拓展了受众面，进而增加地方印刷媒体的吸引力。2020年，俄罗斯地区独立出版商协会对45家最成功的地区性出版集团进行的调查显示，在过去一年半时间里，上述45家出版集团的受众数量增幅从50%增至95%。①

这些变化显示，传统印刷媒体的创新变革改变了其传播模式，使相应的报刊机构在大众传媒业的转型与发展中更具竞争力。

21世纪，伴随着报纸、杂志、广播、电视等传统媒体的发展，互联网已经非常普及。互联网在即时性（оперативность）、可视性（наглядность）和可获得性（доступность）等方面的能力超过了传统媒体。② 人们可以通过任何接收设备（智能手机、平板电脑）对新媒体进行访问，其中有免费服务也有付费服务。从目前情况看，互联网不可能取代报纸和杂志，后者可以通过吸引新技术不断发展自己，找到新的信息呈现形式。

## 二 俄罗斯传统电子媒体的转型与数字化发展

2009年9月，俄罗斯联邦政府电视广播发展委员会通过《2009～2015年俄联邦电视广播发展目标规划》，规划预算资金为1224.45亿卢布，其中763.66亿卢布来自联邦预算，460.79亿卢布来自俄罗斯电视广播网（РТРС）和"空间通信"联邦国家单一制企业（Федеральное государственное унитарное предприятие "Космическая связь"）的预算外资金。③ 规划的实施旨在取得以下成果：向俄罗斯联邦百分之百常住人口提供多频道数字电视广播服务，

---

① Федеральное агентство по печати и массовым коммуникациям. Российская рынок периодической печати: Состояние, тенденции и перспективы развития. Москва: 2020. с. 39.
② Долгина Е. С., Гуржий Д. А. Проблема современных традиционных СМИ в России // Восемнадцатая всероссийская научно - практическая конференция Нижневартовского государственного университета: Статьи докладов / отв. редактор А. В. Коричко. 2016. с. 147.
③ Что такое ФЦП "Развитие телерадиовещания в РФ на 2009 - 2015 годы" //Коммерсантъ. 26 апреля 2012 г. № 75.

并保证提供免费电视和广播频道（обязательные телерадиоканалы）；向俄罗斯联邦百分之百人口提供符合质量要求的多频道无线电广播服务；确保俄罗斯无线电频道能高度可靠地向外国进行数字广播；向俄罗斯联邦居民提供综合电信服务，包括通过付费方式使每个家庭都有更广泛地选择附加电视和广播频道的机会。①

（一）俄罗斯广播的数字化转型

实际上，早在2003年，俄罗斯国家无线电频率委员会（Государственная комиссия по радиочастотам）就做出了关于依照数字版权管理（DRM）标准进行数字声音广播实验的决定。当时被选中试播的广播电台是专门从事俄罗斯对外广播的俄罗斯之声广播电台。自2003年起，该广播电台以DRM标准在短波范围内用俄、英、德、法四种语言向国内外播放节目，每天播放量达32小时。② 但自2012年开始，俄罗斯将全部精力和资金都投入数字电视发展计划上，广播数字化相关事宜被从联邦目标规划中撤出。③

从2019年1月1日开始，俄罗斯正式开始向数字广播过渡，根据已批准的各联邦主体切断联邦电视广播频道模拟信号的时间表，逐步淘汰模拟广播。2018年12月3日俄罗斯首先在特维尔州开展试点项目，④ 2019年7月在圣彼得堡市喜剧广播电台、汽车广播电台和欧洲＋广播电台开始数字广播实验。但俄罗斯国内对于数字广播的前景并不看好，俄业内人士认为，现在谈论数字广播的最终结果还为时尚早。俄罗斯天然气媒体（广播）控股集团总经理尤里·科斯京认为，数字广播信号的质量和高清电视（HDTV）一样，理论上可以更好，但从功率、覆盖范围和财务指标来看，调频（FM）标准仍然是广播的最佳选择。⑤ 俄新社2020年6月2日载文称，俄罗斯数字

---

① Концепция федеральной целевой программы «Развитие телерадиовещания в Российской Федерации на 2009 – 2015 годы», https://radioprog.ru/post/57.
② Гуляев В. Цифровое радиовещание в России//Телевидение и радиовещание. 2018. № 3.
③ См.: Гуляев В. Цифровое радиовещание в России//Телевидение и радиовещание. 2018. № 3.
④ Федеральное агентство по печати и массовым коммуникациям. Радио в России в 2019 году: Состояние, тенденции и перспективы развития. Москва: 2020. с. 9.
⑤ Лебедева В., Тишина Ю. Радиостанции пройдут оцифровку: В «Газпром – медиа» и Европейской медиагруппе тестируют новую технологию//Коммерсантъ. 15 августа 2019 г. № 145.

发展、通信和大众传媒部副部长阿列克谢·沃林称，该部反对广播向数字化转型，向数字广播转型将扼杀俄罗斯的无线电产业，因为这将导致广播电台数量倍增，广播电台的广告收入也因此会受到影响，而广播电台的广告市场的容量本来就不大。①

（二）俄罗斯电视的数字化转型

俄罗斯电视向数字化转型始于2010年，其依据是2009年12月俄罗斯联邦第985号政府令通过的《俄罗斯联邦2009~2018年电视广播发展联邦专项纲要》（«Федеральная целевая программа "Развитие телерадиовещания в Российской Федерации на 2009 – 2018 годы"»），这是俄罗斯最大的地面数字电视基础设施项目改造工程，其目的在于对俄罗斯地面转播网络进行更新，并使其向现代数字技术转变，同时进一步发展俄罗斯信息空间。② 在《俄罗斯联邦2009~2018年电视广播发展联邦专项纲要》实施期间，俄罗斯政府每年均对纲要本身进行修订。③ 经过9年的努力，俄罗斯建成了世界上最大的数字电视广播网络。相比之下，欧洲国家在自身领土面积小，环境、地形、地貌等特征没有俄罗斯复杂的情况下，在数字网络转换方面所花费的时间平均为11年（西班牙为10年，英国为14年）。俄罗斯每户用于数字网络转换方面的花费为1582卢布，而英国为135英镑（约合11000卢布），西班牙为65欧元（约5000卢布）。俄罗斯的数字电视广播网络西起加里宁格勒州、东到堪察加半岛，覆盖率在98.4%以上，比西班牙高0.4%，比法国高3.4%，比葡萄牙高5.7%。④《俄罗斯联邦2009~2018年

---

① Трефилов В. Минкомсвязь выступила против перевода радио в цифровое вещание//, https：//ria. ru/20200602/1572352558. html.
② Под общей редакцией Вартановой Е. Л. И Коломийца В. П. Телевидение в России в 2018 году – Состояние, тенденции и перспективы развития. Москва：Федеральное агентство по печати и массовым коммуникациям. 2019. с. 7.
③ Постановление Правительства РФ от 03. 12. 2009 N 985（ред. от 31. 12. 2016）:" О федеральной целевой программе "Развитие телерадиовещания в Российской Федерации на 2009 – 2018 годы".
④ Под общей редакцией Вартановой Е. Л. И Коломийца В. П. Телевидение в России в 2018 году – Состояние, тенденции и перспективы развития. Москва：Федеральное агентство по печати и массовым коммуникациям. 2019. с. 7.

电视广播发展联邦专项纲要》启动前，俄罗斯44%的人口可观看的电视频道不足4个，约25%的人口只能看1～2个频道；实施数字化电视转播后，98.4%的国民能免费收看20个电视频道和收听3个广播电台，而剩余1.6%的人口可借助卫星转播，免费收看20个数字电视频道。[1] 通过实施《俄罗斯联邦2009～2018年电视广播发展联邦专项纲要》，俄罗斯基本在全国范围内构建了现代信息空间，能够保证向公众提供更多高质量的电视频道。

按照俄罗斯政府的有关规定，俄罗斯数字电视转化工程应该在2015年完成，但在实际操作过程中，遇到了许多障碍，其中居民电视机更换就是一大问题。《俄罗斯联邦2009～2018年电视广播发展联邦专项纲要》实施前，俄罗斯公民家中的电视机多为购买于20世纪90年代的彩色模拟电视机，这样的电视机无法接收到数字信号，而购买一台新的数字电视机最低需要花费5000卢布；如果电视机不是很古老也可通过加装数字电视调谐器、解码器、机顶盒等方式将原有彩色模拟电视机数字化，如此每台电视机需要花费至少700卢布，但有的电视机根本无法安装上述设备。许多俄罗斯居民并不想更换新的电视机，2008年，俄罗斯仅有1%的家庭的电视机可以接收到数字信号，50%以上的居民表示自己无力支付机顶盒的费用。此外，俄罗斯民众还对模拟电视信号停止使用后如何处理现有电视机，数字电视是否会覆盖全俄，农村或者偏远地区能否按时收看到之前国家承诺的20个免费数字电视频道，数字频道包是否会进一步扩大等问题深表忧虑。为此俄罗斯数字发展、通信和大众传媒部将原定于2015年全面实施俄罗斯电视数字化的计划推迟至2018年末，将2015～2018年定为过渡期，一方面就俄罗斯民众的疑虑进行解答，另一方面逐渐减少对原有模拟电视运营商的财政支持。

依照俄罗斯联邦电视广播发展委员会2018年11月29日发布的有关关闭模拟电视信号的决定，俄罗斯联邦各地数字电视推广自2018年12月3日起逐渐展开，当天关闭了特维尔州的模拟电视信号。2019年2月11日起关闭马加丹州、图拉州、乌里亚诺夫斯克州、奔萨州、梁赞州、雅罗斯拉夫尔

---

[1] 《俄罗斯称已建成世界最大数字电视广播网络》，中华人民共和国商务部网站，http://www.mofcom.gov.cn/article/tongjiziliao/fuwzn/oymytj/201901/20190102822518.shtml。

州和车臣共和国的模拟电视信号。2019年4月15日起关闭以下联邦主体的模拟电视信号：阿穆尔州、伊万诺沃州、克麦罗沃州、基洛夫州、科斯特罗马州、库尔甘州、利佩茨克州、诺夫哥罗德州、秋明州、萨哈林州、卡巴尔达-巴尔卡尔共和国、卡拉恰伊-切尔克斯共和国、卡尔梅克共和国、莫尔多瓦共和国、乌德穆尔特共和国、楚瓦什共和国、亚马尔-涅涅茨自治区、斯塔夫罗波尔边疆区、莫斯科市和莫斯科州。2019年6月3日起关闭以下联邦主体的模拟电视信号：阿尔泰边疆区、阿尔汉格尔斯克州、别尔哥罗德州、布良斯克州、弗拉基米尔州、沃洛涅日州、犹太自治州、伊尔库茨克州、加里宁格勒州、堪察加边疆区、克拉斯诺达尔边疆区、克拉斯诺亚尔斯克边疆区、涅涅茨自治区、下诺夫哥罗德州、新西伯利亚州、鄂木斯克州、奥廖尔州、彼尔姆边疆区、滨海边疆区、阿迪格共和国、布里亚特共和国、科米共和国、马里埃尔共和国、萨哈（雅库特）共和国、北奥塞梯共和国、图瓦共和国、哈卡斯共和国、罗斯托夫州、萨马拉州、斯维尔德洛夫斯克州、斯摩棱斯克州、坦波夫州、托木斯克州、哈巴罗夫斯克边疆区、汉特-曼西斯克自治区、楚克奇自治区。从2019年6月3日到10月14日关闭以下联邦主体的模拟电视信号：阿斯特拉罕州、伏尔加格勒州、沃洛格达州、外贝加尔边疆区、圣彼得堡市、卡卢加州、库尔斯克州、列宁格勒州、摩尔曼斯克州、奥伦堡州、普斯科夫州、阿尔泰共和国、巴什科尔托斯坦共和国、达吉斯坦共和国、印古什共和国、卡累利阿共和国、鞑靼斯坦共和国、萨拉托夫州、车里亚宾斯克州。① 至此，俄罗斯境内各联邦主体的模拟电视信号全部关闭，俄罗斯正式进入数字化电视时代。

经过几年的过渡，到2019年末，俄罗斯政府按时向广大民众开通了之前承诺的20个免费数字电视频道，但由于技术原因，目前在全俄均可以收看的免费数字电视频道包括俄罗斯第一频道（Первый канал）；俄罗斯电视1台（Россия-1），该频道是全俄罗斯国立大众义务电视频道，属于全俄罗斯国立广播电视公司分公司，俄罗斯电视1台涵盖了大量话题性的节目，为

---

① Под общей редакцией Вартановой Е. Л. и Коломийца В. П. Телевидение в России в 2018 году – Состояние, тенденции и перспективы развития. Москва： Федеральное агентство по печати и массовым коммуникациям. 2019. с. 8.

观众提供全面、广泛的信息,包括分析类、社会经济类、体育及娱乐类新闻;① 俄罗斯文化频道(Россия - Культура)是俄罗斯国家电视台,该频道主要为观众提供各种文化和公共生活类节目,其中包括音乐、绘画、戏剧、文学、电影、宗教、科学、教育等;俄罗斯24频道(Россия - 24)于2006年7月1日开播,是泛俄国家电视台旗下的一个俄语新闻频道,该频道主要向观众介绍世界上最重要的新闻,提供有关俄罗斯和世界其他地区生活的最可靠和实时的信息;独立电视台电视广播公司(Телекомпания НТВ);圣彼得堡第5频道(Петербург - 5 канал)是苏联第5频道的继承者,俄罗斯转型后改名为圣彼得堡第5频道,1997年11月前主要在俄罗斯的欧洲部分、乌拉尔、西伯利亚西部,以及哈萨克斯坦、白俄罗斯和波罗的海国家播出;电视中心(ТВЦ)是俄罗斯著名的公共政治频道之一,主要节目包括国内外重要新闻、古典与现代电影、外国电影、国内外著名电视剧等,其潜在观众数量达1亿人;旋转木马频道(Карусель),该频道是俄罗斯综合性少儿教育娱乐频道,2010年开播,旋转木马频道由俄极具影响力的两家电视台——全俄电视广播公司和俄罗斯第一频道对麾下少儿频道整合后打造而成,邀心理学家和教育学家加盟,收视群体为2~14岁少年儿童,主要栏目包括《谐趣英语》《在研究地方志的老爷爷家做客》《晚安,宝贝》《玛莎和熊》《动物历险记》等;俄罗斯公共电视台(Общественное телевидение России);俄罗斯比赛电视频道(Матч),该频道是全俄性体育频道,于2015年11月1日开始播出节目。

此外,截至2019年末,尚有10个数字电视频道未能在全俄罗斯普及。也就是说,并不是俄罗斯所有地方的居民都能看到这些电视频道的节目:雷恩电视频道(«Рен - ТВ»)具有全俄性质,成立于1991年秋,成立之初为ОРТ、РТР、НТВ制作节目,1997年1月1日,该频道推出自己的独立品牌"REN - TV НВС",每天24小时播放电视节目,其节目覆盖区域包括俄罗斯、乌克兰、亚美尼亚、白俄罗斯、哈萨克斯坦、吉尔吉斯斯坦、拉脱维亚、立陶宛、爱沙尼亚等国家;电视网络频道(Сеть телевизионных станций,

---

① 参见《"俄罗斯1"电视频道简介》,http://vestiprim.cn/print: russia1_prim.html。

СТС）于 1996 年 12 月 1 日开播，是俄罗斯第一家网络电视频道，该频道的模拟信号通过自己的本地电台或区域合作伙伴分发，自 2012 年以来，СТС 已成为第二个数字电视多路复用的一部分；家庭频道（Домашний）是电视直播频道，主要节目类型包括家庭关系、养育子女、烹饪、儿童和青少年心理等，主要面向 25~59 岁的女性；救世主频道（СПАС）是俄罗斯第一个东正教频道，于 2005 年 7 月 28 日在俄罗斯开播，该频道的主要所有者是莫斯科东正教圣大牧首公署；俄罗斯电视 3 台（ТВ3）是俄罗斯唯一特殊的、超越现实的电视频道，该频道播出的电影和电视节目多带有神秘的色彩，其粉丝达数百万，主要节目包括《都市传奇》《神秘故事》《平行世界》等；星期五频道（Пятница）于 2013 年开播，以娱乐、休闲、购物、旅游等节目为主，主要观众为 11~34 岁的青年和青少年；星频道（Звезда）于 2005 年开播，俄罗斯国防部是该频道的主要创办者之一，该频道主要向观众展示俄罗斯的伟大成就和宣传爱国主义思想，同时还播放社会政治、文化、音乐和娱乐等节目以及电影；国际和平频道（Мир）于 1992 年开播，旨在宣传独联体国家之间在政治、经济和人道主义方面的合作，建立共同的信息空间，促进国际信息交流，构建国家间的和平，该频道向观众介绍后苏联空间的社会生活与历史，其全天 24 小时在阿塞拜疆、亚美尼亚、白俄罗斯、格鲁吉亚、哈萨克斯坦、吉尔吉斯斯坦、摩尔多瓦、俄罗斯、塔吉克斯坦、乌克兰、拉脱维亚、立陶宛、爱沙尼亚等国家播出，潜在观众数量超过 1.5 亿人[1]；你的心电视频道（ТНТ）成立于 1998 年，是俄罗斯最受欢迎的娱乐频道，2011 年后成为俄罗斯青少年电视主要品牌，其电视观众遍布在俄罗斯 1014 个城市，固定观众数量超过 1 亿人[2]；音乐频道（Муз ТВ）主要面向俄罗斯娱乐产业，是俄罗斯最受欢迎的音乐频道之一。俄政府计划在不久的将来能让俄罗斯所有居民都能免费观看这些数字电视频道。

俄罗斯广播电视向数字化转型的意义在于：第一，数字化可在全俄范围内增加居民可接收的电视广播节目的数量，消除地域差异，为全俄居民平等

---

[1] Справка о межгосударственной телекомпании«Мир», http://mirtv.ru/about/.

[2] О канале ТНТ, https://www.glaz.tv/online-tv/tnt-online.

获取信息资源提供保障,进一步提高广播电视节目质量;第二,模拟电视向数字电视转型虽然可能导致较高的电力消耗,但同时也会大大减少节目传输方面的电力消耗;第三,数字化为电视广播开辟了一个新发展方向,数字广播电视与移动通信的整合将确保人们在行驶中的车辆和移动设备上均能接收到广播电视节目。[1]

数字化冲击了传媒市场,带来了新的信息空间,但也造成了"数字鸿沟"的问题,并加深了人们信息获得的不平等。同时,新的消费群体正在形成,他们能够接触到互联网技术,喜欢主动的媒体消费方式,能够通过共同参与来创作多媒体作品。[2] 数字化对俄罗斯经济社会的方方面面都产生了一定的影响,而且对于大众传媒的影响尤为显著。

---

[1] См.: Переход на цифровое вещание: Проблемы и пути их решения, https://medialaw.asia/book/export/html/3116.

[2] Колобова Е. Ю. Развитие российского медиарынка и цифровой разрыв//Управленческое консультирование. 2019. № 6.

# 结　语

大众传媒作为俄罗斯主流文化的一部分,是俄罗斯历史过程中精神文化与政治文化的创造者与记录者,具有一定的传承性,其以印刷作品、视听作品、网络作品等记载着俄罗斯的物质生活与精神生活,同时也扮演着俄罗斯社会价值的监管者的角色,从另一个角度讲也承担着传播文化的任务。转型初期,俄罗斯大众传媒的市场化运作特征明显,私人媒体占绝大多数。自普京提出"可控民主"和"国家信息安全"观的执政理念以来,国家逐渐加大对媒体的掌控力度,现在俄罗斯国有媒体数量已经大大提升,其中电视媒体国有率最高,达 70%;全俄性印刷媒体国有率达 20%,地方性印刷媒体国有率达 80%。俄罗斯政府控制了大众传媒领域,媒体开始服务于国家。① 近年来,俄罗斯私人媒体(所有权和财政独立于政府、政党的媒体)在数量上已经无法与国有媒体相比,但还是有一些私人媒体具有较大的影响力,如颇受俄罗斯民众欢迎的网络媒体《美杜莎》(Meduza)、《钟声》(The Bell)、《惊爆内幕》(The Insider)、《每日风暴》(Daily Storm)、《外媒报道译文》(Inosmi.info)等。此外,还有一些报纸、杂志和通讯社等,如《新报》(«Новая газета»)、《对话者》(«Собеседник»)、《叮当猫》(«Беллингкэт»)、《公报》(«Ведомости»)、《生意人报》(«Коммерсантъ»)等。俄罗斯私人媒体的工作或报道方向主要包括:第一,报道俄罗斯、独联体及世界政治、经济和文化新闻;第二,进行新闻调查和揭露假新闻;第三,宣传俄罗斯国内外政策;第四,特别关注政治、刑事案

---

① 参见杨希《俄罗斯大众传媒发展研究》,《新闻传播》2018 年第 11 期。

件、金融和特种业务等话题;第五,专门报道与侵犯人权有关的执法、司法和监狱系统新闻;第六,以自由民主和人权立场以及调查性新闻为导向;第七,关注武装冲突、恐怖主义、腐败、网络威胁等;第八,翻译刊登外国媒体优秀作品。

目前,大众传媒与俄罗斯官方的联系日益紧密。俄罗斯政府在提升媒体国有化程度的同时,也逐渐加快媒体的国际化步伐。经过近30年的发展,俄罗斯大众传媒既保留了转型初期的一些既定模式,又不断推陈出新。由于网络等新媒体的冲击以及人工智能时代的来临,转型前以印刷媒体为主体的大众传媒时代已经成为历史,新媒体显示了越来越强大的生命力,同时互联网也为传统的印刷媒体与电子媒体提供了新的传播平台。20世纪末至21世纪初,随着数字化、互联网和移动技术的发展,俄罗斯大众传媒开始进入一个融合发展的时代。俄罗斯媒体融合的特点是多渠道、互动性强、受众在内容生成中的作用越来越大等。媒体融合不仅是内容方面的融合,还包括组织制度、技术、经济、市场等层面的融合,① 因此媒体融合是一个十分复杂的过程。

俄罗斯媒体融合进程始于20世纪90年代后半期,迄今已经有20多年的历史。数字化是媒体融合的基础,在俄罗斯媒体融合的最初阶段,网络媒体在内容上是印刷媒体的"网站名片"或是其完全的复制品。21世纪初以来,随着互联网作为一种新的传播渠道的出现和信息通信技术的发展,数字化、融合化等进程促进俄罗斯大众传媒业发生越来越大的变化,传统媒体不断网络化,许多报刊的纸质出版物暂停或完全停止印刷发行,② 而网络平台成为印刷媒体纸质出版物的必要补充。随着新媒体的不断发展和新技术在大众传媒中的应用,网站逐渐向独立的多媒体资源转变,网站原创内容所占比重越来越大,专门的网络编辑部和网络编辑应运而生。各家媒体开始

---

① Прохоров А. В. Подготовка специалистов сферы медиа в условиях медиаконвергенции// Гаудеамус. 2020. №2.
② См.: Авдонина Н. С., Богатырёва В. Н. Актуальные тенденции цифровой журналистики и новых медиа//Вестник Приамурского государственного университета им. Шолом - Алейхема. 2020. № 2.

开发新媒体平台,并在一家媒体的基础上,将原来不同类型的媒体或媒体业务的其他分支进行合并,形成一个融合型编辑部。在俄罗斯大众传媒融合发展的进程中,中央级媒体明显优于地方级媒体,许多地方级印刷媒体虽然有自己的网络版,但由于预算资金有限,缺乏具有相应资质和必要技术能力的人员以及针对现行人员的激励机制,[①] 一些地方级媒体融合进程明显迟缓。

在大众传媒融合发展的进程中,俄罗斯媒体控股公司发挥着重要的作用。转型初期,俄罗斯多数媒体控股公司的核心资产都包括两种或两种以上的传统媒介形式,有的公司甚至同时拥有报纸、杂志、广播、电视等所有形态的传统媒体。在新媒体背景下,俄罗斯媒体控股公司在充分考虑媒体融合的现实意义、媒体受众的喜好、媒体自身的行业需求的基础上,纷纷采取措施,加快传统媒体与新媒体的融合进程。媒体融合在一定程度上缓解了俄罗斯传统媒体,尤其是传统印刷媒体受众数量减少、广告收入下降、人才流失的困境。融合化发展在增加媒体内容创作者的机会、媒体受众数量的同时,也造成俄罗斯大众传媒市场的竞争越来越激烈。

俄罗斯大众传媒的发展经历了从报纸、杂志到广播、电视,再到互联网的变化,而现在,人工智能在媒体中的应用正以前所未有的方式加速这种变化,人工智能正在影响俄罗斯大众传媒的方方面面。从现实情况来看,人工智能对俄罗斯大众传媒业来说是机遇与挑战并存。从危机角度来看,人工智能取代部分俄罗斯媒体从业人员将使俄罗斯媒体从业人员在一定程度上产生就业恐慌;人工智能在传媒业中运用得越广泛,俄国家安全受威胁的可能性越大;人工智能或将对俄罗斯传媒业的法律法规及情感伦理产生颠覆性的影响。但人工智能也会给俄罗斯大众传媒业带来更多的机遇:人工智能技术的全面发展,将促使俄罗斯传媒业向广度与深度融合;人工智能全天候工作模式促进俄罗斯新闻传播更高效;人工智能能够促进俄罗斯传媒业运营更加个性化与精细化;等等。随着人工智能在俄罗斯大

---

① Замалаева А. А. Тенденции развития региональной периодической печати в условиях конвергенции//Инновационная наука. 2020. № 5.

众传媒中的运用,如何使用人工智能技术掌握观众、听众和读者的喜好;人工智能时代到来,俄罗斯传统媒体如何应对严重的行业危机;人工智能时代俄罗斯大众传媒如何应对知识产权与伦理道德危机;智能机器人是否会取代俄罗斯大众传媒从业者等都是俄罗斯大众传媒业未来发展所必须要面对的问题。

# 参考文献

## 一 外文译著

〔俄〕亚·尼·扎苏尔斯基主编《俄罗斯大众传媒》，张俊翔、贾乐蓉译，南京大学出版社，2015。

## 二 中文专著

胡太春：《世纪之交的俄罗斯传媒》，中国文史出版社，2003。

贾乐蓉：《当代俄罗斯大众传媒研究》，中国广播电视出版社，2008。

雷跃捷、刘学义、段鹏、沈浩等：《广播电视传媒公信力研究》，社会科学文献出版社，2013。

李玮：《转型时期的俄罗斯大众传媒》，上海外语教育出版社，2005。

吴克礼主编《当代俄罗斯社会与文化》，上海外语教育出版社，2001。

吴非、胡逢瑛：《俄罗斯传媒体制创新》，南方日报出版社，2006。

吴信训：《新媒体与传媒经济》，上海三联书店，2008。

魏永征、张咏华、林琳：《西方传媒的法制、管理和自律》，中国人民大学出版社，2003。

郑超然、程曼丽、王泰玄：《外国新闻传播史》，中国人民大学出版社，2000。

张举玺等：《苏联晚期媒介生态与体制》，中国社会科学出版社，2016。

## 三 中文论文

陈雪：《俄罗斯商业杂志市场的现状和前景》，《西伯利亚研究》2010年第1期。

高珉、果立军：《图书王国的向导——俄罗斯两大书评报》，《俄语学习》2002年第5期。

胡巍葳：《全媒体时代俄罗斯报业发展之路》，《西伯利亚研究》2011年第4期。

贾乐蓉：《俄罗斯报业市场分析》，《新闻与传播研究》2004年第3期。

李玮：《俄罗斯报业概览》，《中国报业》2009年第9期。

李玮：《俄罗斯传媒法评述》，《国际新闻界》2007年第1期。

孙飞燕：《俄罗斯网络发展历程》，《俄罗斯研究》2004年第1期。

王雨琼：《俄罗斯卫星电视产业》，上海市社会科学创新研究基地（上海大学）文化繁荣与新媒体发展会议论文，上海，2009年10月。

王忠、侯峰：《"卡梅拉塔"在西方歌剧发展过程中的重要作用》，《齐鲁艺苑》2015年第1期。

谢飞：《俄罗斯商业广播的类型化发展》，《青年记者》2010年第16期。

杨希：《俄罗斯大众传媒发展研究》，《新闻传播》2018年第11期。

尤莉娅：《俄罗斯平面媒体发展的问题、趋势及前景》，《当代传播》2013年第5期。

张举玺、巴拉巴什：《俄罗斯的现代广播事业》，《今传媒》2008年第8期。

严功军：《变迁与反思：转型期俄罗斯大众传媒研究》，博士学位论文，四川大学，2004。

## 四　俄文专著

Автохутдинов О. Ф. Профессиональная культура журналиста цифровой эпохи. Екатеринбург：Издательство Уральского университета. 2017.

Ахмедов Г. А. и т. д. Основные тенденции развития права интеллектуальной собственности в современном мире，в том числе новые объекты интеллектуальных прав и глобальная защита. Москва：2017.

Бакуменко В. В. Мировой опыт регулирования робототехники и технологий искусственного интеллекта. Инфотропик Медиа. 2019.

Беспалова А. Г. История отечественной журналистики XX – начала XXI века. Ростов – на – Дону: Издательство Южного федерального университета. 2014.

Болотова Л. Д. Отечественное радиовещание в начале XXI века: Новые реалии и старые проблемы. Телерадиоэфир: История и современность. Москва: Аспект Пресс. 2005.

Гречухин О. А. Радио России: история создания и сегодняшний день. Москва: Лаборатория Книги. 2012.

Долгина Е. С., Гуржий Д. А. Проблема современных традиционных СМИ в России // Восемнадцатая всероссийская научно – практическая конференция Нижневартовского государственного университета: Статьи докладов/отв. редактор А. В. Коричко. 2016.

Доэрти П., Уилсон Д. Человек + машина. Новые принципы работы в эпоху искусственного интеллекта. Манн, Иванов и Фербер. 2019.

Еременко А. В. Деловая пресса в России: История, типология. Ростов – на – Дону: Моделирование изданий. 2006.

Есин Б. И., Кузнецов И. В. Триста лет отечественной журналистики (1702 – 2002). Издательство Московского университета. 2002.

Засурскоий Я. Н. (Под ред.). Система средств массовой информации России. Учебное пособие для вузов. Москва: Аспект Пресс, 2001.

Казарян К. Р. (Под ред.) Интернет в России В 2018 Году: Состояние, тенденции и перспективы развитияg. Москва: 2019.

Координадионный центр доменов. ru/. рф. Российское доменное пространство 2019: итоги и перспективы развия. 2020.

Круглова Л. А. Московское коммерческое радиовещание FM – диапазона: типологические особенности. Москва: 2006.

Лукина М. М. (Под ред.) Интернет – СМИ: Теория и практика: учеб. пособие для студентов вузов. Москва: Аспект Пресс, 2010.

Морхат П. М. Искусственный интеллект – Правовой взгляд. Москва:

Буки Веди. 2017.

Овсепян П. Р. История новейшей отечественной журналистики（Февраль 1917 – начало 90 – х годов）. Издательство Московского университета. 1996.

Овчинский В. С. , Ларина Е. С. Искусственный интеллект. Этика и право. Книжный мир. 2019.

Потопахин В. В. Романтика искусственного интеллекта. ДМК Пресс. 2017.

Трегубова Е. Байки кремлевского диггера. Москва： 2003.

Фатыхова М. Х. Особенности развития регионального ТВ（на примере телевидения Республики Татарстан）// Ученые записки казанского государственного университета. 2008. Том 150，кн. 4.

Шерель А. А. （Под ред.）Печать Российской Федерации в 1991 году. Стат. сборник. Москва： 1992.

Шерель А. А. （Под ред.）Радиожурналистика. Москва： Изд – во Московского университета. 2000.

Шкондин. М. В. Система средств массовой информации как фактор общественного диалога. Москва： 2002.

五　俄文媒体行业报告

Федеральное агентство по печати и массовым коммуникациям. Радиовещание в России（2009 – 2018）： Состояние, тенденции и перспективы развития. Москва： 2010 – 2019.

Федеральное агентство по печати и массовым коммуникациям. Радио в России в 2019 году： Состояние, тенденции и перспективы развития. Москва： 2020.

Федеральное агентство по печати и массовым коммуникациям. Российский рынок периодической печати： Состояние, тенденции и перспективы развития. Москва： 2005 – 2020.

Федеральное агентство по печати и массовым коммуникациям. Телевидение в России в 2009 – 2019 году： Состояние, тенденции и перспективы развития. Москва：2010 – 2020.

Федеральное агентство по печати и массовым коммуникациям. Интернет в России в 2009 – 2019 году：Состояние, тенденции и перспективы развития. Москва：2010 – 2020.

六　俄文论文

Авдонина Н. С., Богатырёва В. Н. Актуальные тенденции цифровой журналистики и новых медиа//Вестник Приамурского государственного университета им. Шолом – Алейхема. 2020. № 2.

Бондаренко А., Ковалева. А., Петрова Е. Интернет – версии печатных СМИ：опыт классификации// Научно – культурологический журнал. 2014. № 5.

Богатырёва В. Н. Искусственный интеллект в журналистике как современный медиатренд//Вопросы студенческой науки. 2019. № 8.

Гуляев В. Цифровое радиовещание в России//Телевидение и радиовещание. 2018. № 3.

Замалаева А. А. Тенденции развития региональной периодической печати в условиях конвергенции//Инновационная наука. 2020. № 5.

Звоновский В., Меркулова Д., Соловьева Ю. Сегментация российских пользователей Интернета// Вестник общественного мнения. 2015. № 2.

Иванов В. К. Особенности региональной прессы современной России// Молодой ученый. 2012. № 10.

Коноплев Д. Э. Интернет – реклама в рунете：технологии и перспективы//Вестник Челябинского государственного университета. 2016. № 9.

Колобова Е. Ю. Развитие российского медиарынка и цифровой разрыв//Управленческое консультирование. 2019. № 6.

Круглова Л. А. Российские печатные СМИ：специфика онлайн – версий//Медиаскоп. 2016. № 4.

Кувшинникова Д. Г. Российский рынок интернет – рекламы：особый вектор развития//Вестник университета. 2012. № 4.

Насонова И. А. Мировой рынок рекламы 2020：влияние Covid－19//Экономика и бизнес：теория и практика. 2020. vol. 5－2. № 63.

Полуэхтова И. А. Динамика мотивационной структуры телепотребления россиян//Социология СМИ и массовых коммуникаций. 2018. № 4.

Прохоров А. В. Подготовка специалистов сферы медиа в условиях медиаконвергенции//Гаудеамус. 2020. № 2.

Рыжов А. В. Тележурналистика как фактор развития малых городов России//Вестник ТГУ. 2008. № 9.

Сатарова И. Д. Современные информационно－поисковые системы//Международный школьный научный вестник. 2019. № 2.

Свитич Л. Г. , Смирнова О. В. , Ширава А. А. , Шкондин М. В. Газеты средних и малых городов России в 2010－х гг. Вестн. Московского университета. 2014. № 10.

Скобелев В. Л. Современное состояние и развитие телепотребления в России//Петербургский экономический журнал. 2019. № 1.

Суходолов А. П. , Тимофеев С. В. СМИ и виртуальная реальность：новые возможности и перспективы// Научный журнал Байкальского государственного университета. 2018. № 7.

Чаткина М. Г. Концептуальные особенности коммерческого радиовещания как сегмента СМИ//Вестник Челябинского государственного университета. 2013. № 22.

Чертовских О. О. , Чертовских М. Г. Искусственный интеллект на службе современной журналистики：история，факты и перспективы развития//Вопросы теории и практики журналистики. 2019. № 3.

Шагдарова Б. Б. Становление и развитие кабельного телевидения в системе региональных СМИ в начале XXI в//Вестник Оренбургского государственного университета. 2015. № 11.

Шариков А. В. Государственное радиовещание в России：тренд на потерю влияния // Мониторинг общественного мнения：Экономические и социальные перемены. 2019. № 2.

Шевченко Д. А. Рынок рекламы в России：исторические заметки и современные тенденции//Практический маркетинг. 2015. № 11.

七 俄文报纸文章

Алпатова И. Без лишних цифр：Региональные телеканалы продолжат вещать в аналоговом формате//Российская газета. 13 июля 2020 г.

Альперина С. Общество Достоевский FM：Исполнилось 25 лет FM – вещания в России//Российская газета. 17 февраля 2016 г.

Альперина С. Россияне назвали самый популярный в 2020 – м году телеканал//Российская газета. 8 января 2021 г.

Апулеев И. Ключи отдайте：ФСБ требовала доступ к перепискам россиян//Газета. 12 февраля 2020 г.

Белова И. Деньги вышли из эфира：Доходы радиостанций Сочи снизились на 60 процентов//Российская газета (Экономика Юга России). 6 октября 2020 г.

Бумага стерпит? Коронавирус серьезно ударил по печатным СМИ// Новые известия. 30 марта 2020 г.

Волуйская М. Численность пользователей сети Интернет в регионах. Инфографика//Аргументы и факты. 17 августа 2020 г.

Выжутович В. Дорогая передача//Российская газета. 30 января 2020 г.

Вышла в свет "Российская газета" – Издание Верховного Совета РСФСР. Россия обретает голос//Аргументы и Факты. 15 ноября 1990 г.

Галахов И. На радио «КП» открыт сезон высокого напряжения — вещаем без купюр！// Известия. 24 ноября 2020 г.

Дуленкова А. Осторожно：качка：Больше половины пользователей не могут опознать нелегальный контент в Интернете//Российская газета. 15 августа 2011 г.

Евпланов А. Зритель на проводе：Сети кабельного телевидения

ужеопутали крупные и средние города России//Российская Бизнес - газета. 19 октября 2010. №39.

Емельяненко В. Росстат рассказал, для чего россияне чаще всего используют интернет//Российская газета. 5 мая 2019 г.

Замахина Т. С рекламы российского вина и пива сняли запрет// Российская газета. 23 декабря 2014 г.

Исполнилось 25 лет с момента выхода «АиФ» на рынок европейскоЙ прессы//Аргументы и Факты. 6 апреля 2020 г.

Когда в Европе вышел первый номер «АиФ»? //Аргументы и Факты. 8 апреля 2020 г.

Какая газета в России самая читаемая? //Аргументы и Факты. 7 августа 2019 г.

Как выросла упоминаемость «АиФ»? //Аргументы и Факты. 8 апреля 2020 г.

Карантин ударил по прессе. Почему Смольный запретил печатать газеты? //Аргументы и Факты. 27 марта 2020 г.

Комраков А. Телевидению предрекли страшный 2037 год// Независимая газета. 3 сентября 2019 г.

Костиков В. Конец голубой эпохи. Почему снижается интерес к отечественному телевидению? //Аргументы и Факты. 11 декабря 2019 г.

Кривошапко Ю. В зонах . ru и . рф стало меньше доменов//Российская газета. 15 мая 2018 г.

Кривошапко Ю. , Черноусов И. Предустановка российского// Российская газета. 18 февраля 2020 г.

Латухина К. Путин поручил поддержать СМИ на языках народов России// Российская газета. 7 июля 2015 г.

Лебедева В. , Тишина Ю. Радиостанции пройдут оцифровку: В « Газпром - медиа » и Европейской медиагруппе тестируют новую технологию//Коммерсантъ. 15 августа 2019 г.

Мисливская Г. Матвиенко отметила ценность печатных СМИ в цифровую эпоху//Российская газета. 3 января 2021 г.

Невинная И. ВОЗ объявила пандемию: Оперативный штаб под руководством Татьяны Голиковой ограничил массовые мероприятия//Российская газета. 11 марта 2020 г.

О республиканских министерствах и государственных комитетах РСФСР (фактически утратил силу) // Советская Россия. 19 июля 1990 г.

Печать сокращения: Бумажные СМИ теряют рабочие места//Коммерсантъ. 17 июля 2019 г.

Печать теряет место: Ежедневную прессу скоро будет негде купить, газетные киоски закрываются по всей стране//Российская газета. 27 ноября 2018 г.

Подписка без господдержки сократилась на 20 процентов//Российская газета. 7 июля 2014 г.

Покупатель хочет увидеть//Российская газета. 31 марта 2019 г.

Прощание с прессой: бумажные газеты и журналы доживают последние годы? //Новые известия. 6 июня 2019 г.

Радио «Комсомольская правда» исполняется 10 лет//Комсомольская правда. 15 февраля 2019 г.

"Российской газете" 25 лет//Российская газета. 11 ноября 2015 г.

Сенчин Р. Поезд ушел? Есть ли будущее у толстых журналов//Российская газета (Федеральный выпуск). 3 февраля 2020 г.

Сурков В. Долгое государство Путина//Независимая газета. 11 февраля 2019 г.

Указ Президента Российской Федерации от 24 июня 2009 г. N 715 "Об общероссийских обязательных общедоступных телеканалах и радиоканалах" // Российская газета (Федеральный выпуск). 25 июня 2009 г.

Черноусов И. Специалисты предупредили о новой схеме мошенничества с доменами//Российская газета. 19 ноября 2020 г.

Число газет и журналов в России за десятилетие сократилось на 40% // Независимая газета. 13 января 2020 г.

Что такое ФЦП "Развитие телерадиовещания в РФ на 2009 – 2015 годы" // Коммерсантъ. 26 апреля 2012 г.

八　俄文网站资源

Аудитория интернета в России в 2020 году, https: //mediascope. net/news/1250827/.

Аудитория шести крупнейших соцсетей в России в 2020 году: изучаем инсайты, https: //yandex. ru/turbo/ppc. world/s/articles/auditoriya – shesti – krupneyshih – socsetey – v – rossii – v – 2020 – godu – izuchaem – insayty/.

Без господдержки подписка падает, http: //sovetreklama. org/2017/03/bez – gospodderzhki – podpiska – padaet/.

Борисова С. Г., Бирюков В. А. Инновации в СМИ, https: //izron. ru/articles/o – nekotorykh – voprosakh – i – problemakh – ekonomiki – i – menedzhmenta – sbornik – nauchnykh – trudov – po – itogam – mezh/sektsiya – 2 – ekonomika – i – upravlenie – narodnym – khozyaystvom – spetsialnost – 08 – 00 – 05/innovatsii – v – smi/.

В 2019 году госсубсидии бумажным СМИ превысили 550 млн рублей, https: //www. interfax. ru/business/690955.

В 2019 году число зарегистрированных российских СМИ возросло на 16%, https: //tass. ru/obschestvo/7105322.

Власти на год продлили агонию аналогового ТВ в России, https: //www. cnews. ru/news/top/2020 – 07 – 14 _ vlasti _ prodlili _ rabotu _ analogovogo.

Востров А. Краткая история «Рамблера», http: //www. seoded. ru/istoriya/internet – history/rambler. html.

В Росстате рассказали, зачем россияне выходят в интернет, https: //klops. ru/news/2019 – 05 – 05/192847 – v – rosstate – rasskazali – zachem – rossiyane – vyhodyat – v – internet.

Геннадий Кудий. Роспечать: Экологический сбор для печати ввели бездарно и кулуарно, https://mediaguide.ru/?p=news&id=58f7b002.

Десять лет Школы анализа данных, https://yandex.ru/blog/company/desyat-let-shkoly-analiza-dannykh.

Доменная зона .RU: актуальная статистика за 2020 год, https://yandex.ru/turbo/seonews.ru/s/events/domennaya-zona-ru-v-2020-godu-populyarnost-dlina-i-vozrast-adresov-ispolzovanie/.

Жители России стали меньше доверять телевидению, https://regnum.ru/news/society/2678572.html.

Захаров И. Рейтинг радиостанций России 2019 по популярности, https://basetop.ru/rejting-radiostantsij-rossii-2019-po-populyarnosti/.

Исследование: российская молодежь предпочитает соцсети и просмотркино дома, https://ria.ru/20171220/1511300915.html.

История развития российского Интернета. Справка, https://ria.ru/20110919/439857350.html.

История Rambler: факты, о которых вы не знали! https://apollo-8.ru/istoriya-rambler.

Интернет в России, https://otherreferats.allbest.ru/radio/00030853_0.html.

Исследовательская работа на тему "Россия и интернет", https://infourok.ru/issledovatelskaya-rabota-na-temu-rossiya-i-internet-3829452.html.

Исследование аудитории Instagram: сервисом пользуется каждый десятый в России, большинство — женщины, https://www.forbes.ru/tehnologii/343331-issledovanie-auditorii-instagram-servisom-polzuetsya-kazhdyy-desyatyy-v-rossii.

Как создать подписку на обновления сайта, https://serpstat.com/ru/blog/kak-nastroit-podpisku-na-obnovlenija-sajta/.

Когда появился Инстаграм: самые значимые даты истории, https://

mirdostupa. ru/kogda－poyavilsya－instagram－samye－znachimye－daty－v－istorii/.

Количество печатных СМИ в России за год сократилось на 5 тысяч，https：//echo. msk. ru/blog/oskin/2537275－echo/.

Колымагин Б. «Континент» уходит в историю，13 января 2011 г，http：//ej. ru/? a＝note&id＝10738.

Концепция федеральной целевой программы «Развитие телерадиовещания в Российской Федерации на 2009－2015 годы»，https：//radioprog. ru/post/57.

Коронавирус убивает газеты，http：//distpress. ru/2009－01－28－14－46－10/290234－koronavirus－ubivaet－gazety. html.

К 2020 году количество россиян со смартфонами достигнет 95，3 млн，https：//www. gazeta. ru/tech/news/2019/12/23/n_ 13848662. shtml.

Макаренко В. Названы самые популярные соцсети среди россиян，https：//4pda. ru/2020/11/30/378841/.

Не．RU единым：топ－10 национальных доменов в России，https：//www. cnews. ru/news/line/2020－07－14_ ne_ ru_ edinym_ top10_ natsionalnyh.

Николаева Ю. Перспективы paywall в России：Сможет ли платная модель насовсем вытеснить рекламу из интернет－СМИ，https：//www. sostav. ru/publication/perspektivy－paywall－v－rossii－8200. html.

Новости，покупки и друзья：зачем россияне выходят в Сеть，https：//texnomaniya. ru/internet－news/novosti－pokupki－i－druzja－zachem－rossijane－vikhodjat－v－set. html.

О канале ТНТ，https：//www. glaz. tv/online－tv/tnt－online.

Определен рейтинг регионов России по количеству зарегистрированных доменов，https：//www. comnews. ru/content/208966/2020－09－07/2020－w37/opredelen－reyting－regionov－rossii－kolichestvu－zaregistri rovannykh－domenov.

Перечень наименований зарегистрированных СМИ, https：//rkn. gov. ru/mass‐communications/reestr/media/.

Переход на цифровое вещание: Проблемы и пути их решения, https：//medialaw. asia/book/export/html/3116.

Плюсы и минусы Mail. ru（Майл ру）, https：//sravni. cc/reviews/plyusy‐i‐minusy‐mail‐ru/.

Появление интернета в России и в мире, https：//off. ru. net/poyavlenie‐interneta‐v‐rossii‐v‐mire.

Продажи газет и журналов в России упали на 45％. Каждый третий киоск закрыт, https：//eadaily. com/ru/news/2020/01/13/prodazhi‐gazet‐i‐zhurnalov‐v‐rossii‐upali‐na‐45‐kazhdyy‐tretiy‐kiosk‐zakryt.

Радио Комсомольская правда—слушать онлайн, http：//online‐red. online/radio/kp. html.

Радио новостей//Коммерсантъ, https：//www. kommersant. ru/about/kommersantfm.

Региональные особенности распространения кабельного телевидения в России, https：//adview. ru/cat_tv/cat_articles‐ru/regionalnye‐osobennosti‐rasprostraneniya‐kabelnogo‐televideniya‐v‐rossii/.

Реклама на радиостанции «Европа плюс», http：//www. allenmedia. ru/reklama‐na‐radio/europe‐plus.

Российские домены будут бороться с распространением незаконных данных, https：//news. rambler. ru/internet/45770714/? utm_content＝news_media&utm_medium＝read_more&utm_source＝copylink.

Росстат назвал регионы с наибольшей долей интернет‐пользователей, https：//news. rambler. ru/other/44461906/? utm_content＝news_media&utm_medium＝read_more&utm_source＝copylink.

Рост цен на газетную бумагу поднимет стоимость печатных СМИ, https：//www. sostav. ru/publication/rost‐tsen‐na‐gazetnuyu‐bumagu‐podnimet‐stoimost‐pechatnykh‐smi‐34310. html.

Рунет 2019: Что произошло с российским сегментом интернета в этом году, https://zen.yandex.ru/media/id/5c431285b5d4ce00ae73a9b9/runet-2019-chto-proizoshlo-s-rossiiskim-segmentom-interneta-v-etom-godu-5e072537a3f6e400b011c5a0? utm_source=serp.

Самсонова А. РФ не популярен в стране, но крупнейший кириллический домен в мире, https://www.comnews.ru/content/207063/2020-05-13/2020-w20/rf-nepopulyaren-strane-no-krupneyshiy-kirillicheskiy-domen-mire.

Самый низкий уровень доверия к СМИ зафиксирован в России, https://anri.org.ru/2020/01/21/camyj-nizkij-uroven-doverija-k-smi-zafiksirovan-v-rossii/.

Селиверстова Н. Эксперты оценили перспективы Twitter в России, https://ria.ru/20200519/1571646204.html.

СМИ: ТВ и интернет: Об отношении к телепрограммам, качестве новостного телевидения и новостям в интернете, https://fom.ru/SMI-i-internet/14258.

Снижение традиционного телепотребления не означает снижения интереса к телевидению, https://spbsj.ru/isledovaniya/snizhieniie-traditsionnogho.

Социальные медиа в 2020, https://vc.ru/marketing/160571-socialnye-media-v-2020.

Социальные сети в России: цифры и тренды, https://vc.ru/social/182436-socialnye-seti-v-rossii-cifry-i-trendy.

Социальные сети в России, зима 2015—2016 Цифры, тренды, прогнозы, https://adindex.ru/publication/analitics/100380/2016/01/14/131310.phtml.

Соцсети России, https://zarabotat-na-sajte.ru/obzor/socseti/socseti-rossii.html.

Справка о межгосударственной телекомпании «Мир», http://mirtv.ru/about/.

Спутниковые операторы 2020: куда идёт индустрия? https://nag.ru/articles/article/103558/sputnikovyie-operatoryi-2020-kuda-id-t-industriya-.html.

Статья 14.2. Обеспечение устойчивого и безопасного использования на территории Российской Федерации доменных имен (введена Федеральным законом от 01.05.2019 N 90-ФЗ), http://www.consultant.ru/document/cons_doc_LAW_61798/2f79504f60fb8bce072d387a15e88b419dc19597/.

Степанова А. Первому каналу прочат рокировки: что включает в себя этот актив? https://regnum.ru/news/3148530.html.

Трефилов В. Минкомсвязь выступила против перевода радио в цифровое вещание, https://ria.ru/20200602/1572352558.html.

Что смотрят на региональных телеканалах (Часть 1), http://broadcasting.ru/articles2/content/chto-smotryat-na-regionalnih-telekanalah-chast-1.

Частоты старейшего оператора платного ТВ отдали под сети стандарта LTE, https://lenizdat.ru/articles/1106547/.

Чемонин Р. На местах: как развивается региональное ТВ, https://tvkinoradio.ru/article/article3260-na-mestah-kak-razvivaetsya-regionalnoe-tv.

Яндекс открывает представительство в Украине, https://yandex.ru/company/press_releases/2005/0906.

# 后　记

由于工作性质的关系，俄罗斯大众传媒一直是笔者非常喜欢和关注的一个研究领域，对俄罗斯大众传媒进行研究似乎顺理成章。然而笔者理论水平与学术功底有限，且工作繁忙，虽经几年辛苦、几年忙碌，书中一定还有许多疏漏和不足的地方。

本书的完稿，离不开大家的关心、支持与帮助。感谢黑龙江大学俄罗斯语言文学与文化研究中心李传勋研究员对本书的悉心指导。李老师既从学术角度对本书的结构、思路等进行把关，又从文字细节上对笔者的写作进行规范。李老师学识渊博、治学严谨，能将满腹经纶化作谆谆教导，使本人受益匪浅。

感谢《俄罗斯学刊》主编靳会新研究员和黑龙江大学俄罗斯语言文学与文化研究中心沈莉华研究员为笔者提出的宝贵建议和提供的无私帮助。

笔者在俄文资料搜集以及翻译的过程中还得到了中国社会科学院李永全研究员、张誉馨老师，黑龙江省社会科学院钟建平研究员，黑龙江大学俄语学院研究生所铃峰同学的大力协助，在此向他们表示感谢！

在本书的选题、定稿以及写作过程中，笔者得到了社会科学文献出版社史晓琳老师的无私帮助，她不厌其烦地解答笔者提出的各种问题，在此表示由衷的感谢！

特别感谢我的家人对我的理解与默默支持！

## 图书在版编目(CIP)数据

俄罗斯大众传媒研究/李淑华著. --北京:社会科学文献出版社,2022.1
ISBN 978－7－5201－9535－5

Ⅰ.①俄… Ⅱ.①李… Ⅲ.①大众传播－研究－俄罗斯 Ⅳ.①G206.3

中国版本图书馆 CIP 数据核字(2021)第 271988 号

### 俄罗斯大众传媒研究

著　　者 / 李淑华
出 版 人 / 王利民
责任编辑 / 史晓琳
文稿编辑 / 赵海旭
责任印制 / 王京美

出　　版 / 社会科学文献出版社·国际出版分社 (010) 59367142
　　　　　 地址:北京市北三环中路甲 29 号院华龙大厦　邮编:100029
　　　　　 网址:www.ssap.com.cn
发　　行 / 市场营销中心 (010) 59367081　59367083
印　　装 / 三河市尚艺印装有限公司

规　　格 / 开　本:787mm × 1092mm　1/16
　　　　　 印　张:14.5　字　数:227 千字
版　　次 / 2022 年 1 月第 1 版　2022 年 1 月第 1 次印刷
书　　号 / ISBN 978－7－5201－9535－5
定　　价 / 98.00 元

本书如有印装质量问题,请与读者服务中心 (010－59367028) 联系

版权所有 翻印必究